HEREGE

A marca FSC® é a garantia de que a madeira utilizada na fabricação do papel deste livro provém de florestas que foram gerenciadas de maneira ambientalmente correta, socialmente justa e economicamente viável, além de outras fontes de origem controlada.

AYAAN HIRSI ALI

Herege
Por que o islã precisa de uma reforma imediata

Tradução
Laura Teixeira Motta e
Jussara Simões

Copyright do texto © 2015 by Ayaan Hirsi Ali

Grafia atualizada segundo o Acordo Ortográfico da Língua Portuguesa de 1990, que entrou em vigor no Brasil em 2009.

Título original
Heretic: Why Islam Needs a Reformation Now

Capa
Claudia Espínola de Carvalho

Foto de capa
© Norman Jean Roy

Preparação
Mariana Delfini

Revisão
Carmen T. S. Costa
Huendel Viana

Dados Internacionais de Catalogação na Publicação (CIP)
(Câmara Brasileira do Livro, SP, Brasil)

Hirsi Ali, Ayaan
   Herege : Por que o islã precisa de uma reforma imediata / Ayaan Hirsi Ali; tradução Laura Teixeira Motta e Jussara Simões. — 1ª ed. — São Paulo : Companhia das Letras, 2015.

   Título original: Heritic : Why Islam Needs a Reformation Now

   ISBN 978-85-359-2587-6

   1. Despertar religioso — Islã 2. Globalização — Aspectos religiosos — Islã 3. Hirsi Ali, Ayaan, 1969 — Religião 4. Islã — Literatura controversa 5. Islã — Século 21 6. Islã e política mundial 7. Países islâmicos — Política e governo — Século 21 8. Renovação islâmica — Países islâmicos I. Título.

15-04182   CDD-297.272

Índice para catálogo sistemático:
1. Islamismo e política : Religião   297.272

[2015]
Todos os direitos desta edição reservados à
EDITORA SCHWARCZ S.A.
Rua Bandeira Paulista, 702, cj. 32
04532-002 — São Paulo — SP
Telefone: (11) 3707-3500
Fax: (11) 3707-3501
www.companhiadasletras.com.br
www.blogdacompanhia.com.br

Para Niall e Thomas

Sumário

Introdução: Um islã, três grupos de muçulmanos 9
1. A história de uma herege: A jornada da minha saída do islã .. 37
2. Por que não houve uma reforma muçulmana? 60
3. Maomé e o Alcorão: Como a reverência incondicional ao Profeta e a seu livro impede a reforma 83
4. Os que amam a morte: O enfoque letal do islã em uma vida após a morte 112
5. Algemados pela sharia: Como o severo código religioso islâmico mantém os muçulmanos presos ao século VII 133
6. O controle social começa em casa: Como a injunção de ordenar o certo e proibir o errado mantém os muçulmanos na linha 157
7. Jihad: Por que a convocação para a guerra santa é uma licença para o terror 177
8. O crepúsculo da tolerância 210
Conclusão: A reforma muçulmana 224

Apêndice: Reformadores e dissidentes muçulmanos 239
Notas 253

Introdução
Um islã, três grupos de muçulmanos

Em _____, um grupo de _____ fortemente armados e vestidos de preto entrou em um _____ em _____ e matou a tiros _____ pessoas. Os atacantes foram filmados gritando "*Allahu akbar!*".

Em entrevista coletiva à imprensa, o presidente _____ disse: "Condenamos esse ato criminoso de extremistas. E sua tentativa de justificar seus atos violentos em nome de uma religião pacífica não terá êxito. Condenamos igualmente aqueles que queiram usar essa atrocidade como pretexto para crimes de ódio islamofóbicos".

Enquanto revisava a introdução deste livro, quatro meses antes de sua publicação, eu naturalmente poderia ter escrito algo mais específico, por exemplo:

Em 7 de janeiro de 2015, dois atacantes fortemente armados e vestidos de preto entraram na redação do jornal satírico *Charlie Hebdo* em Paris e mataram a tiros dez pessoas. Os atacantes foram filmados gritando "*Allahu akbar!*".

Mas, pensando bem, parece que não há razão para escolher Paris. Algumas semanas antes, eu poderia ter escrito o seguinte:

> Em dezembro de 2014, um grupo de nove homens fortemente armados e vestidos de preto entrou em uma escola em Peshawar e matou a tiros 145 pessoas.

Na verdade, eu poderia ter escrito uma frase semelhante para me referir a uma infinidade de acontecimentos: em Ottawa, no Canadá, em Sidney, na Austrália, em Baga, na Nigéria... Por isso, decidi que o melhor seria deixar em branco o nome do lugar, o número de assassinos e o de vítimas. O leitor pode então preencher as lacunas com o caso mais recente que aparecer no noticiário. Ou, se preferir um exemplo mais histórico, pode tentar este:

> Em setembro de 2001, um grupo de dezenove terroristas islâmicos lançou aviões sequestrados contra prédios em Nova York e Washington D.C., matando 2996 pessoas.

Faz mais de treze anos que venho defendendo um argumento simples em resposta a atos terroristas como esses. Afirmo que é tolice insistir, como fazem habitualmente nossos líderes, que os atos violentos dos islamitas radicais podem ser dissociados dos ideais religiosos que os inspiram. Temos de reconhecer que eles são movidos por uma ideologia política, uma ideologia com raízes no próprio islã, no livro santo do Alcorão e na vida e ensinamentos do profeta Maomé descritos no *hadith*.

Deixo claro o meu ponto de vista nos termos mais simples possíveis: *o islamismo* não é uma religião pacífica.

Por expor a ideia de que a violência islâmica não tem raízes em condições sociais, econômicas ou políticas — e nem mesmo em erro teológico —, e sim nos textos fundamentais do próprio islamismo, fui tachada de intolerante e "islamofóbica". Fui silenciada, execrada e humilhada. Fui considerada herege, não só por muçulmanos — para quem já sou uma apóstata —, mas também por alguns liberais do Ocidente, cujas sensibilidades multiculturais se melindram com esse tipo de pronunciamento "insensível".

Minhas declarações taxativas sobre esse assunto suscitaram críticas tão veementes que parece que fui eu quem cometeu um ato de violência. Pois hoje parece ser crime falar a verdade sobre o islã. "Discurso de ódio" é o termo moderno para heresia. E no clima atual, qualquer coisa que faça os muçulmanos se sentirem incomodados é rotulada de "ódio".

Nestas páginas pretendo fazer muita gente se sentir incomodada — não só muçulmanos, mas também os apologistas ocidentais do islã. Não farei isso desenhando charges. Pretendo questionar séculos de ortodoxia religiosa apresentando ideias e argumentos que, tenho certeza, serão acusados de heréticos. Proponho aqui nada menos do que uma reforma muçulmana. Sem alterações fundamentais em alguns dos conceitos centrais do islã não resolveremos, a meu ver, o problema urgente e cada vez mais global da violência política perpetrada em nome da religião. Pretendo me expressar livremente, na esperança de que, em vez de tentarem sufocar a discussão, outros também venham a debater livremente comigo sobre o que precisa mudar na doutrina islâmica.

Um breve relato ilustrará aqui por que acredito que este livro é necessário.

Em setembro de 2013, me senti lisonjeada porque o presidente da Universidade Brandeis, Frederick Lawrence, me telefonou oferecendo um diploma de doutora *honoris causa* em justiça social, que me seria entregue na cerimônia de colação de grau em maio de 2014. Tudo parecia ótimo até que, seis meses depois, recebi outro telefonema do presidente Lawrence, dessa vez para me informar que a Universidade Brandeis tinha revogado o convite.

Fiquei pasma. Logo soube que uma petição on-line, organizada inicialmente pelo Conselho de Relações Islâmico-Americanas (Council on American Islamic Relations, Cair) e localizada no site change.org, fora posta em circulação por alguns estudantes e professores indignados por eu ter sido escolhida.

Acusando-me de veicular "discurso de ódio", a petição da change.org começava dizendo:

> Foi um choque para nossa comunidade saber que Ayaan Hirsi Ali, em razão de suas convicções islamofóbicas extremistas, receberá um título de doutora *honoris causa* em justiça social neste ano. A escolha de Hirsi Ali para receber um título honorário é um menosprezo flagrante e desumano por parte da administração não só para com os estudantes muçulmanos, mas também para com qualquer estudante que já tenha sido vítima do puro discurso de ódio. É uma violação direta do código moral da própria Universidade Brandeis e dos direitos dos estudantes dessa universidade.[1]

Em conclusão, os requerentes indagavam: "Como é que a administração de uma universidade que se orgulha de sua justiça social e aceitação de todos toma uma decisão que atinge e desrespeita seus próprios alunos?". Minha indicação para receber o título honorário era "ofensiva para os estudantes muçulmanos e para a comunidade da Brandeis que defende a justiça social".[2]

Nada menos que 87 docentes da Brandeis também tinham escrito para se dizerem "estarrecidos e consternados" com alguns breves trechos de minhas declarações públicas, a maioria extraída de entrevistas que eu dera sete anos antes. Disseram que eu era uma "pessoa divisiva". Em particular, eu era culpada por sugerir que:

> a violência contra meninas e mulheres é característica do islã ou dos dois terços subdesenvolvidos do mundo, por isso eclipsa o mes-

mo tipo de violência em nosso meio cometida por não muçulmanos, inclusive no nosso campus [e] [...] o árduo trabalho local por dedicadas feministas muçulmanas e outros ativistas e acadêmicos muçulmanos progressistas, que encontram na tradição muçulmana o apoio à igualdade de gênero e de outras categorias de igualdade e são eficientes em promovê-la.³

Analisei a lista de docentes signatários e me espantei com os estranhos companheiros de causa que eu inadvertidamente havia reunido. Professores de Estudos sobre a Mulher, Gênero e Sexualidade aliados ao Cair, uma entidade que logo depois entrou para a lista negra de organizações terroristas compilada pelos Emirados Árabes Unidos? Uma autoridade em Teoria da Narrativa Homossexual/ Feminista tomando o partido de islâmicos declaradamente homofóbicos?

É verdade que, em fevereiro de 2007, quando ainda morava na Holanda, eu disse ao *Evening Standard*: "A violência é inerente ao islã". Essa foi uma das três citações breves e seletivamente editadas que os docentes da Brandeis desaprovaram. O que eles omitiram em sua carta era que, menos de três anos antes, meu colaborador em um documentário de curta-metragem, Theo van Gogh, fora assassinado em uma rua de Amsterdã por um jovem, filho de marroquinos, chamado Mohammed Bouyeri. Primeiro ele disparou oito tiros de revólver contra Theo. Depois tornou a atirar quando a vítima, aferrando-se à vida, lhe pediu misericórdia. Em seguida, o rapaz cortou-lhe a garganta, tentando decapitá-lo com um facão. Por fim, com uma faca menor, ele fez um talho comprido no corpo de Theo.

Eu me pergunto quantos dos meus críticos naquela universidade terão lido esta carta, estruturada no estilo de uma *fatwa*, ou veredicto religioso. Ela começava assim: "Em nome de Alá — o

Clemente — o Misericordioso", e incluía, com numerosas citações do Alcorão, uma ameaça explícita à minha vida:

> Meu *Rabb* [senhor] nos dá a morte para nos dar a felicidade no martírio. *Allahumma Ameen* [Ó Alá, por favor aceite]. A sra. Hirshi [sic] Ali e o resto de vocês, descrentes extremistas. O islã resistiu a muitos inimigos e perseguições ao longo da história. [...] AYAAN HIRSI ALI, VOCÊ SE AUTODESTRUIRÁ NO ISLÃ![4]

E ela prosseguia nesse tom raivoso.

> O islã será vitorioso pelo sangue dos mártires. Eles vão difundir sua luz por todos os cantos escuros da Terra, e ela mandará o mal com a espada se necessário de volta ao seu buraco escuro. [...] Não haverá misericórdia para os provedores da injustiça, somente a espada se erguerá contra eles. Sem discussões, sem manifestações, sem petições.

A mensagem incluía ainda a seguinte passagem, copiada diretamente do Alcorão: "Sabei que a morte, da qual fugis, sem dúvida vos surpreenderá; logo retornareis ao Conhecedor do desconhecido e do conhecido, e Ele vos inteirará de tudo quanto tiverdes feito!" (62:8).*

Talvez aqueles que ascenderam às alturas rarefeitas do corpo docente da Brandeis sejam capazes de conceber um argumento para negar que existem ligações entre as ações de Bouyeri e o islã. Eu certamente me recordo de acadêmicos holandeses afirmando que, por trás do linguajar religioso, a verdadeira motivação de Bouyeri para me matar era a privação socioeconômica ou a alie-

---

* Todas as citações do Alcorão nesta tradução foram extraídas de *Alcorão Sagrado*, trad. do prof. Samir el Hayek, São Paulo: Folha, 2010. (N. T.)

nação pós-moderna. Na minha opinião, porém, quando um assassino cita o Alcorão para justificar seu crime, devemos no mínimo discutir a possibilidade de ele estar falando sério.

Ora, quando afirmo que o islamismo não é uma religião pacífica, não estou dizendo que a crença islâmica torna os muçulmanos naturalmente violentos. Isso, manifestamente, não é verdade: há milhões e milhões de muçulmanos pacíficos no mundo. Estou dizendo que a conclamação à violência e a justificação dela estão explicitadas nos textos sagrados do islã. Além disso, essa violência teologicamente sancionada está ali para ser ativada por uma infinidade de ofensas, que incluem, entre outras, apostasia, adultério, blasfêmia e até algo tão vago quanto ameaças à honra familiar ou à honra do próprio islã.

Entretanto, desde o momento em que afirmei pela primeira vez que havia uma ligação inevitável entre a religião em que fui criada e a violência de organizações como a Al-Qaeda e o autointitulado Estado Islâmico (doravante EI, embora outros prefiram os acrônimos Isis ou Isil), deparei com um empenho contínuo para calar minha voz.

As ameaças de morte são, obviamente, a forma de intimidação mais preocupante. Mas também tem havido outros métodos, menos violentos. Organizações muçulmanas como o Cair tentam me impedir de falar livremente, em especial nas universidades. Alguns argumentam que, como não sou uma acadêmica especializada na religião islâmica, e nem mesmo uma muçulmana praticante, não tenho autoridade para me pronunciar sobre o assunto. Em outros lugares, muçulmanos escolhidos e liberais ocidentais acusam-me de "islamofobia", palavra concebida para se equiparar a antissemitismo, homofobia ou outros preconceitos que as sociedades ocidentais aprenderam a abominar e condenar.

Por que essas pessoas são compelidas a me silenciar, a protestar contra minhas aparições em público, a estigmatizar minhas opiniões e me expulsar do palco com ameaças de violência e morte? Não é porque eu seja ignorante ou mal informada. Ao contrário: minhas opiniões sobre o islã fundamentam-se em meu conhecimento e experiência de ser muçulmana e viver em sociedades muçulmanas — inclusive em Meca, o centro da crença islâmica — e em meus anos de estudo do islamismo como praticante, estudante e professora. A verdadeira explicação é clara. É porque essas pessoas não podem realmente refutar o que digo. E não estou sozinha. Pouco depois do ataque ao *Charlie Hebdo*, Asra Nomani, uma reformista muçulmana, pronunciou-se sobre o que ela chama de "brigada de honra": uma cabala internacional organizada, determinada a silenciar o debate sobre o islã.[5]

É vergonhoso que essa campanha seja eficaz no Ocidente. Parece haver agora um conluio de liberais ocidentais contra o pensamento crítico e o debate. Fico estarrecida sempre que não muçulmanos que se consideram liberais — inclusive feministas e defensores dos direitos dos homossexuais — sejam tão facilmente persuadidos por esses meios grosseiros a tomar o partido do islã contra críticos muçulmanos e não muçulmanos.

Nas semanas e meses seguintes, o islã foi presença frequente nos noticiários — e não como uma religião pacífica. Em 14 de abril, seis dias depois de eu ter sido desconvidada pela Brandeis, o violento grupo islamita Boko Haram raptou 276 meninas estudantes na Nigéria. Em 15 de maio, no Sudão, uma mulher grávida, Meriam Ibrahim, foi condenada à morte pelo crime de apostasia. Em 29 de junho, o EI proclamou seu novo califado no Iraque e na Síria. Em 19 de agosto, o jornalista norte-americano James Foley foi decapitado, com registro em vídeo. Em 2 de setembro, Steven Sotloff, outro jornalista norte-americano, teve o mesmo destino. O homem que dirigiu essas execuções teve claramente uma educação britânica, era um dentre os 3 mil a 4500 cidadãos da União Europeia que se tornaram jihadistas no Iraque e na Síria. Em 26 de setembro, um recém-convertido ao islamismo, Alton Nolen, decapitou sua colega de trabalho Colleen Hufford em uma fábrica de alimentos em Moore, Oklahoma. Em 22 de outubro, outro criminoso convertido ao islamismo, chamado Michael Zehaf-Bibeau, surtou na capital canadense, Ottawa, e matou a tiros o cabo Nathan Cirillo, que estava de vigia. E a situação tem prosseguido nessa linha desde então. Em 15 de dezembro, um clérigo chamado Man Haron Monis fez dezoito reféns em um café de Sydney; dois morreram no tiroteio resultante. Por fim, quando eu estava quase terminando este livro, a equipe do semanário satírico francês *Charlie Hebdo* foi massacrada em Paris. Mascarados e armados com fuzis AK-47, os irmãos Kouachi invadiram a redação da revista e mataram o editor, Stéphane Charbonnier, outros nove empregados e um policial. Na rua, fuzilaram outro policial. Em algumas horas, seu colega Amedy Coulibaly assassinou quatro indivíduos, todos judeus, depois de assumir o controle de uma loja kosher no leste da cidade.

Em todos esses casos, os perpetradores usaram linguagem ou símbolos islâmicos enquanto cometiam seus crimes. Um exemplo simples: durante o ataque ao *Charlie Hebdo*, os Kouachi gritaram "*Allahu akbar*" (Deus é grande) e "o Profeta está vingado". Disseram a uma funcionária do jornal que a poupariam "porque você é mulher. Não matamos mulheres. Mas pense no que está fazendo. O que você está fazendo é ruim. Vou poupar você, e porque eu vou poupar você, você vai ler o Alcorão".[6]

Se eu precisasse de novas provas de que a violência em nome do islã estava se alastrando não só pelo Oriente Médio e norte da África, mas também por toda a Europa Ocidental e do outro lado do Atlântico, lá estavam elas, em lamentável abundância.

Depois da decapitação de Steven Sotloff, o vice-presidente Joe Biden prometeu perseguir os assassinos até "as portas do inferno". O presidente Barack Obama ficou tão indignado que decidiu reverter suas medidas para encerrar a intervenção militar norte-americana no Iraque e ordenou ataques aéreos e mobilização de tropas como parte de um esforço para "degradar e por fim destruir o grupo terrorista conhecido como Isil". Mas vale a pena ler com atenção a declaração do presidente feita em 10 de setembro de 2014, onde encontraremos evasões e distorções cruciais:

> Agora, deixemos bem claro duas coisas: o Isil não é "islâmico". Nenhuma religião consente na matança de inocentes. E a grande maioria das vítimas do Isil é muçulmana. E o Isil certamente não é um Estado. [...] O Isil é pura e simplesmente uma organização terrorista. E não tem qualquer outro objetivo além de matar todos que estejam em seu caminho.

Em resumo, o Estado Islâmico não era um Estado e nem era islâmico. Era "perverso". Seus membros eram "de uma brutalidade sem igual". A campanha contra ele era como uma tentativa de erradicar o "câncer".

Depois do massacre do *Charlie Hebdo*, o secretário de imprensa da Casa Branca fez de tudo para distinguir entre "as mensagens extremistas violentas que o Isil e outras organizações extremistas estão usando para tentar radicalizar indivíduos no mundo todo" e "uma religião pacífica". O governo, disse o secretário, "está arregimentando com êxito significativo os líderes da comunidade muçulmana [...] para esclarecerem quais são de fato os princípios do islã". A frase "islã radical" não deveria mais ser usada.

Mas e se essa premissa for totalmente errada? Porque não são apenas a Al-Qaeda e o EI que mostram a face violenta da fé e da prática islâmica. É também o Paquistão, onde qualquer declaração que critique o Profeta ou o islã é considerada blasfêmia e punível com a morte. É a Arábia Saudita, onde igrejas e sinagogas são proibidas, e onde a decapitação é uma forma legítima de punição, tanto assim que em agosto de 2014 houve quase uma decapitação por dia. É o Irã, onde o apedrejamento é uma punição aceitável, e os homossexuais são enforcados por seu "crime". É Brunei, onde o sultão está reinstituindo a lei islâmica da sharia e a pena capital para a homossexualidade.

Já faz quase uma década e meia que temos políticas e pronunciamentos baseados na suposição de que o terrorismo e o extremismo podem e devem ser diferenciados do islã. Sempre na esteira de ataques terroristas em todo o mundo, líderes ocidentais apressam-se a declarar que o problema nada tem a ver com o islã propriamente dito. Porque o islamismo é uma religião pacífica.

São esforços bem-intencionados, mas provêm de uma convicção equivocada, por parte de muitos liberais ocidentais, de que a retaliação contra muçulmanos é mais temível do que a própria violência islâmica. Por isso, os responsáveis pelos ataques terroristas do Onze de Setembro nos Estados Unidos foram retratados não como muçulmanos, mas como terroristas; enfocamos suas táticas e não a ideologia que justificou seus atos medonhos. No processo, acolhemos de braços abertos os muçulmanos "moderados" que nos diziam com brandura que o islamismo era uma religião pacífica e marginalizamos os dissidentes muçulmanos que se empenhavam por uma verdadeira reforma.

Atualmente ainda tentamos argumentar que a violência é obra de um punhado de extremistas lunáticos. Recorremos a metáforas médicas, tentando definir o fenômeno como algum tipo de corpo estranho no meio religioso em que ele se propaga. E fingimos acreditar que temos extremistas tão perversos quanto os jihadistas. O presidente dos Estados Unidos chegou até a declarar, num discurso à Assembleia Geral da ONU em 2012: "O futuro não pode pertencer aos que caluniam o Profeta do islã" — em contraste, presumivelmente, com os que saem por aí matando os caluniadores.

Alguns sem dúvida protestarão que este livro calunia Maomé. Mas meu objetivo não é a ofensa gratuita, e sim mostrar que esse tipo de abordagem interpreta erroneamente — não em parte, mas completamente — o problema do islã no século XXI. Aliás, essa abordagem também é equivocada com respeito à natureza e ao significado de liberalismo.

Porque o problema fundamental é que a maioria dos muçulmanos, que em outros aspectos é pacífica e obediente à lei, não quer reconhecer, e muito menos repudiar, a licença teológica para a intolerância e a violência que é inerente a seus textos religiosos.

Não convém de modo algum aos muçulmanos dizer que sua religião foi "sequestrada" por extremistas. Os assassinos do EI e do Boko Haram citam os mesmos textos religiosos que todos os demais muçulmanos do mundo consideram sacrossantos. E em vez de permitir que eles se safem com meigos clichês sobre o islamismo como uma religião pacífica, nós, do Ocidente, precisamos questionar e debater a própria substância do pensamento e da prática islâmicos. Precisamos responsabilizar o islã pelos atos de seus adeptos mais violentos e exigir que o islamismo se reforme ou repudie as crenças fundamentais que estão sendo usadas para justificar esses atos.

Ao mesmo tempo, precisamos defender os nossos princípios liberais. Especificamente, precisamos dizer aos muçulmanos ocidentais ofendidos (e aos liberais que os apoiam) que não somos nós que temos de acolher suas crenças e sensibilidades. Eles é que têm de aprender a conviver com nosso compromisso com a liberdade de expressão.

TRÊS GRUPOS DE MUÇULMANOS

Antes de começarmos a falar sobre o islã, devemos entender o que ele é e reconhecer certas distinções no mundo muçulmano. As distinções a que me refiro não são aquelas convencionais entre sunitas, xiitas e outros ramos da fé islâmica. Falo de agrupamentos sociais abrangentes definidos pela natureza da observância de cada um. Subdividirei os muçulmanos. Não subdividirei o islã.

O islamismo é um credo fundamental baseado no Alcorão, as palavras reveladas pelo anjo Gabriel ao profeta Maomé, e no *hadith*, as palavras complementares que descrevem a vida e os ditos do Profeta. Apesar de algumas diferenças sectárias, esse credo une todos os muçulmanos. Todos, sem exceção, conhecem de cor estas palavras: "Testemunho que não há deus senão Alá; e Maomé é Seu mensageiro". Essa é a Shahada, a profissão de fé dos muçulmanos.

Para ocidentais habituados à liberdade individual de consciência e religião, a Shahada pode parecer uma declaração de crença que não difere de qualquer outra. Mas, na realidade, a Shahada é um símbolo religioso *e* político.

Nos primórdios do islã, quando Maomé ia de porta em porta tentando persuadir os politeístas a abandonarem o culto a ídolos, ele os *convidava* a aceitar que não existia divindade além de Alá e que ele era o mensageiro de Alá, mais ou menos como Cristo pedira aos judeus para aceitarem que ele era o filho de Deus. No entanto, após dez anos dessas tentativas de persuasão, Maomé e seu pequeno grupo de crentes foram para Medina, e a partir desse momento a missão de Maomé assumiu uma dimensão política. Os não crentes ainda eram convidados a se submeter a Alá, mas, depois de Medina, os que se recusassem eram atacados. Se derrotados, davam-lhes a opção de se converter ou morrer. (Jesus e os cristãos podiam conservar sua fé caso se submetessem ao pagamento de um tributo especial.)

A Shahada é o símbolo mais representativo da alma islâmica. Mas atualmente existe uma disputa no islã pela posse desse símbolo. Quem é o dono da Shahada? Serão aqueles muçulmanos que desejam dar destaque aos anos de Maomé em Meca, ou os que se inspiram nas conquistas de seu profeta depois de Medina? Há milhões e milhões de muçulmanos que se identificam com a primeira dessas alternativas. No entanto, cada vez mais eles são refutados por seus correligionários que desejam reviver e reconstituir a versão política do islã nascida em Medina — a versão que transformou Maomé de um andarilho do deserto em um símbolo de moralidade absoluta.

Baseada nisso, creio que podemos distinguir três grupos de muçulmanos.

O primeiro grupo é o mais problemático. São os fundamentalistas que, quando falam em Shahada, querem dizer: "Temos de viver o nosso credo ao pé da letra". Eles almejam um regime baseado na sharia, a lei religiosa islâmica. Defendem um islã idêntico ou quase igual à sua versão original do século VII. E mais: consideram um imperativo de sua fé que ela seja imposta a todos os demais.

Fiquei tentada a chamar esse grupo de "muçulmanos milenaristas", pois seu fanatismo lembra as várias seitas fundamentalistas que floresceram no cristianismo medieval antes da Reforma, a maioria das quais combinava fanatismo e violência com o presságio do fim do mundo.[7] Mas essa analogia é imperfeita. Enquanto a doutrina xiita aguarda o retorno do décimo segundo imame e o triunfo global do islã, os fanáticos sunitas tendem a aspirar à criação forçada de um novo califado aqui na Terra. Por isso, eu os chamarei de muçulmanos de Medina, já que eles consideram um dever religioso impor a sharia *pela força*. Seu objetivo não é apenas obedecer aos ensinamentos de Maomé, mas também imitar a conduta belicosa do Profeta depois que ele se mudou para Medina.

Mesmo que eles não pratiquem pessoalmente a violência, não hesitam em consentir nela.

São os muçulmanos de Medina que chamam os judeus e os cristãos de "porcos e macacos" e pregam que essas duas fés são "falsas religiões", nas palavras de Ed Husain, membro da organização Council of Foreign Relations (um ex-islamita). São os muçulmanos de Medina que preconizam a decapitação pelo crime de "descrença" no islã, a morte por apedrejamento em casos de adultério e o enforcamento por homossexualidade. São os muçulmanos de Medina que põem as mulheres em burcas e as espancam se elas saírem de casa sozinhas ou se não se cobrirem direito. Foram muçulmanos de Medina que, em julho de 2014, fizeram uma arruaça violenta em Gujranwala, no Paquistão, incendiaram oito casas e mataram uma mulher e suas duas netas, tudo isso porque um jovem de dezoito anos postou no Facebook uma foto alegadamente blasfema.

Os muçulmanos de Medina acreditam que assassinar um infiel é obrigatório se ele não se converter voluntariamente ao islã. Pregam a jihad e glorificam a morte pelo martírio. Os homens e mulheres que aderem a grupos como Al-Qaeda, EI, Boko Haram e Al-Shabaab na minha Somália natal — para citar apenas quatro dentre centenas de organizações jihadistas — são todos muçulmanos de Medina.

E são minoria esses muçulmanos de Medina? Ed Husain estima que apenas 3% dos muçulmanos do mundo concebem o islã nesses termos belicosos. Mas acontece que 3% de mais de 1,6 bilhão de crentes — 23% da população mundial — são 48 milhões: parece mais do que suficiente. Com base em levantamentos das atitudes em relação à sharia em países muçulmanos, calculo que a parcela é significativamente maior.[8] Também acredito que ela está crescendo, conforme muçulmanos e convertidos ao islamismo gravitam em torno de Medina. Seja como for, os muçulmanos desse grupo não são suscetíveis à persuasão ou envolvimento pelos liberais ocidentais ou reformistas muçulmanos. Eles não são o público visado por este livro. São a razão de ele ter sido escrito.

O segundo grupo, sem dúvida alguma a maioria em todo o mundo muçulmano, compõe-se daqueles que são leais ao credo fundamental e fazem suas devoções com fervor, mas não se sentem inclinados a praticar violência. Chamo-os de muçulmanos de Meca. Como os cristãos ou judeus devotos que seguem os serviços religiosos diariamente e cumprem regras religiosas na alimentação e no vestuário, os muçulmanos de Meca concentram-se na observância religiosa. Fui criada como uma muçulmana de Meca. Assim como a maioria dos muçulmanos, de Casablanca a Jacarta.

Mas os muçulmanos de Meca têm um problema: suas crenças religiosas vivem em incômoda tensão com a modernidade — o complexo das inovações econômicas, culturais e políticas que não só remodelou o mundo ocidental mas também transformou tremendamente o mundo em desenvolvimento à medida que o Ocidente o exportou. Os valores racionais, seculares e individualistas da modernidade são fundamentalmente corrosivos para as sociedades tradicionais, sobretudo para as hierarquias baseadas em gênero, idade e status herdado.

Em países de maioria muçulmana, pode ser limitada a capacidade da modernidade para transformar as relações econômicas, sociais e (em última instância) as de poder. Nessas sociedades, os muçulmanos podem usar telefone celular e computador sem necessariamente ver um conflito entre sua fé religiosa e a mentalidade racionalista e secular que possibilitou a tecnologia moderna. No Ocidente, contudo, onde o islã é uma religião minoritária, os muçulmanos devotos vivem em uma condição que se poderia descrever muito bem como dissonância cognitiva. Encurralados entre dois mundos de crenças e experiências, esses muçulmanos travam uma luta diária para seguir o islamismo no contexto de uma sociedade secular e pluralista que contesta os valores e crenças islâmicos a cada momento. Muitos só conseguem resolver essas tensões isolando-se em enclaves (que cada vez mais são autogovernados). Chama-se "encasulamento" essa prática na qual os imigrantes muçulmanos tentam barrar as influências externas, permitindo apenas a educação islâmica para seus filhos e desligando-se da comunidade não muçulmana maior.[9]

Para muitos desses muçulmanos, após anos de dissonância parece haver apenas duas alternativas: deixar o islã de uma vez, como eu fiz, ou abandonar a insípida rotina de observância diária em favor do credo islâmico inflexível oferecido por aqueles que rejeitam explicitamente a modernidade ocidental — os muçulmanos de Medina.

Espero trazer esse segundo grupo de muçulmanos — os que estão mais próximos de Meca do que de Medina — para um diálogo sobre o significado e a prática de sua fé. Espero que eles sejam um dos principais públicos deste livro.

Reconheço, é claro, que esses muçulmanos provavelmente não dariam atenção a uma conclamação pela reforma doutrinária vinda de alguém que eles julgam apóstata e infiel. Mas talvez reconsiderem se eu puder persuadi-los a pensar em mim não como uma apóstata, e sim como uma herege: alguém dentre um número crescente de pessoas nascidas no islã que procura pensar, com uma postura crítica, a respeito da fé em que fomos criados. É com esse terceiro grupo — do qual apenas uns poucos deixaram de vez o islã — que hoje me identifico.

Esses são os dissidentes muçulmanos; chamo-os de muçulmanos modificados. Alguns de nós fomos forçados pela experiência a concluir que não podíamos continuar a ser devotos; entretanto, permanecemos profundamente envolvidos no debate sobre o futuro do islã. A maioria dos dissidentes são crentes reformistas — entre eles há clérigos que acabaram percebendo que sua religião tem de mudar para que seus seguidores não fiquem condenados a um ciclo interminável de violência política.

Voltarei a tratar desse grupo negligenciado e, em grande medida, desconhecido. Por ora, basta dizer que escolhi identificar-me com os dissidentes. Aos olhos dos muçulmanos de Medina, somos todos hereges, pois tivemos a temeridade de questionar a aplicabilidade de ensinamentos do século VII ao mundo do século XXI.

Entre os dissidentes incluem-se pessoas como Abd Al-Hamid Al-Ansari, ex-decano de direito islâmico da Universidade do Catar, que condenou o ódio às religiões não islâmicas. Ele citou na íntegra uma mulher saudita que indagou por que sua filha devia ser ensinada a odiar não muçulmanos: "Eles querem que eu odeie o cientista judeu que descobriu a insulina, que uso para tratar minha mãe? Devo ensinar minha filha que ela tem de odiar Edison, o inventor da lâmpada elétrica que ilumina o mundo islâmico? Devo odiar o cientista que descobriu a cura da malária? Devo ensinar minha filha a odiar pessoas apenas porque a religião delas é diferente? Por que transformamos nossa religião em uma religião de ódio contra quem difere de nós?". Al-Ansari cita então a resposta de um eminente clérigo saudita: "Isso não é da sua conta" e "a cooperação com os infiéis é permitida, mas só como recompensa por serviços, e não por amor". Al-Ansari propõe tornar "o discurso religioso mais humano".

E é precisamente nisso que reformistas residentes no Ocidente, como Irshad Manji, Maajid Nawaz e Zuhdi Jasser, se empenham. Eles têm em comum a tentativa de modificar, adaptar e reinterpretar a prática islâmica a fim de *tornar o discurso religioso mais humano*. (Veja no apêndice mais detalhes sobre os muçulmanos modificados.)

Quantos muçulmanos pertencem a cada grupo? Mesmo se fosse possível responder decisivamente essa questão, não sei se isso tem importância. No rádio e televisão, na mídia social, em muitíssimas mesquitas e, obviamente, no campo de batalha, os muçulmanos de Medina chamam a atenção do mundo. Mais perturbador é o crescimento abrupto do número de jihadistas muçulmanos nascidos no Ocidente. Uma estimativa da ONU em novembro de 2014 diz que cerca de 15 mil combatentes estrangeiros de no mínimo oitenta países viajaram para a Síria para se juntar aos jihadistas radicais.[10] Mais ou menos um quarto deles provém da Europa Ocidental. E não são apenas homens jovens. De 10% a 15% dos oriundos de alguns países ocidentais que viajaram para a Síria são mulheres, segundo estimativas do grupo de pesquisa ICRS.[11]

Há estatísticas ainda mais preocupantes. Segundo estimativas do Pew Research Center, as projeções mostram que a população muçulmana dos Estados Unidos crescerá de aproximadamente 2,6 milhões atuais para 6,2 milhões em 2030, principalmente em consequência de imigração e de fecundidade acima da média. Embora em termos relativos isso venha a representar menos de 2% da população norte-americana total (1,7% para ser mais exata, em comparação com cerca de 0,8% hoje), em termos absolutos essa população será mais numerosa que a de qualquer país da Europa Ocidental com exceção da França.[12]

Sendo imigrante de origem somali, não tenho objeção alguma a que milhões de outras pessoas do mundo muçulmano venham para os Estados Unidos em busca de uma vida melhor para si mesmas e suas famílias. O que me preocupa são as atitudes que muitos desses novos muçulmano-americanos trarão consigo (ver tabela 1).

Aproximadamente dois quintos dos imigrantes muçulmanos entre hoje e 2030 provirão de apenas três países: Paquistão, Bangladesh e Iraque. Outro estudo do Pew, sobre a opinião no mundo muçulmano, mostra quantas pessoas nesses países têm ideias que a maioria dos ocidentais consideraria extremistas.[13] Três quartos dos paquistaneses e mais de dois quintos dos bengaleses e iraquianos pensam que as pessoas que deixam o islã merecem a pena de morte. Mais de 80% dos paquistaneses e dois terços dos bengaleses

TABELA 1 — ATITUDES EM PAÍSES DE MAIORIA MUÇULMANA COM GRANDE MIGRAÇÃO ATUAL E PROJETADA PARA OS ESTADOS UNIDOS [14]

Porcentagem de muçulmanos que…	Paquistão	Bangladesh	Iraque
… aprovam a pena de morte por deixar o islã	75	43	41
… dizem ser necessário crer em Deus para ter atitudes morais	85	89	91
… concordam que converter outros é dever religioso	85	69	66
… dizem que a sharia é a palavra de Deus revelada	81	65	69
… dizem que líderes religiosos devem ter alguma ou muita influência	54	69	57
… dizem que o entretenimento ocidental fere a moralidade	88	75	75
… dizem que a poligamia é moralmente aceitável	37	32	46
… dizem que a morte por questão de honra nunca é justificável quando uma mulher comete a ofensa	45	34	22
… dizem que explosões suicidas em defesa do islã são frequentemente ou às vezes justificáveis	13	26	7
… dizem que uma esposa deve ter a possibilidade de se divorciar	26	62	14
… dizem que se sentiriam muito/ razoavelmente à vontade se sua filha desposasse um cristão	3	10	4

e iraquianos acham que a lei da sharia é a palavra de Deus revelada. Proporções semelhantes dizem que o entretenimento ocidental fere a moralidade. Só minúsculas frações dessa população não se incomodariam caso suas filhas se casassem com cristãos. Apenas uma minoria considera que matar mulheres nunca se justifica por motivo de honra. Um quarto dos bengaleses e um dentre oito paquistaneses acha que as explosões suicidas em defesa do islã são frequentemente ou às vezes justificadas.

Os muçulmanos de Medina podem explorar ideias desse tipo e ser uma ameaça para todos nós. No Oriente Médio e em outras partes, sua visão de um retorno violento à época do Profeta ameaça potencialmente centenas de milhares com a morte e milhões com a subjugação. No Ocidente, implica não só um risco crescente de terrorismo, mas também uma sutil erosão das árduas conquistas das feministas e defensores dos direitos de minorias.

Os muçulmanos de Medina também estão solapando a posição dos muçulmanos de Meca que tentam levar uma vida sossegada em seus casulos culturais por todo o mundo ocidental. Mas a ameaça maior é para os dissidentes e reformistas: os muçulmanos modificados. São eles que enfrentam ostracismo e rejeição, que têm de sofrer todo tipo de insulto, lidar com ameaças de morte — ou que são mortos. Até agora, seus esforços têm sido difusos e individuais, em comparação com as ações coletivas altamente organizadas dos muçulmanos de Medina. É nosso dever para com os dissidentes — para com sua coragem e convicção — mudar isso.

Cheguei à conclusão de que a única estratégia viável que pode trazer uma esperança de conter a ameaça representada pelos muçulmanos de Medina é aliar-me aos dissidentes e reformistas e ajudá-los a: 1. identificar e repudiar as partes do legado moral de Maomé oriundas de Medina; e 2. persuadir os muçulmanos de Meca a aceitar essa mudança e rejeitar o chamado dos muçulmanos de Medina à intolerância e à guerra.

Este não é um livro de história. Não procuro dar uma nova explicação para o fato de cada vez mais muçulmanos aderirem aos elementos mais violentos do islã em minha época — por que razão, em resumo, os muçulmanos de Medina estão hoje em ascensão. Tento refutar a ideia, quase universal entre os liberais do Ocidente, de que a explicação reside nos problemas econômicos e políticos do mundo muçulmano e que esses problemas, por sua vez, podem ser explicados com base na política externa ocidental. Isso é atribuir importância demasiada a forças exógenas. Há outras partes do mundo que lutam para fazer a democracia funcionar ou para lidar com a riqueza advinda do petróleo. Há outros povos além dos muçulmanos que se queixam do "imperialismo" norte-americano. No entanto, quase não se tem indício de algum crescimento de terrorismo, explosões suicidas, guerra sectária, punições medievais e mortes em nome da honra no mundo não muçulmano. Existe uma razão para que uma proporção crescente da violência organizada no mundo esteja acontecendo em países onde o islamismo é a religião de uma parcela substancial da população.

O argumento deste livro é que *as doutrinas religiosas fazem diferença e precisam de reforma*. Fatores não doutrinários — como o uso pelos sauditas das receitas do petróleo para financiar o wahabismo e o apoio do Ocidente ao regime saudita — são importantes, mas a *doutrina religiosa é mais importante*. Por mais que para muitos acadêmicos ocidentais seja difícil acreditar, quando pessoas cometem atos violentos em nome da religião, elas não estão tentando dignificar de alguma forma seus agravos socioeconômicos ou políticos básicos.

O islã está em uma encruzilhada. Os muçulmanos, não dezenas ou centenas, mas dezenas de milhões e até centenas de milhões, precisam tomar a decisão consciente de confrontar, debater e por fim rejeitar os elementos violentos de sua religião. Em certo grau — em grande medida devido à repulsa generalizada pelas indizíveis atrocidades do EI, Al-Qaeda e o resto — esse processo já começou. Mas, em última análise, ele requer a liderança dos dissidentes. E estes, por sua vez, não têm como conseguir sem o apoio do Ocidente.

Imagine se, na Guerra Fria, o Ocidente tivesse apoiado não os dissidentes do Leste Europeu — como Václav Havel e Lech Walesa —, mas a União Soviética, como representante dos "comunistas moderados", na esperança de que o Kremlin nos ajudasse contra terroristas da estirpe da Facção do Exército Vermelho. Imagine se um presidente norte-americano sofresse uma lavagem cerebral e saísse dizendo ao mundo que "o comunismo é uma ideologia pacífica".

Isso teria sido desastroso. No entanto, essa é essencialmente a postura do Ocidente em relação ao mundo muçulmano atual. Nós ignoramos os dissidentes. Aliás, nem sabemos seus nomes. Acalentamos a ilusão de que, por alguma razão, os nossos inimigos mais mortais não são influenciados pela ideologia que eles professam às claras. E depositamos nossas esperanças em uma maioria que evidentemente carece de uma liderança fidedigna e, na verdade, dá sinais de ser mais suscetível aos argumentos dos fanáticos do que aos dos dissidentes.

CINCO EMENDAS

Nem todos aceitarão esse argumento, bem sei. Tudo o que peço aos que não o aceitarem é que defendam o meu direito de enunciá-lo. Mas, para aqueles que aceitam a proposição de que o extremismo islâmico tem raízes no islã, a questão central é: o que precisa acontecer para derrotarmos os extremistas de uma vez por todas? Ferramentas econômicas, políticas, judiciais e militares já foram propostas, e algumas delas, empregadas. Mas acredito que elas serão pouco eficazes a menos que o próprio islã seja reformado.

Uma reforma desse tipo já foi proposta repetidamente — por ativistas muçulmanos como Muhammad Taha e acadêmicos ocidentais como Bernard Lewis — no mínimo desde a queda do Império Otomano e a subsequente abolição do califado. Nesse sentido, esta não é uma obra original. O que ela tem de original é que eu especifico exatamente o que precisa ser reformado. Identifiquei cinco preceitos centrais da fé que a tornam resistente à mudança histórica e à adaptação. Somente quando esses cinco aspectos forem reconhecidos como inerentemente nocivos e quando eles forem repudiados e invalidados alcançaremos uma verdadeira reforma muçulmana. Os cinco princípios a serem reformados são:

1. A posição de Maomé como semidivino e infalível, juntamente com a interpretação literal do Alcorão, em especial as partes que foram reveladas em Medina;
2. O investimento em uma vida após a morte em detrimento da vida antes da morte;
3. A sharia, o conjunto de leis derivadas do Alcorão, o *hadith* e o resto da jurisprudência islâmica;
4. A prática de dar a indivíduos o poder de aplicar a lei islâmica ordenando o certo e proibindo o errado;
5. O imperativo de fazer a jihad, ou guerra santa.

Todos esses preceitos devem ser reformados ou descartados. Nos próximos capítulos discutirei cada um deles e defenderei sua reforma.

Reconheço que minha argumentação perturbará muitos muçulmanos. Alguns fatalmente dirão que se ofenderam com as emendas que proponho. Outros, sem dúvida, alegarão que não tenho qualificações para discutir essas questões complexas da tradição teológica e legal. E temo — imensamente — que ela venha a aumentar em alguns muçulmanos a gana de me silenciar.

Mas este não é um livro de teologia. Está mais na linha de uma intervenção pública no debate acerca do futuro do islã. O maior obstáculo à mudança no mundo muçulmano é justamente a supressão do tipo de pensamento crítico que tento enunciar aqui. Mesmo que este livro não logre nenhum outro resultado, eu o considerarei um sucesso se ele ao menos desencadear uma discussão séria sobre essas questões entre os próprios muçulmanos. Isso, na minha opinião, representará um primeiro passo, ainda que hesitante, em direção à reforma de que o islã precisa desesperadamente.

Muitos ocidentais, por sua vez, talvez tendam a descartar essas proposições, julgando-as quixotescas. Outras religiões passaram por um processo de reforma, modificaram crenças fundamentais e adotaram atitudes mais tolerantes e flexíveis, compatíveis com sociedades pluralistas modernas. Mas que esperança pode haver de se reformar uma religião que vem resistindo à mudança por 1400 anos? Na verdade, do ponto de vista ocidental, o islã parece estar hoje retrocedendo, em vez de avançar. Ironicamente, este livro é escrito em uma época na qual muitos no Ocidente começam a achar que será impossível vencer a luta contra o extremismo islâmico e na qual as esperanças associadas à chamada Primavera Árabe revelam-se, em grande medida, ilusórias.

Concordo que a Primavera Árabe foi uma ilusão, ao menos no que diz respeito às expectativas ocidentais. Desde o início, achei que os paralelos com a Primavera de Praga de 1968 e a Revolução de Veludo de 1989 eram fáceis e fadados à decepção. A meu ver, porém, muitos observadores ocidentais não se deram conta da importância fundamental da Primavera Árabe. Alguma coisa estava — e ainda está — acontecendo no mundo muçulmano. Existe uma parcela genuinamente favorável à mudança, uma parcela que nunca existiu antes. É um grupo que, como procurarei mostrar, será muito arriscado não levarmos em conta.

Em resumo, este é um livro otimista, um livro que procura inspirar não mais uma guerra contra o terror ou o extremismo, e sim um verdadeiro debate sobre o mundo muçulmano e dentro dele. É um livro que tenta explicar o que uma reforma poderia mudar, escrito da perspectiva de alguém que, em momentos variados, já se inseriu nos três grupos de muçulmano: uma devota encasulada, uma fundamentalista e uma dissidente. Minha jornada passou por Meca, Medina, Manhattan e chegou à ideia de um islã modificado.

A falta de uma reforma muçulmana foi, em última análise, o que me impeliu a me tornar uma infiel, uma nômade e agora uma herege. As futuras gerações de muçulmanos merecem opções melhores, mais seguras. Os muçulmanos deveriam ser capazes de acolher a modernidade, não ser forçados a se isolar, a viver em dissonância cognitiva ou a partir para uma rejeição violenta.

O mundo muçulmano está hoje empenhado em uma gigantesca luta para lidar com o desafio da modernidade. A Primavera Árabe e o Estado Islâmico são apenas duas versões da reação a esse desafio. Nós, no Ocidente, não devemos nos limitar a meios militares para derrotar os jihadistas. Tampouco podemos ter esperança de cortar o contato com eles. Por essas razões, o modo como se desenrola a luta pelo islã tem implicações imensas para nós. Não podemos permanecer nos bastidores como se o resultado nada tivesse a ver conosco. Se os muçulmanos de Medina vencerem e morrer a esperança de uma reforma muçulmana, o resto do mundo pagará um preço colossal. E nós, ocidentais, com todas as liberdades a que estamos acostumados, talvez sejamos quem mais tem a perder.

É por isso que também me dirijo neste livro aos liberais do Ocidente — não só àqueles que acharam aconselhável me desconvidar da Brandeis, mas também a todos os muitos outros que teriam feito a mesma coisa se suas universidades houvessem me oferecido um título honorário.

Vocês que se intitulam liberais precisam entender que é o seu modo de vida que está sendo ameaçado. Tirem o meu direito de falar livremente e porão o seu em perigo no futuro. Aliem-se aos islâmicos e arquem com as consequências. Tolerem a intolerância deles e arquem com as consequências.

De diferentes maneiras, as feministas e os ativistas dos direitos dos homossexuais oferecem apoio às mulheres e gays muçulmanos do Ocidente e, cada vez mais, de países com maioria muçulmana. No entanto, a maioria evita associar os abusos que desaprova — do casamento de crianças à perseguição de homossexuais — aos princípios religiosos nos quais os abusos se fundamentam. Para citar só um exemplo: em agosto de 2014, o regime teocrático de Teerã executou dois homens, Abdullah Ghavami Chahzanjiru e Salman Ghanbari Chahzanjiri, aparentemente por violarem a lei da República Islâmica que proíbe a sodomia. Essa lei baseia-se no Alcorão e no *hadith*.

Pessoas como eu — algumas apóstatas, a maioria muçulmanas dissidentes — precisam do seu apoio, não do seu antagonismo. Nós, que sabemos o que é viver sem liberdade, vemos, incrédulos, vocês, que se intitulam liberais — que dizem acreditar tão fervorosamente na liberdade e nos direitos das minorias —, tomarem o partido das forças deste mundo que manifestamente são as maiores ameaças à liberdade e a essas minorias.

Eu agora sou uma de vocês, uma ocidental. Compartilho dos prazeres das salas de aula e do café no campus. Sei que nós, intelectuais do Ocidente, não podemos conduzir uma reforma muçulmana. Mas temos um papel importante a desempenhar. Não devemos mais aceitar limitações a críticas ao islã. Temos de rejeitar as noções de que só muçulmanos podem falar sobre o islã e de que qualquer exame crítico do islã é inerentemente "racista". Em vez de deturpar as tradições intelectuais do Ocidente para não ofender nossos concidadãos muçulmanos, precisamos defender os dissidentes muçulmanos que arriscam a vida lutando pelos direitos humanos que julgamos ser garantidos: igualdade para as mulheres, a tolerância a todas as religiões e orientações, as nossas liberdades de expressão e pensamento duramente conquistadas. Apoiamos as mulheres da Arábia Saudita que querem dirigir, as mulheres do Egito que protestam contra agressão sexual, os homossexuais do Irã, Iraque e Paquistão, os jovens muçulmanos que aspiram não ao martírio, mas à liberdade de viver segundo sua fé. Entretanto, nosso apoio seria mais eficaz se reconhecêssemos as bases teológicas da opressão a todas essas pessoas.

Em resumo, nós que desfrutamos do luxo de viver no Ocidente temos a obrigação de defender os princípios liberais. Multiculturalismo não deve significar que toleramos a intolerância de outra cultura. Se somos realmente a favor da diversidade, dos direitos das mulheres e dos direitos dos homossexuais, então não podemos, em sã consciência, dar carta branca ao islã por causa de sensibilidades multiculturais. E precisamos dizer sem ambiguidade aos muçulmanos que vivem no Ocidente: se querem viver em nossa sociedade, compartilhar dos benefícios materiais que ela oferece, então precisam aceitar que as nossas liberdades não são opcionais. Elas são o alicerce do nosso modo de vida, da nossa civilização — uma civilização que aprendeu, lentamente, a duras penas, a não queimar os hereges, mas honrá-los.

Aliás, um resultado altamente desejável de uma reforma muçulmana seria redefinir o sentido de "herege". As reformas religiosas sempre alteram o significado desse termo: o herege de hoje torna-se o reformador de amanhã, enquanto o que hoje defende a ortodoxia religiosa torna-se o Torquemada de amanhã. Uma reforma muçulmana teria o feliz efeito de inverter a situação daqueles que hoje me ameaçam, fazendo deles os hereges, em vez de mim.

1. A história de uma herege
A jornada da minha saída do islã

Fui criada como muçulmana praticante e assim permaneci durante quase metade da vida. Estudei em madraçais e decorei grandes trechos do Alcorão. Quando criança, vivi em Meca por algum tempo e frequentei a Grande Mesquita. Na adolescência, entrei para a Irmandade Muçulmana. Em resumo: tenho idade suficiente para ter visto o islã se bifurcar, na segunda metade do século XX, entre a fé cotidiana dos meus pais e o jihadismo intolerante e belicoso pregado pelos que chamo de muçulmanos de Medina. Começarei pelo islã em que cresci.

Eu tinha uns três anos quando minha avó começou a me ensinar o pouco que havia memorizado do Alcorão, nós duas sentadas sob as folhas cheia de penugem do *talal*, uma árvore somali. Ela não sabia ler nem escrever — a alfabetização só começou a ser promovida na Somália em 1969, ano em que nasci — e desconhecia totalmente a língua árabe. Mas ela venerava o livro, pegava-o com muita reverência, beijava-o e o encostava na testa antes de devolvê-lo ao lugar com o maior carinho e atenção. Não podíamos tocar no Alcorão sem primeiro lavar as mãos. Com minha mãe era a mesma coisa, só que ela conseguira memorizar um pouco mais e falava um árabe rudimentar. Aprendera de cor as preces e também sabia recitar imprecações temíveis, me ameaçando de queimar no inferno se eu fizesse coisa errada.

Minha mãe nasceu debaixo de uma árvore e cresceu no deserto, vagou bastante quando jovem e chegou até Aden, no Iêmen, do outro lado do mar Vermelho. Submeteu-se a um casamento arranjado e foi mandada para o Kuwait com o marido. Quando o pai dela morreu, ela se divorciou. Conheceu meu pai por intermédio de sua irmã mais velha quando ele ensinava a ler e escrever na capital somali. Minha mãe foi uma de suas melhores alunas, tinha um modo de se expressar ágil e sagaz. Meu pai já era casado, por isso minha mãe passou a ser sua segunda mulher. Meu pai era político, um líder da oposição que tentava mudar a Somália, então governada pelo ditador Siad Barre. Quando eu estava com dois anos, as autoridades vieram buscá-lo e o levaram para a velha prisão italiana, também conhecida como "o Buraco". Assim, durante a maior parte da infância, fomos só minha mãe, meu irmão, minha irmã, minha avó e eu.

Minha primeira escola de verdade foi uma *dugsi* religiosa — um galpão onde a classe se abrigava do sol escaldante. Umas trinta ou quarenta crianças sentavam-se sob um telhado sustentado por estacas, circundado por um arvoredo. Ocupávamos o único local com sombra. Na parte da frente e no centro havia uma mesa de uns trinta centímetros de altura onde ficava um exemplar grande do Alcorão. Nosso professor vestia o sarongue e a camisa tradicionais dos homens somalis e nos fazia recitar os versos, mais ou menos como os alunos americanos e europeus aprendem na pré-escola a recitar poemas breves e rimas infantis. Quando esquecíamos ou simplesmente não falávamos alto o suficiente, ou quando nossas vozes diminuíam de volume, ele nos cutucava ou batia com uma vara.

Tornávamos a recitar se algum aluno se comportasse mal. Quem desobedecesse, quem não tivesse aprendido o que devia, era mandado para o centro do galpão. Se fosse transgressão das grandes, o aluno era içado numa rede bem alta e balançado. O resto de nós ficava embaixo, batendo com varinhas no desobediente pelos espaços abertos da rede enquanto recitávamos versos do Alcorão: palavras sobre o Dia do Juízo, quando o sol enegrece e o fogo do inferno queima.

Todo castigo, na escola ou em casa, parecia vir guarnecido com ameaças do inferno ou rogos de morte e destruição: que você sofra de tal ou tal doença e queime no inferno. Mas à noite, quando o sol mergulhava no horizonte e o ar fresco do fim do dia reinava sobre nós, minha mãe se virava na direção de Meca e fazia a prece noturna. Três, talvez quatro vezes, ela recitava as palavras, os versos iniciais do Alcorão e outros versos, mudando de posição: primeiro em pé com a mão por cima do útero, depois fazendo uma reverência, depois prostrada, sentada, novamente prostrada e por fim sentada outra vez. Havia todo um ritual de palavras e movimentos, e ele se repetia a cada noite.

Depois que ela orava, nos sentávamos com as mãos em concha sob o *talal* e implorávamos a Alá que libertasse meu pai da prisão. Eram súplicas para que Deus tornasse a vida mais fácil, pedidos a Alá para que fosse paciente conosco, nos desse ânimo, nos concedesse o perdão e a paz. "Eu me refugio em Alá", ela recitava. "Alá, o Misericordiosíssimo, o Clementíssimo [...]. Ó meu Senhor, perdoa-me e tem misericórdia de mim, guia-me, concede-me a saúde, provê-me o sustento, eleva-me e põe em bom rumo os meus afazeres." Essa prece tornou-se familiar e tranquilizadora como uma canção de ninar, o mais distante que se pode imaginar das varas estalantes e das palavras mordazes da *dugsi*.

As súplicas aparentemente surtiram efeito. Graças à ajuda de um parente, meu pai conseguiu escapar da prisão e fugir para a

Etiópia. O óbvio seria minha mãe nos levar para a Etiópia também. Mas ela não quis ir. Por ser predominantemente cristão, o país para ela não passava de um mar de infiéis, uma terra impura. Ela preferiu ir para a Arábia Saudita, o berço do islã, a sede dos lugares mais sagrados, Meca e Medina. Arranjou um passaporte falso, passagens de avião, e então, em uma manhã de abril, quando eu tinha oito anos, minha avó nos acordou antes de amanhecer, vestiu-nos com nossas melhores roupas e antes do fim do dia estávamos na Arábia Saudita.

Fomos morar em Meca, o coração espiritual do islã, o lugar para onde quase todo muçulmano sonha em fazer uma peregrinação uma vez na vida. Nós podíamos encenar a peregrinação toda semana, indo de ônibus do nosso apartamento até a Grande Mesquita. Eu, aos oito anos, já tinha feito a Umra, a pequena versão da peregrinação completa a Meca, o Hajj, quinto pilar da fé muçulmana, que lava os pecados do peregrino. E agora, sobretudo, podíamos estudar o islamismo como era ensinado nas escolas religiosas sauditas, e não em um galpão somali. Minha irmã, Haweya, e eu fomos matriculadas em uma escola corânica para meninas; meu irmão, Mahad, foi para uma madraçal de meninos. Antes me haviam ensinado que todos os muçulmanos eram unidos na irmandade, mas descobri ali que a irmandade dos muçulmanos não excluía o preconceito racial e cultural. O que tínhamos aprendido do Alcorão na Somália não era bom o bastante para os sauditas. Não sabíamos o suficiente; resmungávamos em vez de recitar. Não tínhamos aprendido a escrever nenhuma das passagens, apenas a memorizar cada verso, repetindo-o devagar, vezes sem conta. As meninas sauditas tinham pele clara e nos chamavam de *abid*, escravas. Os sauditas haviam abolido legalmente a escravidão apenas cinco anos antes de eu nascer. Agora, minha mãe nos fazia orar em casa cinco vezes por dia, executando todas as vezes os rituais de ablução e vestuário.

Foi lá que encontrei pela primeira vez a aplicação rigorosa da lei da sharia. Nas praças públicas, toda sexta-feira, depois das orações rituais, homens eram decapitados ou açoitados, mulheres eram apedrejadas e ladrões tinham as mãos decepadas, tudo em meio a jorros de sangue. O ritmo das orações recitadas dava lugar à reverberação de lâminas de metal cortando carne, ao baque de pedras atingindo corpos. Meu irmão — que, ao contrário de mim, tinha permissão para assistir àquelas punições — usava o apelido "Praça do Corta-Corta" para indicar a mais próxima de nós. Jamais questionávamos a ferocidade das punições. Para nós, era simplesmente mais fogo do inferno.

Mas a Grande Mesquita, com suas colunas altas, azulejos elaborados e pisos polidos, era mais sedutora. Ali, no frescor das sombras, minha mãe podia dar sete voltas ao redor da Caaba, a construção sagrada no centro da mesquita. A tranquilidade só era interrompida no mês do Hajj, a peregrinação ritual islâmica, quando não saíamos do apartamento com medo de ser atropelados pelas torrentes de fiéis nas ruas, e quando até a conversa mais simples tinha de ser gritada por causa da barulheira constante das orações.

Em Meca, pela primeira vez me dei conta das diferenças entre as visões do islã do meu pai e da minha mãe. Depois que meu pai veio da Etiópia para se juntar a nós, fez questão de que não rezássemos separados por sexo em diferentes cômodos do apartamento, como na tradição saudita, mas juntos, como uma família. Ele não nos ameaçava com o espectro do inferno, e uma vez por semana nos ensinava o Alcorão, que ele lia e tentava traduzir, infundindo-o com suas interpretações pessoais. Dizia a mim, meu irmão e minha irmã que Deus não nos tinha posto na Terra para nos castigar; Ele nos pusera na Terra para adorá-lo. Eu erguia os olhos e assentia, mas na manhã seguinte, se desobedecesse à minha mãe, ela retomava o fogo do inferno e o castigo eterno.

Depois de algum tempo nos mudamos para Riad, onde meu pai trabalhava como tradutor de código Morse para um ministério do governo. Nossa casa tinha um lado para os homens e outro para as mulheres, mas, ao contrário dos nossos vizinhos, nós cinco nos deslocávamos sem problemas pelas duas partes. Meu pai não se comportava como os homens sauditas. Não fazia as compras nem se encarregava de todas as transações fora de casa. Além disso, continuava a se ausentar: voltava à Etiópia, onde a oposição somali tinha sua sede. Os vizinhos lastimavam às claras que minha mãe tivesse de sair de casa sozinha. Por sua vez, minha mãe desprezava as meninas sauditas por ensinarem os rudimentos da dança do ventre para Haweya e para mim. Ela queria que vivêssemos unicamente de acordo com o "islã puro", que para ela significava nada de canto, dança, riso e alegria.

Um ano e pouco depois, quando eu estava com nove anos, partimos tão depressa quanto havíamos chegado. Meu pai foi deportado pelo governo saudita. Eu não soube bem por quê, mas sem dúvida tinha alguma relação com suas atividades oposicionistas na Somália. Tivemos 24 horas para juntar as coisas e fugir — dessa vez para a Etiópia. Passamos ali um ano e meio, até que a antipatia de minha mãe pelo país exigiu outra mudança: para o Quênia.

Em Nairóbi, Haweya e eu fomos à escola. Não foi só inglês que aprendi lá. Logo descobri que desconhecia as coisas mais elementares, por exemplo, dizer a data e ver as horas. A Etiópia tinha um calendário sideral, a Arábia Saudita usava o calendário lunar islâmico, e na Somália minha avó marcava o tempo unicamente pelo sol, e seu ano tinha dez meses. Só aos dez anos, no Quênia, aprendi que estávamos em 1980. Para os sauditas, era o ano islâmico de 1400; para os etíopes, pelo modo como calculavam, ainda era 1978.

Minha mãe, apesar de tudo, permaneceu firme em sua fé: recusava-se a acreditar nas coisas que nos ensinavam na escola, por exemplo, a viagem do homem à Lua e a evolução; os quenianos podiam ser descendentes de macacos, nós não. Para provar, ela nos fazia recitar nossa linhagem. Assim que completei catorze anos ela me matriculou na Escola Secundária para Meninas Muçulmanas, em Park Road, para que minha irmã e eu usássemos um uniforme mais recatado. Agora podíamos vestir calça por baixo da saia. Cobríamos a cabeça com lenço branco. Pelo menos essas coisas eram permitidas. Mas, na época, poucas meninas seguiam esse costume.

PROFESSO O ISLAMISMO DE MEDINA

Aos dezesseis anos, descobri um modo de ser uma muçulmana melhor. Uma nova professora veio lecionar educação religiosa. Irmã Aziza era uma muçulmana sunita da costa do Quênia que se convertera ao islamismo xiita depois de se casar. Vestia o hijab completo, que não deixava quase nada à mostra além do rosto. Usava até luvas e meias, para esconder os dedos.

Antes dela, o islamismo que nos ensinaram tinha sido história: datas, califados. Aziza não ensinava, pregava. Ou melhor, parecia raciocinar junto conosco, questionando, conduzindo. "O que torna vocês diferentes dos infiéis?" A resposta certa era a Shahada, a profissão de fé do muçulmano. "Quantas vezes por dia vocês devem rezar?" Sabíamos que a resposta era cinco. "Quantas vezes vocês rezaram ontem?" Nos entreolhávamos, nervosas.

Era um método de ensino muito mais sedutor do que qualquer vara, e para a irmã Aziza não importava o tempo que demorasse. Como ela gostava de dizer: "É assim que Alá e o Profeta querem que vocês se vistam. Mas vocês só devem fazer isso quando estiverem prontas". E acrescentava: "Quando estiverem prontas, vocês escolherão, e então nunca mais irão tirar".

Outra novidade: Aziza não lia o Alcorão em árabe, e sim em traduções inglesas; e, ao contrário dos meus outros professores — inclusive minha mãe —, ela dizia que não estava nos forçando. Estava simplesmente compartilhando conosco as palavras de Alá, o que Ele queria, o que Ele desejava. Obviamente, se escolhêssemos não satisfazer a Alá, queimaríamos no inferno. Mas se o agradássemos, iríamos para o paraíso.

Havia ali um elemento de escolha que era irresistível. Nossos pais, e certamente minha mãe, nunca ficavam satisfeitos, não importava o que fizéssemos. Nossa vida terrena não podia ser mudada. Dentro de alguns anos ou menos, nos veríamos arrancadas da escola e mandadas para casamentos arranjados. Não parecíamos ter escolha. Mas a nossa vida *espiritual* era outra questão. Essa vida podia ser transformada, e a irmã Aziza podia nos mostrar o caminho. E aí nós poderíamos mostrar o caminho a outros. É difícil superestimar o quanto essa mensagem nos dava a sensação de ter a capacidade de agir.

Demorei um pouco, mas quando aceitei o caminho da irmã Aziza, foi a sério. Passei a orar infalivelmente cinco vezes por dia. Fui a uma costureira e comprei uma capa grande e volumosa que se fechava bem justa nos punhos e descia ondulando até os tornozelos. Eu a usava por cima do uniforme escolar e enrolava um lenço preto sobre os cabelos e ombros. Vestia a capa de manhã para ir a pé para a escola, e tornava a vesti-la antes de sair de lá, na volta para casa. Andando assim toda coberta pelas ruas, eu tinha de me mover com muita atenção, pois era fácil tropeçar naquele tecido ondulante. O traje era quente e desajeitado. Naqueles momentos em que minha gigantesca figura negra se deslocava com lerdeza pela rua, minha mãe finalmente ficava satisfeita comigo. Mas eu não fazia aquilo por ela. Fazia por Alá.

A irmã Aziza não foi o único tipo novo de muçulmano que encontrei nessa época. Agora havia pregadores que iam de porta em porta, como o autonomeado imame Boqol Sawm. Seu nome significava "o que jejua por cem dias", e em pessoa ele fazia mais do que jus ao nome. De tão magro, o homem parecia uma pele esticada por cima de ossos. Enquanto a irmã Azia usava o hijab, Boqol Sawm trajava uma túnica saudita um tanto curta, que deixava à mostra seus tornozelos ossudos. Ele parecia não fazer nada além de andar por Old Racecourse Road, nosso bairro em Nairóbi, batendo às portas, fazendo sermão e deixando fitas cassete para as mulheres que o convidavam a entrar. Não havia vendedores de aspirador Electrolux que iam de casa em casa no nosso bairro, só Boqol Sawm e seus sermões. Às vezes ele entrava, desde que houvesse uma cortina para separá-lo das mulheres, que ouviam as fitas que ele deixava e as permutavam entre elas. Escutavam os sermões enquanto lavavam e cozinhavam. Pouco a pouco, foram deixando de usar roupas coloridas, se amortalharam no *jilbab*, uma capa comprida e folgada, e enrolaram a cabeça e o pescoço num lenço.

Enquanto Aziza recorria a métodos de doutrinação sutis, Boqol preferia as bordoadas verbais mais conhecidas, que eu já tinha ouvido na Somália. Bradava seus versos em árabe e somali e ressaltava o que era proibido e o que era permitido. Fazia isso com tanta estridência que acabou sendo barrado na mesquita local. Pregava que as mulheres tinham de estar disponíveis para os homens a qualquer momento, "até na sela de um camelo", exceto nos dias do mês em que ficavam impuras. Pode não parecer uma mensagem muito atrativa para uma audiência feminina, mas para muitas mulheres ele era magnético. Para os filhos delas, então, ele foi decisivamente transformador.

Cada vez mais garotos adolescentes somalis na nossa comunidade de expatriados passavam a andar em protogangues, a abandonar os estudos, mascar qat, cometer pequenos crimes, assediar e até estuprar mulheres, saindo completamente do controle das mães. Mas Boqol Sawm convidava todos nós a entrar para a Irmandade Muçulmana. De início era difícil ver como um pregador itinerante podia representar uma irmandade, mas não demorou para que outros se juntassem a ele nas ruas do nosso bairro. E então, com uma rapidez espantosa, uma nova mesquita foi construída e Boqol Sawn foi instalado ali como imame. Ele, que antes batia de porta em porta, tornou-se o líder local de um movimento.

A Irmandade Muçulmana parecia o islã em ação. Seus membros arrancavam adolescentes encrenqueiros das ruas, punham-nos em madraçais, ensinavam-nos a rezar cinco vezes por dia, mudavam as roupas deles; aliás, mudavam quase tudo neles. Vi uma transformação dessas no filho de um parente nosso. Refletindo hoje, percebo que muita gente aderiu à Irmandade logo de saída simplesmente porque ela trazia ordem. Fazia o que todos os demais pensavam que não podia ser feito: encontrava um caminho para aqueles garotos sem rumo que estavam se tornando homens sem rumo. Mas como exatamente a Irmandade conseguia essa proeza?

A mensagem geral de Boqol Sawm era que esta vida é temporária. Se você vivesse sem seguir os preceitos do Profeta, queimaria no inferno pelo tempo de duração da sua vida real, a vida após o túmulo. Mas, se vivesse virtuosamente, Alá o recompensaria no paraíso. E os homens que se tornassem guerreiros de Alá receberiam bênçãos especiais.

Essa não era a prática da minha mãe, muito menos a do meu pai. Agora já não éramos pessoas postas na Terra para ser testadas, temerosas do julgamento, suplicando a Deus para que fosse paciente conosco. Tínhamos uma tarefa e um objetivo: estávamos unidos por um exército; éramos soldados de Deus, cumprindo seu desígnio. Juntos, cada um a seu modo, a irmã Aziza e Boqol Sawm formavam a vanguarda de um islã belicoso — uma versão que enfatizava a ideologia política dos anos de Maomé em Medina

(Boqol, aliás, fora treinado em Medina). E eu me tornei uma adepta fervorosa.

Assim, quando o aiatolá Khomeini, do Irã, exigiu que Salman Rushdie fosse morto depois de publicar *Os versos satânicos*, não indaguei se isso era certo ou o que tinha a ver comigo, uma expatriada somali no Quênia. Simplesmente concordei. Todos na minha comunidade achavam que Rushdie tinha de morrer; afinal de contas, insultara o Profeta. Meus amigos, meus professores religiosos, o Alcorão, todos diziam isso, e eu também dizia e acreditava. Não questionei a justiça da *fatwa* contra Rushdie. Achava totalmente moral que Khomeini defendesse que aquele apóstata que havia insultado o Profeta fosse punido, e a punição apropriada para esse crime era a morte.

O islã da minha infância, embora bem abrangente, não tinha sido abertamente político. Mas durante os anos da minha adolescência a fidelidade ao islã passou a ser algo muito além da observância dos rituais diários. A escritura islâmica, interpretada literalmente, era apresentada como a resposta a todos os problemas, políticos, seculares e espirituais, e todos os meus amigos, além da minha família, começaram a aceitar isso. Nas mesquitas, nas ruas e dentro de casa vi os líderes estabelecidos, que salientavam a importância da observância ritual, da oração, do jejum e da peregrinação — as pessoas que chamo de muçulmanos de Meca —, serem substituídos por uma nova estirpe de imames carismáticos e incendiários, inspirados na temporada de Maomé em Medina, que exortavam à ação, e até à violência, contra os oponentes do islã: os judeus, os "infiéis" e mesmo os muçulmanos que negligenciavam seus deveres ou violavam as rigorosas regras da sharia. Testemunhei, pois, a ascensão de uma ideologia política embrulhada em religião.

Os muçulmanos de Medina não são espiritualizados nem religiosos no sentido ocidental. Eles veem a fé islâmica como transnacional e universal. Prescrevem um conjunto de práticas sociais, econômicas e legais que são muito diferentes dos ensinamentos sociais e morais mais genéricos (como a exortação à prática da caridade ou o empenho pela justiça) que vemos não só no islamismo mas também no cristianismo, judaísmo e em outras religiões do mundo.

Até isso não seria tão ruim se os muçulmanos de Medina estivessem dispostos a tolerar outras visões de mundo. Só que não toleram. Sua ideia é de um mundo a serviço de Alá e governado pela sharia, como exemplificado na *sunnah* (a vida, as palavras e as ações do Profeta). Outras fés, e mesmo outras interpretações do islamismo, não são válidas.

MINHA APOSTASIA

A longa e tortuosa jornada da minha saída do islã começou com minha propensão infantil a fazer perguntas. Em muitos aspectos, sempre fui uma espécie de "protestante" — no sentido de que comecei a protestar contra o papel subordinado que eu, por ser menina, devia aceitar. Lembro-me de perguntar, quando tinha uns cinco ou seis anos: "Por que me tratam de modo tão diferente do meu irmão?". E essa pergunta me inspirou a próxima: "Por que não sou menino?".

Conforme fui crescendo, passei a questionar mais o que ouvia. Alguém já tinha ido ao inferno? Alguém podia me dizer se era um lugar real, que para os condenados parecia exatamente como era descrito no Alcorão?

"Menina estúpida, pare de fazer tanta pergunta!" Ainda lembro dessas palavras da minha mãe, da minha avó, dos meus professores do Alcorão, seguidas às vezes por uma bofetada. Só meu pai tolerava indagações. Minha mãe acabou se convencendo de que eu tinha sido enfeitiçada. Duvidar, questionar fez de mim, aos olhos dela, "fraca na fé". O exercício da minha razão era proibido. Mas as perguntas não paravam de surgir e me levaram a esta: "Por que um Deus benevolente faria um mundo como este, marcando metade da população como cidadãos de segunda classe? Ou será que isso é obra apenas dos homens?".

Mesmo essas questões, porém, foram apenas os primeiros passos hesitantes de um longo caminho. Meu próximo e talvez maior passo para longe do islã veio com uma resposta — dada por meu pai —, e não uma pergunta.

Em janeiro de 1992, meu pai correu ao apartamento de minha mãe depois das orações de sexta-feita na mesquita. Um homem propusera se casar com uma das filhas do casal, e meu pai me indicara. O homem, Osman Moussa, era membro do nosso clã e estava morando no Canadá. Tinha voltado a Nairóbi para escolher uma noiva entre as mulheres de sua família extensa. Ele poderia ter escolhido entre as moças somalis ocidentalizadas que viviam no Canadá, mas queria uma moça tradicional. E com a guerra civil que na época grassava em nosso país, noivas somalis em Nairóbi podiam ser encontradas de graça. Fui trocada em menos de dez minutos; Osman Moussa firmaria laços com a família Magan, a linhagem do meu pai, que por sua vez poderia dizer que tinha parentes no Canadá. Era uma simples transação, parte do sistema de relações de parentesco que governa a Somália — e boa parte do resto do mundo — desde tempos imemoriais.

Quando fomos apresentados, o marido a quem me destinavam me disse que queria seis filhos homens. Falava um somali rudimentar e um inglês rudimentar. Eu disse a meu pai que não queria me casar com ele; meu pai respondeu que a data já estava marcada. O que eu não precisaria fazer era consumar o casamento. Isso seria para depois que eu viajasse para o Canadá. A passagem aérea também foi comprada. Eu iria para lá passando pela Alemanha.

Só deixei o Quênia em julho. Quando cheguei à Alemanha, caminhei pelas ruas limpas de Düsseldorf, ponderei cuidadosamente minhas opções e pouco depois peguei um trem de Bonn para Amsterdã. Declarei que eu era uma somali à procura de asilo, fugindo da guerra civil, só que na verdade eu fugia era do meu casamento arranjado e da ira da minha família e clã por violar o contrato matrimonial que meu pai firmara.

Contei minha história completa em minhas memórias, *Infiel*, portanto serei breve aqui. Fui parar em um campo de triagem de refugiados, concederam-me asilo, trabalhei arduamente para poder dispensar a assistência do Estado, aprendi holandês, formei-me na universidade, escrevi, debati e por fim fui eleita para o Parlamento da Holanda. O relevante aqui é minha saída gradual do islã.

Quando cheguei à Holanda, em 1992, ainda era muçulmana crente e praticante. Comecei abandonando a parte da prática islâmica da minha fé. Mesmo assim, vivia negociando comigo mesma, buscando modos de criar provas irrefutáveis de que eu continuava a ser uma muçulmana crente, obediente e devota. Ao mandar fotos para minha família, fazia questão de me vestir com supremo recato e cobrir os cabelos. Em janeiro de 1998, quando voltei às pressas para Nairóbi porque minha irmã tinha morrido, desengavetei minhas velhas roupas e, quando bati à porta da casa da minha mãe, estava vestida mais ou menos como as outras mulheres somalis ali presentes. Junto com minha mãe e meu irmão, fiz as cinco orações diárias de praxe durante toda a semana em que lá estive. Assim que voltei para a Holanda, voltei ao meu estado de não praticante.

Não reconheci imediatamente esse distanciamento; só analisando mais tarde ele ficou claro para mim. Se, entre 1992 e 2001, alguém me perguntasse, eu diria que estava vivendo como muçulmana. Porém, ainda me considerando muçulmana, acabei por adotar um estilo de vida não muito diferente daquele de qualquer holandesa de vinte e poucos anos. Priorizava os estudos e o trabalho em vez da devoção; quando fazia planos para o futuro, deixava de lado o *inshallah* ("se Deus quiser") no discurso. Nas horas de folga, buscava diversão e recreação.

Além de negligenciar orações, jejuns e o traje prescrito para as mulheres muçulmanas (o hijab), passei a violar no mínimo duas das seis principais restrições corânicas *hudud*. O *hudud* prescreve punições irredutíveis para consumo de bebida alcoólica, relações sexuais ilícitas (fornicação e adultério), apostasia, roubo, agressão e acusação falsa de relações sexuais ilícitas. Por cinco anos, vivi com meu namorado, um infiel, sem sermos casados; cheguei até a falar em ter filhos nessas condições. E bebia vinho, aparentemente com a mesma despreocupação dos meus amigos holandeses.

Na verdade, eu estava levando uma vida dupla. Tinha crises frequentes de culpa e autocondenação, certa de que estava condenada. Esses sentimentos sempre eram desencadeados por contatos com muçulmanos — em particular, indivíduos que se achavam na obrigação de, com grande alarde, "ordenar o certo e proibir o errado", um dos princípios fundamentais do islã (voltaremos a ele adiante). Minha solução foi evitar o máximo possível esse tipo de pessoa, e até os muçulmanos que me desaprovavam em silêncio. Evitar era minha estratégia para lidar com a terrível dissonância entre a fé que eu supunha ter e o modo como eu vivia de fato. Não foi fácil, mas me aperfeiçoei nas fugas e, nos anos que antecederam o Onze de Setembro nos Estados Unidos, alcancei uma espécie de paz de espírito.

Mas nos meses seguintes ao Onze de Setembro, tornou-se impossível para mim manter aquele frágil equilíbrio. Não conseguia fechar os olhos ao papel fundamental que os terroristas haviam atribuído ao profeta Maomé como sua fonte de inspiração, e logo me vi participando abertamente no debate sobre o papel do islamismo nos atos terroristas. Quando entrevistadores holandeses me perguntaram diretamente ao vivo no rádio e na televisão se eu era muçulmana, medi muito as minhas palavras para responder.

Por fim, depois de muita reflexão angustiada, resolvi meu conflito íntimo rejeitando a afirmação de que Deus é o autor do Alcorão, rejeitando Maomé como guia moral e aceitando a ideia de que não existe vida após a morte e de que Deus é uma criação da humanidade, e não o contrário. Com isso violei as mais sérias restrições *hudud*. Mas não me parecia existir outra opção. Se eu não conseguia me submeter ao islã, só me restava tornar-me uma apóstata.

Entretanto, pode ser enganoso supor que foi o Onze de Setembro que me levou a questionar minha fé muçulmana. Esse foi apenas o catalisador. A causa mais profunda da minha crise de fé foi ter sido exposta, antes de 2001, a toda a base do pensamento ocidental que valoriza e cultiva o pensamento crítico.

Quando fui admitida na Universidade de Leiden, achava que seria apresentada a uma narrativa única de eventos e sua importância e a uma só explicação de por que as coisas aconteceram como aconteceram. Em vez disso, os professores começavam cada curso com uma questão central, demoravam-se nas definições e sua importância e então apresentavam os principais pensadores e seus críticos ao longo do tempo. Minha tarefa de estudante era entender a questão central, aprender sobre os pensadores, suas teorias sobre poder, elites políticas, psicologia e sociologia das massas e políticas públicas, os métodos pelos quais eles chegaram às suas conclusões, seus críticos e os métodos da crítica. O objetivo de todo esse exercício era melhorar os velhos modos de fazer as coisas por meio do pensamento crítico. Recebíamos notas não só pelo conhecimento de fatos, mas também por nossa capacidade de fazer a apreciação crítica de cada ideia apresentada. Nesse contexto, a religião era apenas mais uma ideia, mais um sistema de crença, mais uma hipótese, mais uma teoria. Um exame crítico das palavras de Jesus não seria diferente de um exame crítico das palavras de Platão ou Karl Marx.

O curso que fiz a seguir, Pensamento Político Ocidental, incluía uma discussão sobre a Igreja Católica, a Reforma e a Contrarreforma. Examinamos o debate sobre leis feitas pelo homem e leis feitas por Deus. Lembro-me de ouvir tudo aquilo em um misto de fascinação e pavor, pois na época eu não queria sequer cogitar que as leis feitas pelo homem podiam suplantar aquelas de Deus. Às vezes justificava o fascínio dizendo, ora, se não fosse um desígnio de Deus eu estar aqui em Leiden, eu não estaria em Leiden, portanto eu vou tratar de continuar estudando.

Quanto mais eu refletia sobre o mundo à minha volta, mais via senões em tudo que me haviam ensinado na minha vida anterior. Na Holanda, por exemplo, fiquei pasma com a quase total ausência de violência. Nunca via holandeses em confrontos físicos. Não havia ameaças nem medo. Se duas ou três pessoas fossem mortas, isso era considerado uma crise na ordem social e descrito como tal. Na minha Somália natal, duas ou três mortes violentas eram coisa absolutamente corriqueira e não chamavam a atenção.

Além da ausência de violência, impressionava-me o nível de generosidade humana. Todos na Holanda tinham seguro-saúde. No começo dos anos 1990, quando cheguei ao país, os centros holandeses que recebiam as pessoas que pediam asilo mais pareciam colônias de férias, com quadras de tênis, quadras de vôlei, piscinas. Alimentação, medicamentos, abrigo, aquecimento, todas as nossas necessidades eram atendidas. Ainda nos ofereciam assistência e apoio psicológico como parte do pacote da assistência à saúde ao qual todo holandês tinha direito. Os holandeses, constatei espantada, cuidavam de qualquer um que adentrasse suas fronteiras, inclusive de quem não tivesse nenhuma relação com a Holanda exceto a esperança de se refugiar ali.

Mas o que mais me assombrou foi o modo como as relações de gênero eram encaradas na Holanda. Havia mulheres na televisão, sem lenço na cabeça, maquiadas e com roupas da moda. Os pais criavam as meninas exatamente como criavam os meninos, e as crianças de ambos os sexos se misturavam na escola e na rua. Era o tipo de mistura de gêneros que, na cultura de onde eu provinha, seria apontado como uma catástrofe, um sinal inequívoco de que o fim dos tempos estava próximo. Na Holanda era tão rotineiro que os holandeses se surpreendiam com minha surpresa.

A vida no Ocidente não era perfeita, obviamente. Vi pessoas infelizes: gente rica e branca insatisfeita com a vida, com o trabalho, amigos, família. Mas na época eu não estava interessada em noções abstratas de felicidade; estava fascinada com a simples possibilidade de se atingir aquele nível de estabilidade política e prosperidade econômica.

Depois do Onze de Setembro, comecei a reexaminar o mundo em que eu crescera. Passei a refletir se em todo aquele mundo — na Somália, Arábia Saudita, Etiópia, Quênia e até mesmo na comunidade de imigrantes muçulmanos da Holanda — o islã representava uma barreira ao progresso, sobretudo (porém não exclusivamente) para as mulheres. Além disso, expressar minhas dúvidas sobre o islã significava que eu não possuía um lar espiritual: no islã o indivíduo é um crente ou um não crente. Não há espaço cognitivo para ser agnóstico. Minha família e alguns dos meus amigos e conhecidos muçulmanos davam-me uma escolha pura e simples: ou você é uma de nós, e nesse caso pare de dizer o que pensa sobre o islã, ou você é um dos infiéis, portanto está fora. E essa, em última análise, foi a razão por que não pude permanecer na religião do meu pai, da minha mãe, meu irmão, minha irmã e minha avó.

Não me surpreendeu nem um pouco que os muçulmanos de Medina me condenassem e quisessem para mim a punição "apropriada" por deixar a fé: a morte. Afinal de contas, doze anos antes eu quisera o mesmo para Salman Rushdie. Mais desnorteadora e exasperante foi a hostilidade indisfarçada de indivíduos que, como eu antes da apostasia, violavam constantemente outros princípios centrais do *hudud* em seu comportamento pessoal, mas agora se achavam no direito de me marcar como traidora de sua fé porque eu não queria mais ser uma muçulmana de mentira. Muitos intelectuais não muçulmanos seculares também se apressaram a me menosprezar como uma mulher "traumatizada" que estava exorcizando seus demônios pessoais. (E alguns continuam a fazer essa afirmação condescendente, como o renomado jornalista norte-americano que especulou que minha família era "disfuncional simplesmente porque seus membros nunca aprenderam a morder a língua e apenas dizer uns aos outros 'eu te amo'".)

Atônita e desalentada, descobri que, nesse debate específico, um dos princípios centrais das realizações liberais do Ocidente — o pensamento crítico a respeito de todos os sistemas de crença — não devia ser aplicado à fé na qual eu crescera.

POR QUE NÃO SOU UMA EXCEÇÃO

Durante anos me disseram, com ares de superioridade, que minha crítica ao islã é consequência da minha criação singularmente problemática. Isso é uma grande bobagem. Há milhões de rapazes e moças impressionáveis que, como eu fiz aos dezessete anos, sucumbiram ao chamado dos muçulmanos de Medina. E acredito que exista outro tanto deles que hoje anseia por questionar as exigências essencialmente intoleráveis que a ideologia lhes faz. Neste capítulo relatei brevemente a história da primeira parte da minha vida, não por ela ser uma exceção, mas porque acredito que ela é típica.

Vejamos o caso de Shiraz Maher, um jovem idealista que em 11 de setembro de 2001 estava estudando em Leeds, na Inglaterra. Maher passara seus primeiros catorze anos de vida na Arábia Saudita, onde o ato de usar uma camiseta estampada com o Patolino e os dizeres "Apoio a Operação Tempestade no Deserto" (para tirar Saddam Hussein do Kuwait) custou-lhe um sermão sobre a conspiração norte-americana para estabelecer bases militares em "solo sagrado". Em 2001, tendo aprendido a lição, ele se filiou ao Hizbut Tahrir — em árabe, "Partido da Libertação" —, que defende a criação de um califado, e ascendeu nas fileiras até se tornar um dos diretores regionais do partido. Maher descreveu mais tarde a filosofia do Hizbut Tahrir: "Aplaude os homens-bomba, mas acredita que o bombardeio suicida não é uma solução de longo prazo".[1]

Onde ele tinha aprendido essa filosofia? A resposta é que, em 1994, Maher assistira a uma conferência do Hizbut Tahrir em Londres na qual islamitas do Sudão e do Paquistão falaram sobre a formação de um califado. Na época ninguém no Ocidente fez objeção, se é que chegaram a notar, e certamente ninguém da comunidade muçulmana imigrante opôs resistência. O resultado, segundo Maher, foi que logo a "ideia de ter um Estado islâmico se tornara normal no discurso muçulmano".[2] Essa mensagem foi difundida por uma nova onda de pregadores, que davam uma ênfase irredutível à mensagem de Maomé em Medina sobre o islamismo e como ele devia ser praticado. Como na minha comunidade somali em Nairóbi, jovens muçulmanos no Ocidente foram seduzidos com grande facilidade pelos muçulmanos de Medina e sua conclamação violenta às armas.

Assim como eu deixei o islã depois do Onze de Setembro, Maher deixou o Hizbut Tahrir após o bombardeio no metrô de Londres em 2005. (Maher não conhecia pessoalmente os homens-bomba do metrô, que, como ele, também provinham de Leeds.) Minha mente fora aberta em Leiden; Mahen, em contraste, disse que encontrou uma visão mais pluralista do islã quando fez pós-graduação na Universidade de Cambridge. Hoje ele é pesquisador sênior do Centro Internacional para o Estudo da Radicalização do King's College em Londres e estuda a vida de jovens jihadistas.

O problema é que, neste momento, há demasiados jovens muçulmanos em risco de ser seduzidos pela pregação dos muçulmanos de Medina. Os muçulmanos de Meca podem ser mais numerosos, porém são por demais passivos, indolentes e, o que é crucial, desprovidos do vigor intelectual necessário para confrontar os muçulmanos de Medina. Quando indivíduos são atraídos para fora do seu meio por pregadores que clamam pela jihad, e esses indivíduos cometem uma atrocidade aos gritos de "*Allahu akbar*" ["Deus é grande"], os muçulmanos de Meca aferram-se à negação e declaram que a atrocidade não é islâmica. Essa tentativa de desligar o princípio de seu resultado lógico agora virou piada não só entre não muçulmanos que zombam da "religião da paz", mas também entre os muçulmanos de Medina, os quais expressam abertamente seu desdém pelos clérigos muçulmanos que declaram que os versos "pacíficos" de Meca no Alcorão, sabe-se lá por quê, anulam os de Medina, posteriores e mais violentos.

Tamerlan e Dzhokhar Tsarnaev, os dois irmãos acusados da explosão na Maratona de Boston, cresceram como típicos muçulmanos de Meca: raramente observavam os rigorosos preceitos islâmicos; um sonhava em se tornar campeão de boxe e passava boa parte de seus dias treinando, enquanto o outro tinha uma vida social movimentada, namorava e fumava maconha. Os pais — pelo menos em seus anos iniciais nos Estados Unidos — parecem não ter sido lá muito devotos. Quando Dzhokhar, formado na prestigiosa Rindge and Latin School em Cambridge, Massachussetts, escreveu um bilhete manchado de sangue nas derradeiras horas antes de sua captura, as primeiras palavras que invocou foram exatamente as primeiras que aprendi com minha avó quando pequenina: "Acredito que não há Deus senão Alá e Maomé é Seu mensageiro".[3] Como vimos, essa é a Shahada, a profissão de fé muçulmana, o mais importante dos cinco pilares do islã. Agora a Shahada é a divisa do Estado Islâmico, da Al-Qaeda e do Boko Haram. É também o lema da Arábia Saudita, o país que usa muito de sua riqueza para difundir aos quatro cantos do mundo o islamismo que se praticava em Medina catorze séculos atrás.

Dedicar-se à jihad violenta tornou-se um modo extremamente comum para os jovens muçulmanos resolverem as pressões cognitivas de tentar levar uma vida muçulmana "autêntica" em uma sociedade ocidental permissiva e pluralista. Como vimos, muitos da primeira geração de muçulmanos que imigraram para o Ocidente optam por se encasularem junto com a família, tentando erguer um muro entre eles e a sociedade à sua volta. Mas para seus filhos isso é insustentável. Para eles, a escolha é inequívoca: abandonar sua fé ou aceitar a mensagem militante de Medina. "Se eu fosse mais jovem e em vez do Onze de Setembro fosse o conflito na Síria, haveria muita, muita chance de eu ter ido", admitiu Maher recentemente. "Em vez de estudá-los, eu é que estaria sendo estudado."[4]

Essas pressões não estão desaparecendo. A questão é se existe ou não uma terceira via. Será que todos os que questionam o islã têm de deixar a fé, como eu fiz, ou aderir à jihad violenta?

Acredito que existe uma terceira opção. Mas ela começa pelo reconhecimento de que o extremismo islâmico tem raízes no próprio islã. Entender por que é assim é a chave para encontrarmos uma terceira via: um caminho que permita outra opção que não a apostasia ou a atrocidade.

Deixei o islã e continuo achando que essa é a melhor escolha para muçulmanos que se sentem encurralados entre sua consciência e as ordens de Maomé. No entanto, é irrealista esperar um êxodo em massa do islã. Esse fato levou-me a pensar na possibilidade de uma terceira opção. Uma escolha que poderia ter permitido a alguém como eu continuar a acreditar no Deus da minha família. Uma escolha que poderia, de algum modo, conciliar a fé religiosa com os principais imperativos da modernidade: liberdade de consciência, tolerância para com a diferença, igualdade dos sexos e um investimento na vida antes da morte.

Mas para que essa escolha se torne possível, os muçulmanos têm de fazer o que relutam em fazer desde o princípio: uma avaliação crítica do credo fundamental do islamismo. A questão a ser resolvida a seguir é: por que isso se mostra tão incrivelmente difícil? Afinal de contas, eu não sou, de modo algum, a primeira pessoa a clamar por uma reforma da religião em que nasci. Por que todas as tentativas anteriores de uma reforma muçulmana não deram em nada? A resposta reside em um conflito fundamental dentro do próprio islã.

2. Por que não houve uma reforma muçulmana?

Em 2012, a Escola de Governo John F. Kennedy, da Universidade Harvard, me convidou para dirigir um grupo de estudos sobre a intersecção de religião, política, sociedade e política de Estado no mundo islâmico. Exerço essa função há três anos. Nosso enfoque é a teoria política islâmica. O seminário é direcionado a estudantes pós-graduados entre 25 e quarenta e poucos anos, mas estudantes de graduação também podem participar. Nossas reuniões duram uma hora e meia, e a lista de leituras recomendadas é longa.

Como a esta altura deve estar claro, tenho sido uma crítica inflexível do islã político há mais de uma década. Mas nestes últimos anos acabei por concluir que, em vez de simplesmente criticar, devo voltar a me envolver com o islã — a religião e também a ideologia —, não só para aprofundar minha compreensão de seu complexo legado religioso e cultural, mas também para poder ajudar aqueles que, como eu no passado, se sentem acossados pelas exigências de uma fé rígida e os atrativos de uma sociedade moderna. Este livro é um dos frutos dessa decisão. Nesse aspecto, ele representa a continuação da jornada pessoal e intelectual que relatei em meus livros anteriores. O grupo de estudos foi um passo preliminar crucial.

Desde o início tive curiosidade pelos estudantes que se inscreveram em meu grupo de estudos. A lista da primeira turma que recebi da seção de alunos mostrava nomes variados, alguns claramente anglófonos, outros claramente árabes. Cerca de metade era de norte-americanos, dois deles membros das Forças Armadas dos Estados Unidos, e a maioria trabalhara ou servira em países islâmicos. No mínimo três deles eram judeus. O resto da turma era quase todo composto de muçulmanos: homens de Catar, Turquia, Líbano, Paquistão e Senegal, além de uma jovem da Nigéria. Em muitos aspectos, os estudantes muçulmanos dessa turma formavam um microcosmo da elite muçulmana moderna: eram instruídos, viajados, ricos em sua maioria e tinham visões diversificadas sobre o islã. Mas logo ficou claro que alguns daqueles participantes pensavam que não podia existir outra visão exceto a deles.

Na primeira tarde, os estudantes se reuniram, fizemos nossas apresentações e comecei a falar. Já nas primeiras frases o estudante do Catar levantou a mão e se dirigiu ao resto da sala. Disse que precisava "esclarecer" o que eu estava dizendo. Depois outro — o paquistanês — interrompeu. Entraram um terceiro e um quarto. A cada comentário que eu fazia sobre o islã, um deles vinha com um esclarecimento. E, quase desde a primeira palavra, introduziam seu próprio argumento. Segundo um deles, eu era "uma mulher traumatizada projetando minha experiência pessoal e fazendo lavagem cerebral nas pessoas". Outro queria que todos entendessem que eu era só mais uma "islamofóbica dizendo mentiras".

A maioria dos outros estudantes (inclusive os demais muçulmanos na sala) ficou perplexa. Por algum tempo, aquilo foi como uma partida de tênis: cabeças virando de um para outro para acompanhar seus golpes verbais e meus esforços para rebater. Mas no decorrer de minutos, a tensão aumentou. Não que os outros estudantes não quisessem falar; eles não conseguiam entrar na conversa. E não foi só o primeiro encontro que decorreu dessa maneira. A coisa se repetiu semana após semana — até a quarta, quando os descontentes pararam de comparecer.

Não tenho nada contra discussões e debates. Esse era o objetivo do meu curso. Mas hoje em dia é bem curto o caminho entre refutar de antemão, preventivamente, qualquer crítico do islã, corrigi-lo, insinuar ameaças até por fim silenciá-lo de vez. Na minha opinião, nada podia ser mais "esclarecedor" sobre o problema fundamental do islã atual do que aqueles espinhosos primeiros encontros na sala de seminário.

Eu não preparara o curso como um seminário sobre a minha visão pessoal do islã. Tivera o cuidado de não recomendar textos de minha autoria. Em vez disso, elaborara uma lista bem equilibrada de artigos e livros acadêmicos, pontos e contrapontos sobre a natureza da teoria política no islã. Era esse material que eu pretendia discutir em classe. Mas parecia que os alunos discordantes não tinham dado sequer uma olhada no programa do curso. Para eles, simplesmente fazer uma pergunta sobre o islã constituía ofensa grave.

Então, para começar, precisamos indagar simplesmente: por que é tão difícil questionar qualquer coisa relacionada ao islã? A resposta óbvia é que existe hoje uma "brigada de honra" organizada internacionalmente para impedir esse questionamento. A resposta histórica mais profunda pode estar no medo de muitos clérigos muçulmanos de que permitir o pensamento crítico possa levar muitos a deixar o islã. Yusuf Al-Qaradawi, um fervoroso muçulmano de Medina e líder proeminente da Irmandade Muçulmana, disse: "Se eles tivessem se livrado da punição por apostasia, o islã não existiria hoje. O islamismo teria terminado com a morte do Profeta, que a paz esteja com ele. A oposição à apostasia é o que mantém o islã até o presente".[1] Os clérigos temem que até a menor questão possa levar à dúvida, a dúvida possa levar a mais questões, até que por fim a mente questionadora exija não apenas respostas, mas também inovações. Uma inovação, por sua vez, criará um precedente. Outras mentes que questionam se basearão nesses precedentes e exigirão mais concessões. Logo serão tantas as inovações que as pessoas se verão deixando sua fé completamente.

Inovação da fé é um dos pecados mais graves no islã, equiparado a assassinato e apostasia. Entende-se assim perfeitamente por que os principais clérigos muçulmanos (os ulemás) chegaram ao consenso de que o islã é mais do que mera religião: é o único sistema que abrange, explica, integra e dita todos os aspectos da vida humana: pessoal, cultural, político e religioso. Em resumo, o islã dá conta de tudo. Qualquer clérigo que defenda a separação de mesquita e Estado é prontamente neutralizado. Declaram-no herege e removem seus livros das prateleiras. É isso que torna o islamismo fundamentalmente diferente de outras religiões monoteístas do século XXI.

É importante entender em que grau a religião está ligada à política e aos sistemas políticos nas sociedades islâmicas. Não é que as fronteiras entre religião e política sejam porosas. Elas praticamente inexistem. Dezessete países de maioria muçulmana declaram o islamismo a religião do Estado e exigem que o chefe de Estado seja muçulmano praticante, enquanto no mundo cristão apenas dois países exigem um chefe de Estado cristão (embora o monarca britânico tenha de ser o "Defensor da Fé" anglicana, o herdeiro do trono pretende ser o "Defensor da Fé" em geral).[2] Em países como Arábia Saudita e Irã, ou em movimentos insurgentes em ascensão, como o EI e o Boko Haram, as fronteiras entre religião e política inexistem.

Essa fusão do espiritual com o temporal nos dá uma primeira

pista sobre a razão de uma reforma muçulmana ainda não ter acontecido. Porque, em grande medida, foi a separação entre Igreja e Estado na Europa moderna que viabilizou a Reforma cristã.

A LIÇÃO DE LUTERO

Uma reforma muçulmana seria exatamente como a reforma cristã? Não, claro que não. Mas há semelhanças importantes, e são elas que me dão esperança.

Em outubro de 1517, um monge pouco conhecido mas muito obstinado da cidade saxônia de Wittenberg escreveu 95 teses criticando a prática da Igreja de vender indulgências em troca da salvação. O monge chamava-se Martinho Lutero, e suas palavras ajudaram a desencadear uma revolução teológica e política.

A história da Reforma Protestante é complexa, e precisamos simplificá-la muito aqui. Três aspectos cruciais se destacam. Primeiro, em contraste com os hereges europeus anteriores, Lutero foi capaz de se servir de uma tecnologia nova e poderosa para difundir sua mensagem: a prensa tipográfica. Segundo, suas ideias fundamentais — como a "justificação somente pela fé" e o "sacerdócio de todos os crentes" — foram muito atrativas para uma classe nova e crescente de moradores das cidades que, letrados e prósperos, se impacientavam com as práticas corruptas da Igreja Romana. O terceiro aspecto, que foi decisivo, foi o interesse de um número significativo de Estados europeus, entre eles a Inglaterra, em apoiar o desafio de Lutero à hierarquia eclesiástica papal.

O resultado foi uma tremenda convulsão. Não só a cristandade ocidental cindiu-se irrevogavelmente entre protestantes e católicos, mas também, depois de mais de um século de sangrentas guerras religiosas dentro e fora das fronteiras dos Estados, estabeleceu-se uma nova ordem que deu primazia à autoridade secular em detrimento da religiosa (o princípio do *cuius regio, ius religio* deixava a cada um dos vários príncipes europeus a escolha da fé do reu reino).³ Entretanto, depois que a poeira baixou, o mundo ocidental estava totalmente transformado, com os países protestantes frequentemente na vanguarda da invenção de novas formas sociais, políticas e culturais.

O sociólogo alemão Max Weber argumentou em seu clássico *A ética protestante e o espírito do capitalismo* que a teologia da Reforma encorajou os devotos a buscar sinais da graça divina no êxito de seus afazeres terrenos. A santificação da frugalidade e o cultivo das virtudes "capitalistas" impulsionaram uma revolução econômica, ele afirmou. Talvez. Ou, quem sabe, simplesmente a alfabetização universal promovida pelo protestantismo tenha impulsionado o aprendizado e a produtividade. Seja como for, a partir de meados do século XVII tem início no mundo ocidental uma assombrosa série de revoluções intelectuais, além de econômicas e sociais: a Revolução Científica, o Iluminismo, a Revolução Industrial e as revoluções Americana e Francesa. A partir delas podemos identificar não só a ascensão da ciência moderna, mas também do capitalismo e do governo representativo, com seus ideais de autonomia governamental, tolerância, liberdade e igualdade perante a lei. Das mudanças forjadas pela Reforma — em especial sua ênfase na alfabetização universal — veio um número notável das coisas que nos tornaram modernos.

Em resumo, libertar a consciência individual da autoridade hierárquica e sacerdotal deu espaço ao pensamento crítico em todos os campos da atividade humana.

Séculos depois, o islã não teve um despertar comparável. A era de ouro da ciência e filosofia islâmica, anterior ao Iluminismo europeu, ficou mil anos no passado. Embora muitos países muçulmanos se beneficiem dos avanços na ciência e na economia, embora hoje possuam seus arranha-céus e infraestrutura reluzentes, a revolução *filosófica* que brotou da Reforma Protestante passou praticamente ao largo para eles. Em vez disso, o mundo muçulmano, tanto dentro dos países de maioria islâmica como no Ocidente, vive com um pé na modernidade e o outro fora dela. O islã contenta-se em usar os produtos tecnológicos do Ocidente — existe até um aplicativo que lembra o devoto dos horários das cinco orações diárias —, mas resiste aos valores básicos que os produziram. (Isso, obviamente, ajuda a explicar a notória ausência de inovação científica e tecnológica que caracteriza todo o mundo muçulmano.)

Isso não quer dizer que não houve tentativas esporádicas de mudança. Ainda no século VIII, fizeram-se vários esforços no islã para incorporar ideias da filosofia grega, a fim de tornar a religião menos abrangente e inflexível em suas exigências aos fiéis. Do século VIII ao X, por exemplo, floresceu em Bagdá a escola de pensamento islâmico Mu'tazila, que proclamava a dignidade da razão e propunha que a doutrina islâmica fosse aberta à interpretação contemporânea. Mas ela foi fragorosamente derrotada pela escola Ash'ari, liderada pelo imame Ash'ari, um ex-adepto da Mu'tazila que argumentou, com o costumeiro ardor dos convertidos, que o Alcorão era a palavra de Deus perfeita e imutável. O triunfo da escola Ash'ari consolidou a crença de que, com a mensagem de Maomé, a "história chegou ao fim". E esse foi o ponto final para a maioria dos debates no islã até nossa época. Na verdade, algo muito parecido aconteceu no século XX.

Constantemente somos lembrados de que, no começo do século XX, o mundo islâmico, e em especial o árabe, possuía uma grande variedade de publicações políticas e periódicos literários e científicos independentes por meio dos quais era possível trocar ideias e importar avanços do Ocidente. Francis Marrash, o pensador político sírio de meados do século XIX que saiu de Alepo para estudar medicina em Paris, publicara textos sobre a importância da liberdade e igualdade e o papel vital que a educação e o "amor por um país livre de considerações religiosas" desempenhariam na modernização da sociedade árabe.⁴ Não era um delírio total. Em fins da Segunda Guerra Mundial, as características centrais da sharia haviam sido substituídas, em muitos países muçulmanos, por leis baseadas em modelos europeus. A poligamia foi legalmente abolida e introduziu-se o casamento civil. Árabes estavam valorizando o nacionalismo além da crença na importância da cultura árabe pré-islâmica.

Ao mesmo tempo, o próprio islã estava cada vez mais sendo interpretado como parte de um longo *continuum* nas tentativas da humanidade para alcançar a justiça social e até sendo usado, às vezes, para validar doutrinas socialistas de redistribuição e outros esforços para remodelar a sociedade. Um pensador egípcio chamado Khalid Muhammad Khalid declarou que a verdadeira religião só era possível quando existia justiça econômica e social e propôs, entre outras coisas, a nacionalização dos recursos naturais, a divisão das grandes propriedades, a instituição de direitos do trabalhador e a fixação dos aluguéis agrícolas, além da emancipação das mulheres e a viabilização do controle da natalidade. Outros pensadores muçulmanos do começo do século XX procuraram reavaliar as ligações entre a lei islâmica do século VII e o Estado moderno. No século XX, homens como Ali Abdel Raziq, Mahmoud Mohammed Taha, Nasr Abu Zayd e Abdolkarim Soroush — todos pensadores islâmicos — propuseram reformas fundamentais.

Embora hoje os nomes desses homens sejam conhecidos apenas por poucos, suas propostas e as respostas que delas resultaram têm muito a nos ensinar.

Ali Abdel Raziq, um acadêmico egípcio educado em Oxford e professor da Universidade de al-Azhar, foi um muçulmano devoto e juiz religioso que propôs a separação completa entre o islã e a política, a fim de proteger o islã da corrupção política. Em seu livro publicado em 1925, *Islam and the Foundations of Governance*, Abdel Raziq explicou que os muçulmanos poderiam usar suas capacidades de raciocínio inatas para elaborar as leis políticas e civis mais adequadas à sua época e circunstâncias. Além disso, ele rejeitou especificamente a ideia, tão cara aos radicais modernos, da restauração de um califado muçulmano. "Na verdade", escreveu,

> essa instituição que os muçulmanos conhecem em geral como califado não tem nenhuma relação com a religião. Está mais relacionada [...] à ânsia de poder e ao exercício da intimidação do que a essa instituição. O califado não está incluído nos princípios da fé. [...] Não há um único princípio da fé que proíba os muçulmanos de cooperar com outras nações no empreendimento total das ciências sociais e políticas. Não há princípio que os impeça de desaparelhar esse sistema obsoleto, um sistema que os degrada e os subjuga, que os esmaga com seu punho de ferro. Nada os impede de edificar seu Estado e seu sistema de governo com base em construções passadas da razão humana, em sistemas cuja robustez resistiu ao teste do tempo, que a experiência das nações mostrou serem eficazes.

Por expor essas ideias, Abdel Raziq foi demitido de Al-Azhar. O Conselho Supremo da Universidade criticou e denunciou seu livro e expulsou o professor do círculo dos ulemás. Ele perdeu seu título de *alim*, ou homem douto, foi forçado a um exílio doméstico e só escapou de um destino pior graças à proeminência de sua família.

Três anos depois, começou a surgir no Egito um novo grupo liderado por um professor chamado Hassan al-Banna. Desgostoso com o que acreditava ser um excesso de materialismo e secularismo, e também com a perspectiva de egípcios trabalhando para patrões estrangeiros, al-Banna desejava um retorno à era pré-

-colonial, quando a religião era um modo de vida abrangente — embora ele próprio fosse em grande medida um autodidata e não proviesse de uma família clerical instruída. Em vez de promover um novo nacionalismo secular condizente com os avanços na Europa e em outras partes do mundo moderno, al-Banna queria que os muçulmanos de todas as partes se unissem em uma comunidade maior alicerçada no islamismo e nas leis religiosas islâmicas. Em sua visão do Estado Islâmico, não existiriam partidos políticos, a sharia formaria o código jurídico e só os que possuíssem uma educação religiosa chefiariam ou administrariam o governo. As escolas deveriam ser anexadas às mesquitas. Desse modo, o islã seria o princípio norteador e unificador de todo o mundo árabe muçulmano.

Hassan al-Banna não é um nome célebre no Ocidente, mas a organização que ele ajudou a fundar, sim: a Irmandade Muçulmana. E seus escritos inspiraram alguns dos nomes mais conhecidos de fins do século XX e começo do XXI, entre eles o aiatolá Khomeini e Osama bin Laden.[5]

O triunfo de al-Banna sobre Abdel Raziq — em essência, o triunfo da teocracia sobre a reforma — também pode ser visto no que aconteceu a outros reformadores islâmicos do século XX. O intelectual sudanês Mahmoud Mohammed Taha propôs que os muçulmanos aderissem ao islamismo espiritual de Meca e se afastassem do islamismo mais belicoso e político do período de Medina, o qual, argumentou Taha, aplicava-se apenas àquele momento específico do Profeta e não às gerações subsequentes. Taha também se empenhou para que a sharia não fosse introduzida no Sudão. Embora ainda acreditasse que não havia Deus senão Alá e que Maomé era seu mensageiro, Taha foi enforcado por apostasia em 1985.

Mais recentemente, Nasr Abu Zayd, um pensador egípcio, afirmou que a linguagem humana teve no mínimo algum papel na elaboração do Alcorão, portanto este não era totalmente a palavra pura de Alá. Porque propôs uma reinterpretação do texto sagrado, ele foi considerado apóstata por um tribunal egípcio em 1995, forçado a se divorciar de sua mulher (a contragosto de ambos) porque agora ele era um não muçulmano, e os não muçulmanos não podem desposar mulheres muçulmanas. Depois de receber ameaças de morte, Abu Zayd fugiu do Egito e exilou-se na Holanda.

No Irã, o pensador islâmico Abdolkarim Soroush, embora apoiasse a revolução islâmica de 1979, propôs mais tarde que o poder político fosse bem mais separado da liderança religiosa do que é atualmente. Por defender esse argumento, Soroush recebeu numerosas ameaças, foi forçado a encerrar sua carreira de professor universitário, e por fim sua vida tornou-se tão intolerável que também ele deixou seu país.

Todos esses aspirantes a reformador basearam seus argumentos em fundamentos teológicos islâmicos. Mas os ulemás não apenas resistiram a todas essas tentativas de reforma; repetidamente, ameaçaram e intimidaram os reformadores até que eles fossem silenciados ou exilados, quando não promoveram a execução deles. E o método tem sido, invariavelmente, o retorno ao Alcorão. Porque o Alcorão é inviolável, atemporal e perfeito, afirmam, o que está escrito nele não pode ser criticado, muito menos mudado.

Isso explica por que, no islã, a reforma nunca teve conotações positivas e a inovação tem de ser evitada a todo custo. Como expõe Albert Hourani, depois do aparecimento de Maomé, "a história não podia ter mais lições a ensinar, se houvesse mudança só poderia ser para pior, e o pior só poderia ser curado não com a criação de algo novo, mas com a renovação do que já existira".[6] Em outras palavras, "reforma" não é um conceito legítimo na doutrina islâmica. O único objetivo aceito e adequado a um "reformador" islâmico é um retorno aos primeiros princípios. O *hadith*, texto que contém as palavras e ações do Profeta de Alá, atribui a

Maomé ter dito que sua geração seria a melhor de todas, a geração seguinte, a segunda melhor, e assim por diante.[7] É exatamente o oposto da narrativa ocidental do progresso: nessa versão da história, em vez de melhorar, cada geração é pior do que a anterior. Apenas quando, na virada de cada século, chegasse um renovador, um *mujaddid*, o islã poderia voltar ao momento de perfeição da época de seu fundador, o tempo de Maomé.[8] Nessas condições, apenas os muçulmanos de Medina podem se intitular agentes da reforma muçulmana.

Hoje o mais famigerado expoente desse tipo de "reforma", no sentido de restauração, é o autointitulado Estado Islâmico no Iraque e Síria, que propõe a criação de um novo califado onde a única lei seja a sharia. Lá as adúlteras são mortas por apedrejamento, os infiéis, decapitados, e os ladrões, mutilados. Boa parte da propaganda do Estado Islâmico faz pensar em um vídeo do YouTube que mostrasse uma viagem no tempo de volta ao século VII. Se essas são as pessoas que afirmam estar purificando o islã, que chance tem a verdadeira reforma?

QUEM FALA PELO ISLÃ?

A Reforma de Lutero foi empreendida contra um *establishment* eclesiástico hierárquico. Quando o papa procurou excomungá-lo, Lutero pôde retorquir: "Sou chamado de herege por aqueles cujas bolsas hão de sofrer com as minhas verdades". O islã é diferente. Em contraste com o catolicismo, o islamismo é quase totalmente descentralizado. Não há papa, Colégio dos Cardeais, nada que se assemelhe à Convenção Batista do Sul: nenhuma estrutura hierárquica, nenhum sistema de ordenação com um controle central. E qualquer homem pode se tornar um imame: o único requisito é declarar-se conhecedor do Alcorão e ter seguidores.

Sempre fico fascinada quando, em universidades, exige-se a presença de um imame ou estudioso do islamismo se falo em apresentar a interpretação "correta" do islã. Essa foi a exigência da Associação de Estudantes Muçulmanos de Yale em setembro de 2014, quando fui convidada ao campus dessa universidade para dar a conferência Buckley. Mas quem eles teriam em mente para esse papel? Um clérigo saudita? Um norte-americano convertido? Um indonésio? Um egípcio? Um sunita? Um xiita? Talvez um representante do Estado Islâmico? Ou que tal Zeba Khan, um muçulmano norte-americano descendente de indianos, que foi educado em um semi-internato judeu enquanto também frequentava uma mesquita em Toledo, Ohio, onde homens e mulheres oravam lado a lado, e que em 2008 fundou o grupo Muçulmanos por Obama? Ou talvez preferissem o advogado nascido na Grã-Bretanha que se tornou imame, Anjem Choudari, e defende a imposição da sharia na Grã-Bretanha e anseia por ver a bandeira negra do EI adejando sobre o Parlamento? Todos esses podem alegar legitimamente que falam pelo islã. Não existe um papa muçulmano para apontar qual deles está certo.

Na minha sala de seminário em Harvard, uma muçulmana que veio do Egito passou a argumentar profusamente. Compareceu a algumas sessões do meu grupo de estudos e faltou em outras, mas sempre estava pronta para contradizer o que eu dizia. Por fim, fiz a ela uma pergunta sobre um argumento que constava da leitura recomendada. Ela replicou: "Não fiz as leituras recomendadas. Não preciso. Já sei tudo". Eis o cerne da questão. Paradoxalmente, o islã é a mais descentralizada, porém ao mesmo tempo a mais rígida religião do mundo. Todo mundo se sente capacitado a proibir uma discussão livre.

Uma das críticas mais ferozes do curso foi uma estudante sudanesa. Apesar de não ter de fato comparecido a uma sessão sequer do grupo de estudos, ela estava totalmente convencida de que tudo o que fora dito na sala de aula era uma grave afronta ao islã. Ela esteve entre os vários estudantes muçulmanos que pressionaram as autoridades da Kennedy School para encerrarem meu grupo de estudo. Quando um de meus colegas argumentou que a liberdade acadêmica — a liberdade de ensinar e aprender pontos de vista e ideias que contrariem fundamentalmente a crença de outros — é a pedra fundamental da universidade ocidental, ela reagiu com uma hostilidade perplexa. Liberdade acadêmica era um conceito que lhe parecia deplorável se isso permitia a alguém questionar sua fé.

Para compreender essa hostilidade, é importante reconhecer que as tradições milenares do judaísmo e cristianismo de debater com ardor e agonizar de dúvida são em grande medida ausentes no islamismo. Não há grandes cismas nos ramos sunita e xiita (uma divisão que originalmente não foi de natureza teológica, e sim, em essência, uma disputa pela sucessão). O que existe é a conformidade. Não existe um islamismo reformador ou reconstrucionista, como no judaísmo. Em vez disso, como a Igreja Católica pré-Reforma, o islã ainda está perseguindo hereges.

Consideremos a admoestação de um professor de teologia católica romana, David Bonagura, de que a devoção católica frequentemente é considerada mais "estoica" em comparação com a "energia" dos serviços protestantes. Ele prossegue dizendo, contudo, que esses "diferentes estilos são caminhos para a fé" e acrescenta que "não precisamos achar que nossa experiência religiosa preferida tem de ser comum a todos os demais".[9] Quantos clérigos muçulmanos hoje em dia ousariam dizer tal coisa?

Em nenhuma outra religião moderna a dissensão continua a ser um crime, punível com a morte. Quando um rabino judeu conservador disse em uma sinagoga dos judeus ortodoxos modernos em Washington que o judaísmo ortodoxo precisa de mulheres no rabinato, não foi criticado. Alguns dos ouvintes até aplaudiram.

Quando o papa Francisco mencionou a ideia da tolerância aos homossexuais na Igreja Católica, houve acirrada discordância, mas não violência, e ninguém exigiu que ele fosse deposto ou executado.

Em contraste, vejamos o caso de Hamza Kashgari, um saudita de 23 anos que em 2013 foi acusado de blasfêmia e ameaçado de morte por ter questionado abertamente a autoridade do profeta Maomé. O que Kashgari fez de tão repreensível? Na véspera do aniversário do Profeta, ele tuitou uma série de mensagens dirigidas a Maomé. Respondendo quase de imediato, xeques sauditas postaram vídeos no YouTube exigindo a execução do rapaz; um grupo no Facebook que clamava por sua morte reuniu 10 mil "amigos" em uma semana — o que talvez não seja de surpreender, visto que os heróis nacionais do Twitter na Arábia Saudita são clérigos como Muhammad al-Arifi, que não podem entrar em nenhum país europeu em razão de seu apoio despudorado ao espancamento de esposas e de seu ódio aos judeus. (Al-Arifi tem 10,7 milhões de seguidores no Twitter.)

Kashgari, um colunista de jornal da cidade portuária de Jeddah, no mar Vermelho, apagou prontamente os seus tuítes e fugiu para a Malásia, onde foi detido pela polícia na sala de embarque do aeroporto internacional de Kuala Lumpur quando tentava partir para a Nova Zelândia. Logo depois, repatriaram-no para a Arábia Saudita.

Que grande blasfêmia ele escrevera em 140 caracteres? Esta: "Em seu aniversário, quero dizer que amo o rebelde em você, que você sempre foi uma fonte de inspiração para mim e que não gosto da aura de divindade que o cerca. Não rezarei por você".[10]

Ele também postou o seguinte: "Em seu aniversário, eu o encontro onde quer que olhe. Posso dizer que há uns aspectos seus que amo, uns que detesto e muitos outros que não consigo entender". E finalmente: "Não beijarei sua mão. Eu a apertarei em um cumprimento de iguais e sorrirei para você como você sorri para mim. Falarei com você como um amigo, nada além disso".[11]

Por essas palavras inocentes, clérigos clamaram pela morte de Kashgari pelo crime de apostasia, e o rei Abdullah ordenou que se emitisse um mandato de prisão. Não importava que Kashgari tivesse pedido desculpas e apagasse seus tuítes. Ele foi preso. E embora tenha sido libertado uns oito meses depois, foi eficazmente silenciado.

Esse é um jovem que cresceu em um lar religioso conservador, que não estava fazendo nada mais do que testar e tatear os contornos de sua fé. Não rejeitou o islã, Alá ou o Profeta. Suas palavras procuravam meramente humanizar um ícone religioso. E por isso ele foi levado à prisão.

UMA REFORMA INESPERADA

Por muitos anos, autores ocidentais sonharam com uma reforma muçulmana. Nenhuma aconteceu. Por isso, a maioria dos observadores do mundo islâmico hoje deixou essa ideia de lado. Mas acredito que uma reforma não é meramente iminente; ela está em andamento nesse momento. A Reforma Protestante foi repentina. Com o islamismo, do mesmo modo súbito, a mudança já começou e só fará se acelerar nos anos vindouros.

Lembremos os outros três fatores que foram cruciais para a Reforma Protestante: mudança tecnológica, urbanização e os interesses de um número significativo de Estados europeus em apoiar o desafio de Lutero ao status quo. Todos os três estão presentes no mundo muçulmano atual.

A tecnologia moderna da informação, assim como a prensa tipográfica na época de Lutero, certamente pode ser usada para promover a intolerância, a violência e as visões milenaristas. Mas também pode servir de canal para as coisas opostas, assim como as prensas tipográficas da Europa seiscentista passaram da impressão de tratados sobre bruxaria à impressão de tratados de física. O caso de Hamza Kashgari ilustra com perfeição o modo como a internet tem a oportunidade de ser para a reforma muçulmana o que a prensa foi para a Reforma Cristã Protestante. Disseram que Kashgari, criado como um conservador religioso, tornou-se um "humanista" sob a influência do que lia on-line.

Também há um público favorável a uma verdadeira reforma no mundo muçulmano, assim como houve um público receptivo à mensagem de Lutero na Alemanha quinhentista. Os muçulmanos que vivem em grandes cidades têm probabilidade muito maior de resistir aos indivíduos que chamo de muçulmanos de Medina do que os que vivem em áreas rurais — sobretudo porque, na prática, a imposição da sharia atrapalha tremendamente uma vasta gama de negócios urbanos (entre eles o turismo).

Em 2014 o instituto de pesquisas Pew Research Center fez um levantamento com mais de 14 mil muçulmanos em catorze países. Em apenas dois, Senegal e Indonésia, a preocupação com o extremismo islâmico foi registrada em menos de 50% da população pesquisada.[12] No Oriente Médio e norte da África os números foram espantosos: 92% dos libaneses, 80% dos tunisianos, 75% dos egípcios e 72% dos nigerianos — maiorias esmagadoras do povo — disseram-se apreensivos com o extremismo islâmico. Há boas razões para pensar que a maioria desses indivíduos preocupados pertence a populações urbanas.

Além do mais, o islamismo é agora uma religião global com o que até poderíamos chamar de uma diáspora global. Em consequência de migrações pós-guerra, há mais de 20 milhões de muçulmanos vivendo na Europa Ocidental e na América do Norte. Essas pessoas, como vimos, defrontam-se com o desafio diário de existir no Ocidente secular moderno enquanto ainda permanecem muçulmanas. Em suma, as ideias sobre uma nova direção para o islã têm um público em potencial crescendo rapidamente.

Por fim, assim como na Europa do século XVI, existe hoje um eleitorado político para a reforma religiosa em países importantes do mundo muçulmano. No dia de Ano-Novo de 2015, para marcar a aproximação do aniversário do profeta Maomé, o presidente do Egito, Abdel Fattah el-Sisi, fez um discurso assombroso na própria universidade de al-Azhar, clamando por nada menos do que uma "revolução religiosa":

> Será possível que 1,6 bilhão de pessoas [os muçulmanos] queiram matar o resto dos habitantes do mundo — 7 bilhões — para que elas próprias possam viver? Impossível!
>
> Estou dizendo essas palavras aqui em Al-Azhar, perante esta assembleia de eruditos e ulemás — que Alá Todo-Poderoso seja testemunha da sua verdade no Dia do Juízo com respeito ao que agora falo.
>
> Tudo isso que estou lhes dizendo, vocês não podem sentir se permanecerem presos nessa mentalidade. Precisam sair de si mesmos para ser capazes de observar isso e refletir de uma perspectiva mais esclarecida.
>
> Digo e torno a repetir que *precisamos de uma revolução religiosa*. Vocês, imames, são responsáveis perante Alá. O mundo inteiro, repito, o mundo inteiro está à espera de seu próximo ato [...] porque esta *umma** está sendo dilacerada, está sendo destruída, está sendo perdida — e está sendo perdida por obra de vocês.[13]

El-Sisi não é, de modo algum, o único líder islâmico que vê a Irmandade Muçulmana e o resto dessa estirpe como uma ameaça

---

* A comunidade muçulmana mundial. (N. T.)

fundamental à estabilidade política e ao desenvolvimento econômico de seu país. O governo dos Emirados Árabes Unidos tem dado encorajamento semelhante à reforma religiosa.

É senso comum argumentar que a eleição de el-Sisi para a presidência foi sintoma do fracasso da Primavera Árabe. Mas quem diz isso está equivocado sobre o processo desencadeado pelas revoluções que começaram na Tunísia em fins de 2010. As revoluções naquele país, assim como no Egito, na Líbia e na Síria, destinavam-se a derrubar ditadores corruptos, mas depois foram sequestradas por muçulmanos de Medina como a Irmandade Muçulmana, que os ditadores vinham contendo fazia tempo. Quando isso ficou claro para os egípcios — especialmente os urbanos — eles voltaram às ruas, dessa vez para derrubar o governo de Mohamed Morsi, da Irmandade.

Como um desafio à autoridade — como uma revolução contra ditadores que antes pareciam todo-poderosos e impossíveis de depor —, a Primavera Árabe foi um sucesso, na verdade. Mostrou que os poderosos podiam ser desafiados. Quando outra forma de autoridade, a religiosa, procurou explorar uma oportunidade, houve uma segunda revolução, pelo menos no Egito (e guerras civis em outros países). Por fim, acredito que a recusa a se submeter à autoridade de governantes seculares será seguida por uma recusa mais geral a se submeter à autoridade do imame, do mulá, do aiatolá, do ulemá.

A fermentação que vemos hoje no mundo muçulmano não resulta apenas de sistemas políticos despóticos. Não resulta apenas de economias decadentes e da pobreza que elas geram. *Ela resulta do próprio islã e da incompatibilidade entre certas facetas fundamentais da fé muçulmana e a modernidade.* É por isso que o conflito mais importante no mundo atual acontece entre os que defenderão até a morte essas incompatibilidades e os que estão dispostos a desafiá-las, não para derrubar o islã, mas para *reformá-lo*.

A tarefa inicial da autoridade desafiadora já começou — tragicamente exemplificada pelo bilhete escrito pelo filho do presidente recém-eleito do Irã antes de se suicidar em 1992: "Odeio seu governo, suas mentiras, sua corrupção, sua religião, suas ações dúplices e sua hipocrisia".[14] Mas uma reforma não se faz com bilhetes de suicidas. Como a Reforma de Lutero, ela precisa de teses: conclamações à ação.

CINCO TESES

O que se faz com uma casa arruinada pelo tempo, mas de grande valor histórico? Uma solução seria simplesmente demoli-la e construir uma nova em seu lugar. Isso não vai acontecer com o islã, nem com qualquer outra religião estabelecida. Uma segunda solução é preservar o lugar exatamente como ele era logo que foi construído, mesmo instável e sob risco de um colapso total. É isso, essencialmente, o que grupos como a Irmandade Muçulmana, a Al-Qaeda e o EI preferem: a restauração do original do século VII.

A terceira escolha é manter tanto quanto possível os detalhes históricos, fazer com que a parte de fora se pareça bastante com o original, mas mudar a casa radicalmente por dentro, equipando-a com uma infraestrutura moderna. Esse é o tipo de reforma ou modificação que defendo. Estendendo a metáfora, outro termo para o que tenho em mente poderia ser renovação islâmica.

Não sou Lutero. E não tenho 95 teses para pregar na porta. Na verdade, tenho apenas cinco. Elas se referem aos cinco princípios básicos da fé islâmica que aqueles que pregam a jihad e a destruição usam com sucesso letal. Reformulá-los será extremamente difícil, bem sei. Mas para que o islã coexista com a modernidade para que os Estados islâmicos coexistam com outras nações em nosso planeta cada vez menor, e especialmente para que dezenas de milhões de muçulmanos crentes prosperem em sociedades ocidentais, esses cinco conceitos têm de ser reformulados. A razão e a consciência o exigem. Essas mudanças, acredito, podem ser a base de uma verdadeira reforma islâmica, uma reforma que progrida em direção ao século XXI em vez de regredir ao VII.

Os leitores poderão achar que algumas dessas mudanças seriam excessivamente fundamentais para serem viáveis à crença islâmica. Mas, assim como as paredes divisórias ou as escadas supérfluas removidas em uma renovação bem-sucedida, elas podem ser modificadas sem provocar o colapso de toda a estrutura. Acredito que essas modificações até fortaleceriam o islã, facilitando aos muçulmanos viver em harmonia com o mundo moderno. Aqueles que se aferram à ideia de restaurar o islã ao seu estado original são muito mais provavelmente aqueles que acarretarão sua destruição. Eis, novamente, minhas cinco teses, pregadas em uma porta virtual:

1. Assegurar a possibilidade de interpretação e crítica sobre Maomé e o Alcorão;
2. Dar prioridade a esta vida, e não ao que possa haver depois dela;
3. Restringir a sharia e extinguir sua supremacia sobre a lei secular;
4. Extinguir a prática de "ordenar o certo, proibir o errado";
5. Abandonar a convocação à jihad.

Nos próximos capítulos, examinarei a origem das ideias e doutrinas em questão e avaliarei as perspectivas para sua reforma. Por ora, podemos simplesmente ressaltar que elas são estreitamente interligadas. O principal problema para nós, obviamente, é a promoção da jihad. Mas a atração da guerra santa não pode ser compreendida sem levarmos em consideração os seguintes aspectos: o prestígio do Profeta como um modelo para o comportamento do muçulmano; a insistência em uma interpretação literal do Alcorão e a consequente rejeição do pensamento crítico; a primazia da vida após a morte na teologia muçulmana; o poder da lei religiosa e a licença concedida a muçulmanos para, individualmente, impor os códigos e as disciplinas dessa lei. Essas questões estão tão imbricadas que às vezes é difícil separá-las. Mas todas precisam ser examinadas.

Como perceberá quem tiver lido meus livros anteriores, isso representa uma nova abordagem. Quando escrevi meu livro mais recente, *Nômade*, acreditava que era impossível reformar o islã, que talvez a melhor coisa para os crentes religiosos do islamismo seria escolher outro deus. Eu tinha certeza disso, mais ou menos como Primo Levi, o autor italiano e sobrevivente do Holocausto que escreveu em 1987 que tinha certeza absoluta de que o Muro de Berlim perduraria. Dois anos depois, o muro caiu. Sete meses depois da publicação de *Nômade* teve início a Primavera Árabe. Vi caírem quatro governos nacionais — o do Egito, duas vezes — e vi protestos ou levantes ocorrerem em outros catorze países, e pensei simplesmente: me enganei. Os muçulmanos comuns *estão* prontos para a mudança.

O caminho à frente será difícil, sangrento até. Mas, ao contrário de ondas de reforma anteriores que foram rechaçadas pelo monólito do poder religioso e político, hoje é possível encontrar uma irmandade de pessoas que desejam a separação entre religião e política no mundo muçulmano.

Não sou clériga. Não tenho uma congregação que me ouça toda semana. Apenas dou aulas, leio, escrevo, penso e oriento as discussões em um pequeno seminário em Harvard. Quem protestar argumentando que não sou teóloga ou historiadora formada e especializada em islã, estará correto. Mas não é meu objetivo entrar sozinha em um debate teológico com o mundo muçulmano. Meu propósito é encorajar reformadores e dissidentes muçulmanos a confrontar os obstáculos à reforma — e estimular o resto de nós a apoiá-los no que for possível.

Para mim não há volta. É tarde demais para retornar à fé dos meus pais e avós. Mas não é tarde demais para milhões de outros conciliarem sua fé islâmica com o século XXI.

Tampouco o meu sonho de uma reforma muçulmana é um problema só dos muçulmanos. Pessoas de todas as fés, e pessoas sem fé, têm imenso interesse em um islã transformado: uma fé que respeite mais as doutrinas básicas dos direitos humanos, que pregue universalmente menos violência e mais tolerância, que promova governos menos corruptos e menos caóticos, que dê espaço para mais dúvida e mais dissensão, que incentive mais educação, mais liberdade e mais igualdade perante um sistema jurídico moderno.

Não vejo outro caminho à frente para nós — pelo menos, nenhum que não seja juncado de cadáveres. O islã e a modernidade precisam ser conciliados. E isso só pode acontecer se o próprio islã for modernizado. Chame de renovação muçulmana, se preferir. Mas seja qual for o rótulo que escolher, tome como ponto de partida essas cinco emendas para um debate honesto sobre o islã. É um debate que precisa começar com um reexame do Profeta e seu livro como fontes infalíveis de diretrizes para a vida neste mundo.

3. Maomé e o Alcorão
Como a reverência incondicional ao Profeta e a seu livro impede a reforma

Um problema fundamental do islã em nossos dias pode ser resumido em três frases simplificadoras: os cristãos cultuam um homem considerado divino; os judeus cultuam um livro; os muçulmanos cultuam uma coisa e outra.

Os cristãos acreditam na divindade de Jesus, mas também afirmam que a Bíblia cristã foi escrita por homens. Os judeus acreditam na santidade da Torá, que eles beijam e tratam com reverência durante seus serviços religiosos; tradicionalmente, porém, atribuem a autoria da Torá a Moisés, um profeta que, entre outros profetas hebreus, é apresentado como humano e falível. Já os muçulmanos acreditam tanto na perfeição sobre-humana de Maomé como na verdade literal e santidade do Alcorão, a revelação direta de Deus. Aliás, enquanto até os rabinos judeus ortodoxos acreditam que é impossível corromper a Torá, os muçulmanos creem no oposto — tanto assim que uma acusação de desrespeito a Maomé ou ao Alcorão basta para incitar protestos violentos, arruaças e, frequentemente, a morte.

Por exemplo, acusações equivocadas em 2005 de que guardas

norte-americanos haviam descartado um Alcorão num vaso sanitário dando a descarga no centro de detenção da baía de Guantánamo resultaram em tumultos violentos em muitos países muçulmanos. Dezessete pessoas morreram no Afeganistão, vítimas da fúria e do frenesi resultantes. Mais recentemente, em novembro de 2014, um cristão e sua mulher que moravam em Lahore, Paquistão, foram espancados e queimados vivos em um forno de olaria depois de terem sido acusados de queimar páginas do Alcorão (o casal declarou-se inocente). Analogamente, uma série de doze charges satíricas representando o Profeta, publicadas no jornal dinamarquês *Jyllands-Posten* em setembro de 2005, desencadeou um paroxismo de fúria em todo o mundo muçulmano que resultou em mais de duzentas mortes relatadas e ataques a embaixadas ocidentais.

Esses episódios refletem uma distinção crucial entre o Ocidente e o mundo muçulmano. Enquanto um tratamento irreverente a figuras e crenças religiosas é tolerado e até incentivado em sociedades ocidentais, para os muçulmanos qualquer "insulto" ao Profeta ou ao Alcorão merece a pena de morte. E essa não é uma atitude extremista. Como já mencionei, na adolescência eu concordava, sem refletir, que Salman Rushdie merecia morrer por escrever um romance que pouquíssimas pessoas no mundo muçulmano, eu inclusive, haviam lido.

Para entender a raiz do problema e a razão por que acredito que ele não é realmente insolúvel, precisamos analisar os dois elementos mais sagrados do islã: seu Profeta e seu livro santo. Os muçulmanos precisam compreender Maomé como um homem real, no contexto da época dele, e o Alcorão como um texto historicamente construído, e não um manual de instruções divinas para a vida atual.

QUEM FOI MAOMÉ?

Ele é o mais fecundo legislador de todos os tempos. As revelações que recebeu, juntamente com os fatos de sua vida, formam o alicerce de um código jurídico que governa centenas de milhões de pessoas. No entanto, não há consenso entre os estudiosos quanto ao ano ou a data em que ele nasceu. A data mais aceita é 570 anos depois do nascimento de Jesus Cristo. O pai de Maomé morreu antes de o filho nascer; aos seis anos, Maomé era órfão de pai e mãe. Foi criado por um tio. Conheceu sua primeira esposa quando ela o contratou como seu agente comercial em uma missão mercantil na Síria. Um empregado contou a ela que dois anjos velavam por seu jovem representante enquanto ele dormia, e que ele descansava sob uma árvore que todos diziam só dar sombra a "profetas".

O jovem representante comercial tinha 25 anos; sua patroa, quarenta. Era o primeiro casamento dele, o terceiro dela, e foi dela a iniciativa de propor a união. Só dali a quinze anos as palavras que depois se tornariam o Alcorão foram reveladas a ele. A mulher, Khadija, foi sua primeira conversão.

Nos 22 anos seguintes, o homem conhecido como Maomé estabeleceria a última grande religião do mundo, criaria uma ordem religiosa, política e jurídica interligada e plantaria as sementes de um império que se estenderia desde as estepes asiáticas e o norte da África até a península Ibérica. Hoje mais de 1 bilhão de pessoas professam sua fé enunciando a Shahada — "Não há Deus senão Alá, e Maomé é Seu mensageiro". Há 1400 anos essa mensagem permanece inalterada.

O que tornou essa mensagem revolucionária não foi simplesmente a crença em um só deus em contraste com a veneração de muitos. Isso não era nenhuma novidade; aliás, Maomé apresentou sua religião como a extensão e a realização das revelações monoteístas de Abraão, Moisés e Jesus. O que tornou o islamismo revolucionário foi sua imensa abrangência, um alcance muito além da teologia. O islã, como Maomé o concebeu, não é meramente uma religião ou um sistema de devoção. É "o gabarito de uma ordem social", como resumiu o antropólogo social Ernest Gellner.[1] Em seu próprio nome, "islã" significa "submissão". O indivíduo submete-se a todo um sistema de crenças. As regras estabelecidas são exatas e rigorosas.

O islã tornou-se tão multifacetado e abrangente em parte porque Maomé e o islamismo eram um profeta e uma fé para sua época e lugar. Maomé costuma ser concebido em seus papéis bem conhecidos: guerreiro e profeta. Porém, em certos aspectos, é mais revelador e interessante vê-lo em outro papel: o de líder tribal. A proeza de Maomé nessa posição foi criar uma nova comunidade baseada na religião a partir dos elementos vagamente organizados da sociedade tribal árabe. Em suma, ele foi tanto uma figura religiosa e militar como o fundador de uma "supertribo".

Existe um consenso de que Maomé existiu, embora pouco se saiba com certeza a respeito de sua vida. Embora não possamos comprovar os dados de sua biografia, podemos presumir que ele foi um produto da ordem social baseada no parentesco que prevalecia em todo o Oriente Médio em sua época.

Antes do islã, havia o parentesco. Família, clãs e tribos são a base da organização em todas as sociedades pré-estatais. A unidade social básica é a linhagem, um grupo de famílias unidas pela descendência de um ancestral comum. Cada família é parte de uma linhagem; muitas linhagens compõem um clã; muitos clãs compõem uma tribo. E supõe-se que todos, por sua vez, descendem de um único fundador (mitológico ou semidivino).

Contudo, ainda que sejam unidos pela ficção da ascendência comum, esses grupos de parentes são descentralizados e irascíveis, frequentemente cindidos por rixas que podem durar por gerações.

É preciso uma liderança forte para uni-los a fim de que não degenerem (como aconteceu no Ocidente) em meros sobrenomes em comum, praticamente sem compromisso de lealdade recíproca. Essa era a situação na época de Maomé. Continuava a ser assim 1440 anos mais tarde, quando T. E. Lawrence uniu as tribos beduínas contra os turcos na Primeira Guerra Mundial. Também é assim no país onde nasci, a Somália.

Neste mundo de interesses e alianças mutáveis, os líderes tribais ascendem graças a qualidades pessoais de força, astúcia e magnetismo inato. O líder tribal exerce diversas funções: é legislador e juiz, homem de negócios, líder militar e chefe do culto religioso da tribo. Também é um benfeitor e o responsável pela distribuição dos frutos do comércio e da guerra. Honra e lealdade pessoal (frequentemente reforçada por casamentos estratégicos) são os vínculos primários que sustentam o líder tribal e mantêm a coesão do sistema. Segundo o que fontes islâmicas nos informam sobre Maomé, ele desempenhou todos esses papéis. Transcendeu a desordem tribal reivindicando a posição de líder só para si e exigindo total submissão.

Dizem-nos que Maomé nasceu no clã Banu Hashim dos Quraysh, uma poderosa tribo mercante que controlava as rotas de comércio árabes através de Meca. Os Quraysh eram um típico grupo familiar corporativo: subdividida em muitos clãs, a tribo era, por sua vez, uma subdivisão de uma tribo maior, os Banu Kinahah. Todos esses clãs e tribos eram vagamente ligados por sua suposta descendência do mítico andarilho Ismael. Isso lhes dava uma remota ligação com os judeus descendentes de Abraão. Portanto, não foi por acidente que a nova "supertribo" islâmica incorporou Abraão e Jesus em sua linhagem.

Os Quraysh ganharam proeminência quando um líder tribal chamado Qusai ibn Kilab conseguiu o controle da Caaba, um antigo santuário pagão que atraía numerosos peregrinos. Era um negócio lucrativo, e Qusai ibn Kilab nomeou membros da família para controlá-lo, distribuindo responsabilidades (e lucros) entre os clãs de sua tribo. As rivalidades prosseguiram, porém, e aparentemente se intensificaram na época de Maomé.

Maomé foi um revolucionário religioso que introduziu o monoteísmo abraâmico numa cultura politeísta. Os árabes de então acreditavam em uma deidade suprema e também em vários deuses menores ou deidades tribais. Meca era o centro desse sistema politeísta. A revelação de Maomé atraiu muitos seguidores, mas também a oposição de poderosos líderes de clãs, cuja autoridade (e renda) dependia do controle do negócio da peregrinação.

Em Meca, Maomé pregou o que, em termos atuais, era uma religião: oração para um só deus, caridade e coisas do gênero. A rejeição de sua mensagem pelos politeístas ficou gravada no islã como um período de perseguição aos muçulmanos. Até hoje, seguidores do exemplo de Maomé falam em perseguição quando encontram a menor resistência a suas pregações.

Em 622, esses rivais expulsaram Maomé e sua pequena comunidade muçulmana de Meca. Maomé fugiu para Medina, onde construiu sua base de poder por meio de alianças com tribos maiores, como Bakr e Khuza'a. Casamentos estratégicos fortaleceram seus laços com esses clãs: ele se casou com as filhas de Abu Bakr e Umar, enquanto Uthman e Ali (primo de Maomé) desposaram as filhas dele. Assim ele forjou laços de família com os quatro primeiros califas que o sucederam depois de morto. Durante esse período, Maomé também promulgou um abrangente sistema de regras morais e políticas conhecido como Constituição de Medina, que serviu para unir as tribos em uma comunidade na fé e nas práticas. Foi a essa altura que muitas práticas tribais tornaram-se parte essencial do que evoluiria até se tornar a sharia.

Oito anos mais tarde, tendo arregimentado um grande exército (conhecido como Companheiros do Profeta), Maomé marchou contra os Quraysh, que supostamente se renderam sem luta. Ele então voltou para Meca, desposou a filha do chefe dos Quraysh e tratou de incorporar as outras tribos da península Arábica à nova comunidade islâmica.

Depois que Maomé morreu, em 632, uma série de conquistas rápidas por seus sucessores estendeu o controle muçulmano a um território imenso — um dos mais vastos impérios que o mundo já vira. Essas conquistas foram extremamente brutais, e às populações dominadas era dada uma escolha inescapável: converter-se, morrer ou (se fossem judeus ou cristãos) aceitar uma condição inferior pagando tributos como o *dhimmi*. A maioria escolheu a conversão e foi incorporada em massa à crescente supertribo muçulmana, ou *ummah*. No entanto, em muitos aspectos a psicologia social do islã continuou a ser a de uma tribo perseguida, com uma poderosa mentalidade sobre "os de dentro e os de fora".

Enquanto Maomé viveu, as diferenças tribais e nacionalistas na comunidade islâmica foram veementemente desencorajadas. Mas, após sua morte, rivalidades entre clãs ressurgiram e moldaram lutas dinásticas no califado. Os Quraysh reivindicaram o controle e forneceram as três primeiras dinastias governantes: Umayyad, Abbasid e Fatimid. A divisão entre sunitas e xiitas foi, originalmente, uma guerra de sucessão entre duas linhagens rivais — em contraste com os cismas na cristandade, como já mencionamos, no começo essa divisão não foi de natureza teológica. As emoções violentas suscitadas por essa rixa milenar entre feudos continuam até hoje a dividir o mundo muçulmano.

Medina acolheu Maomé em parte porque seus líderes tribais acreditavam que talvez fosse possível unir os beligerantes residentes locais em torno dos ensinamentos islâmicos. O islamismo atenuaria a discórdia na cidade e se tornaria um grito de guerra contra os inimigos de fora. Assim, desde o princípio, Maomé entrou em Medina incumbido não só de difundir sua mensagem religiosa, mas também de criar uma ordem política.

Com as outras religiões monoteístas foi diferente. A Torá foi escrita muito depois que o reino de Israel desmoronou. A doutrina cristã evoluiu ao longo de séculos, sempre no contexto de um Império Romano preexistente, uma das sociedades politicamente organizadas mais fortes de todo o período pré-moderno. No islamismo, em contraste, o Alcorão foi revelado junto com a ascensão e as conquistas do islã. O império de Maomé começou a tomar forma antes que todos os versos fossem compilados em um livro. Assim, para o islã, desde o início fé e poder estão interligados — inseparáveis, na verdade.

Maomé diferiu de Abraão e Jesus em um aspecto crucial. Ele foi não só um profeta, mas também um conquistador. Afirma-se que ele liderou pessoalmente numerosas campanhas militares e expedições de ataque. O Sahih Muslim, uma das seis principais coletâneas clássicas do *hadith*, menciona que Maomé chefiou nada menos do que dezenove expedições militares e lutou pessoalmente em oito delas.[2] Maomé também não hesitou em ordenar represálias violentas nem em desfrutar dos despojos de guerra. Depois da Batalha da Trincheira em 627, por exemplo, "Maomé achou-se no direito de tratar com dureza os Banu Qurayza: executou os homens e vendeu as mulheres e crianças como escravas".[3] Desse modo, o Profeta tornou-se um chefe militar conquistador. O Alcorão declara: "Ó Profeta, em verdade, tornamos lícitas para ti as esposas que tenhas dotado, *assim como as que a tua mão direita possui [escravas] que Alá tenha feito cair em tuas mãos*" (33:50).[4] (Evidentemente, são passagens como essa que grupos como o Estado Islâmico e o Boko Haram citam para justificar suas ações.)

Da perspectiva de um reformador muçulmano, um dos principais problemas do islã é o fato de que os valores militares e patriarcais tribais de suas origens são consagrados como valores espirituais, a serem imitados perpetuamente. O Alcorão salienta que todos os muçulmanos formam uma comunidade de fiéis, a *ummah* (2:143). Embora essa comunidade sobrepujasse as alianças tribais prévias, a nova religião conservou muitos costumes tribais tradicionais e os consagrou como valores religiosos. Esses valores relacionam-se especialmente à honra, à guarda das mulheres pelos homens, à severidade na guerra e à pena de morte por deixar o islã. Como explica Philip Salzman, "a cultura tribal árabe do século VII influenciou o islã e as atitudes de seus adeptos para com os não muçulmanos. Hoje a incorporação da cultura e do tribalismo árabe no islã rege tudo, desde as relações familiares até a governança e o conflito".[5]

Antes da ascensão do islã, tribos árabes lutavam umas com as outras por meio de ataques de surpresa e rixas perpétuas. Salzman ressalta que o islã impôs alguma unidade enquanto manteve o hábito tribal tradicional da rixa "opondo os muçulmanos aos infiéis, e *dar al-Islam*, a terra do islamismo e da paz, à *dar al-harb*, a terra dos infiéis e do conflito".[6] O que antes eram incursões para atacar outras tribos passou a ser "santificado como um ato de dever religioso": a guerra santa, ou jihad.[7] O importante para os muçulmanos era conquistar o maior número possível de territórios e subjugá-los à soberania islâmica, governados pela lei sagrada do islã.[8]

Maomé também legou — segundo a praxe tribal — instruções minuciosas sobre a divisão do que os soldados muçulmanos adquirissem por meio da conquista. Na 8ª Surata, versículo 1 do Alcorão, esses despojos de guerra são legitimados. O *hadith* contém uma profusão de instruções minuciosas sobre o que são, na realidade, normas para as conquistas tribais. Só na clássica coletânea de Sahih Bukhari há mais de quatrocentas histórias que descrevem expedições militares chefiadas pelo profeta Maomé e mais de oitenta histórias com instruções sobre a divisão apropriada dos espólios de guerra.[9]

Esses vários resíduos de tribalismo são importantes porque, mesmo se o islã for reformado, eles provavelmente persistirão. A separação entre religião e política — uma distinção entre Meca e Medina — não eliminará os problemas criados por essas normas tribais herdadas.

A DINÂMICA DA HONRA E VERGONHA

Entre as características mais cruciais do sistema tribal institucionalizado pelo islã está o conceito de honra. Ele requer uma explicação pormenorizada para os leitores ocidentais, cuja compreensão de termos como "família" e "honra" é fundamentalmente diferente. A estrutura familiar que devemos ter em mente é a de uma família extensa (o clã), cujos integrantes aumentam por meio de práticas como a poligamia e o casamento de crianças. Fazendo os meninos se casarem já aos quinze ou dezesseis anos, o espaço entre as gerações diminui e o número de descendentes cresce. Esse tipo de família assemelha-se muito a uma antiga árvore *talal*, que possui uma raiz principal profunda, um tronco robusto e uma infinidade de ramos. Folhas nascem, crescem e caem; ramos podem ser cortados, outros tomam seu lugar, mas a árvore permanece. Cada um de seus componentes é dispensável, porém não a árvore. Esse é o "valor familiar" mais importante incutido nas crianças. O indivíduo quase não conta nesse esquema.

Cada pessoa do grupo familiar tem valor para a tribo como um todo, mas certos membros são mais valiosos do que outros: homens jovens capazes de ir para a guerra defender sua família são mais úteis do que moças ou mulheres velhas. Moças núbeis são mais valorizadas do que mulheres mais velhas, pois são necessárias para gestar filhos homens, além de poderem ser trocadas. O pior pesadelo de uma família é ser desarraigada e destruída. Considerando todas as possibilidades de destruição, quanto mais um grupo familiar sobrevive, mais forte ele é. As famílias orgulham-se de sua história de resistência, transmitida às novas gerações por repetidas histórias e poemas sobre a linhagem.

Foi esse orgulho que fez minha avó me ensinar a recitar minha ascendência ao longo de muitas gerações e centenas de anos. Ela deixou claro que era dever dos jovens não só desfrutar a glória herdada de seus ancestrais, mas também mantê-la acima de tudo, ainda que isso possa lhes custar seus bens ou sua vida. Também me ensinaram a ver qualquer um que não pertencesse à minha linhagem com extrema desconfiança.

Antes da fundação do islã, as várias famílias da Arábia colaboravam e também competiam umas com as outras através de uma rede de complexas alianças comerciais e matrimoniais, ora aliando-se em batalhas, ora lutando entre si. Nesse mundo, os conflitos dentro do clã precisavam ser debelados o mais depressa possível a fim de preservar a imagem de força; lutas internas acarretariam a percepção de fraqueza e tornariam o clã vulnerável a ataques. A honra era de suma importância. Quem insultasse ou humilhasse a linhagem tinha de ser punido. Se um homem matasse outro, por exemplo, a vingança cabia ao pai, irmão, tio, primo ou filho da vítima, para preservar a honra do clã. E a vingança tinha de ser não apenas contra o autor da morte, mas contra toda a família dele.

Desde o estudo de Ruth Benedict sobre o Japão na Segunda Guerra Mundial, os antropólogos fazem distinção entre as culturas da vergonha e as culturas da culpa. Nas primeiras, a ordem social é mantida inculcando-se um senso de honra e vergonha no grupo. Se o comportamento de um indivíduo traz descrédito à família, ela pode puni-lo ou até expulsá-lo. Nas culturas da culpa, em contraste, ensina-se à pessoa a disciplinar a si mesma por meio de sua própria consciência — às vezes com a ajuda da ameaça de punição após a morte. A maioria das sociedades ocidentais passou, no decorrer de mil anos, por uma transformação da vergonha à culpa, processo que coincidiu com a gradual divisão das estruturas familiares. Os europeus viveram um demorado processo de destribalização que passou pela sujeição ao direito romano, a conversão ao cristianismo, a imposição do governo monárquico ao poder baronial e a ascensão gradual de Estados-nações com seu conceito de cidadania e igualdade perante a lei.

O mundo árabe no qual o islã triunfou em seus primórdios não passou por transição semelhante. Como escreveu Antony Black em *The History of Islamic Political Thought*, "Maomé criou um novo monoteísmo adequado às necessidades contemporâneas da sociedade tribal".[10] O efeito foi a perpetuação de normas tribais, congelando-as como escritura sagrada. Os árabes puderam ver a si mesmos como "o povo escolhido" com a "missão de converter ou conquistar o mundo". Segundo Maomé, cada uma das grandes religiões monoteístas era uma *ummah* — uma comunidade ou nação definida pela devoção aos ensinamentos de seu respectivo profeta. Os judeus definiam-se como uma *ummah* por sua devoção ao livro de Moisés; os cristãos eram uma *ummah* unida pela devoção aos ensinamentos do profeta Jesus. A *ummah* islâmica, porém, destinava-se a suplantar esses outros grupos. Na *ummah*, todos os muçulmanos eram irmãos e irmãs. No entanto, essa noção não revogou os laços de parentesco anteriores. Como determina o Alcorão, "segundo o que foi estipulado no livro de Alá, os consanguíneos têm mais direito entre si do que os crentes e os migrantes" (33:6). Apesar da ascensão de uma identidade religiosa pan-islâmica na qual todos os indivíduos teoricamente se submetem a Alá, o islã, portanto, conservou elementos da cultura da vergonha.

Desde suas origens como uma nova comunidade de fiéis, o

islã teve uma necessidade avassaladora de permanecer unificado, sob o risco de retornar à fragmentação tribal. O primeiro cisma em torno da questão sucessória quase acarretou o colapso da religião. Por isso, no islã a *fitna* — antagonismo ou discórdia — era vista como fundamentalmente destrutiva. A dissensão era uma forma de traição; a heresia, idem. Esses impulsos individualistas tinham de ser suprimidos para que se preservasse a unidade da comunidade maior. Os que se espantam com a ferocidade das punições islâmicas por dissensão não compreendem a ameaça que o ceticismo e o pensamento crítico supostamente representavam.

No contexto do clã, o comportamento vergonhoso constitui uma traição à linhagem. No contexto islâmico mais amplo, a heresia é uma ameaça comparável, assim como a descrença declarada — apostasia —, sendo ambas puníveis com a morte. Os que traem a fé têm de ser eliminados para que se mantenha a integridade da *ummah*.

Essa crença no perigo da dissensão teve consequências fundamentais, e talvez a mais importante delas seja a supressão da inovação, do individualismo e do pensamento crítico no mundo muçulmano. O próprio Maomé, na condição de mensageiro de Deus e na de fundador da "supertribo" islâmica, é reverenciado como uma fonte irrepreensível de sabedoria e como um modelo de comportamento para todas as épocas. Questionar sua autoridade em qualquer aspecto é considerado uma afronta inaceitável à honra do próprio islã.

Não fica bem atualmente, em círculos acadêmicos, discutir o legado das estruturas clânicas árabes no desenvolvimento do islã. É considerado etnocêntrico, quando não orientalista, até mesmo mencionar o assunto. Mas hoje o Oriente Médio e o mundo como um todo estão cada vez mais à mercê de uma combinação das piores características de uma sociedade tribal patriarcal e do islã não reformado. E por causa dos tabus em torno do que não pode ser dito — tabus reforçados pela ameaça de represálias violentas —, somos incapazes de discutir às claras essas questões.

A SACROSSANTIDADE DO ALCORÃO

Se Maomé é único entre os profetas, o Alcorão não tem precedentes entre os textos religiosos. Ensina-se aos muçulmanos hoje que o Alcorão é uma revelação completa e definitiva que não pode ser alterada: é, literalmente, a última palavra de Deus.

O Alcorão e os textos a ele relacionados são a fonte fundamental da veneração islâmica da vida após a morte e do chamado à jihad. Explicitam o conceito de ordenar o certo e proibir o errado e os ditames específicos da sharia. Esses conceitos, por sua vez, não teriam um poder tão duradouro se não fossem entrelaçados à crença nas palavras atemporais, todo-poderosas e imutáveis de Alá e aos atos de Maomé. Enquanto o islamismo não puder fazer o que fizeram o judaísmo e o cristianismo — questionar, criticar, interpretar e, por fim, modernizar sua escritura sagrada —, não poderá libertar os muçulmanos de uma profusão de crenças e práticas anacrônicas e, por vezes, letais.

Minhas primeiras recordações do Alcorão são de minha mãe e avó beijando a capa do livro, da advertência para que eu nunca tocasse nele sem antes lavar as mãos e de, aos quatro ou cinco anos de idade, estar sentada no chão somali quente e ver o livro lá em cima, no alto de uma prateleira. Quando eu decorava seus versículos, ensinavam-me simplesmente a obedecer a ele. O Alcorão, aprendi, era o livro mandado por Alá para ser "uma explanação de tudo" (16:89). Alá revelara-o a Maomé por intermédio do anjo Gabriel, a começar da época em que Maomé viveu em Meca e prosseguindo quando ele se mudou para Medina. Gabriel enunciou as palavras uma a uma para Maomé, que, por sua vez, recitou-as para os escribas. A ortodoxia islâmica — não a do islã *radical*, mas a doutrina islâmica da maioria — afirma, pois, que o Alcorão é a palavra de Deus. Por isso, questionar qualquer parte do Alcorão torna-se um ato de heresia.

O Alá da minha infância era uma entidade feroz. "E no dia em que os adversários de Alá forem congregados, desfilarão em direção ao fogo infernal", diz a 41ª Surata do Alcorão. "Até que, quando chegarem a ele, seus ouvidos, seus olhos e suas peles testemunharão contra eles a respeito de tudo quanto tiverem cometido". Sobre Abu Lahab, o tio de Maomé que se opôs persistentemente ao islã, diz a 111ª Surata: "Entrará no fogo flamígero, bem como sua mulher, portadora de lenha, Que levará ao pescoço uma corda de esparto". O fogo é um tema recorrente no Alcorão, e o calor do deserto e o sol escaldante, assim como o crepitar das fogueiras noturnas à porta das tendas, tornavam essas punições extraordinariamente vívidas para a maioria dos árabes, e também para mim. Quando minha mãe falava em "fogo do inferno", apontava para o braseiro flamejante em nossa cozinha e me dizia: "Você pensa que esse fogo é quente? Imagine então o inferno, onde o fogo é muito, muito mais quente e vai devorar você". Essa ideia provocava pesadelos na minha irmã. Não admira que eu me esforçasse para me submeter à vontade de Alá.

Mais tarde aprendi o que tornava Alá diferente do Deus cristão e do Jeová hebraico. Alá não é uma figura paterna benevolente, retratada de túnica esvoaçante e barba branca. Aliás, o islamismo requer que nem Deus nem Maomé sejam representados por nenhuma forma física. Em contraste com os mosaicos de capelas medievais ou os afrescos de igrejas da Renascença, nenhum templo muçulmano, da Grande Mesquita para baixo, contém imagens humanas. Há neles apenas adornos geométricos que mostram, no máximo, figuras de enormes plantas em flor.

Esse Alá abstrato também reina supremo como a única divindade; no islamismo não existe um filho como Jesus nem um Espírito Santo. Associar qualquer outro deus ou entidade com Alá é considerado *shirk* e é um dos pecados mais graves do islã, punível com a morte, segundo alguns estudiosos. O Alcorão é bem claro: "[Alá] Não teve filho algum, nem tampouco teve parceiro algum no reinado" (25:2). No islamismo, Jesus é reconhecido como um profeta pertencente à tradição de profetas destacados do Antigo Testamento como Noé e Abraão, mas Maomé é revelado como o derradeiro e o maior profeta, e o Alcorão é a última palavra dita por Deus. Segundo ensinamentos islâmicos, cada profeta até Maomé, inclusive ele, abriu uma janela para o invisível, mas depois da morte de Maomé essa janela foi declarada fechada até o Dia do Juízo Final e o fim dos tempos. Portanto, Maomé foi o porta-voz da última palavra da revelação de Deus.[11]

Nessa mesma linha, os imperativos de Alá aos fiéis não são exortações do tipo "amai-vos uns aos outros", nem um pacto como o de Deus com os judeus, nem mesmo um código moral mais abrangente como os Dez Mandamentos, que legisla sobre os mais variados aspectos, desde adultério até assassinato. Em vez disso, o islamismo exige de seus fiéis, antes de mais nada, que observem cinco deveres religiosos, todos eles para lembrar os devotos, por palavras e atos, de que devem primordialmente submeter-se à fé e suas regras:

1. Ter fé no Deus único, Alá, e em Maomé, seu profeta;
2. Orar cinco vezes por dia;
3. Jejuar durante o dia por todo o nono mês do Ramadã;
4. Praticar a caridade;
5. Fazer uma peregrinação a Meca no mínimo uma vez na vida, se possível.

Em sua escritura, o islamismo também difere fundamentalmente. Dá mais ênfase à onipotência divina e menos ao livre-arbítrio humano. "Alá permite que se desvie quem quer (se desviar) e encaminha quem Lhe apraz", está escrito. Existe no Alcorão inclusive uma insinuação de que, assim como Alá criou o que é bom, também criou o mal. A 25ª Surata declara: "E [Alá] criou todas as coisas, e deu-lhes a devida proporção". Isso sugere que o destino e o futuro de cada pessoa já está estabelecido.[12]

Conceitos desse tipo obviamente também podem ser encontrados em algumas versões do cristianismo. João Calvino frisou a ideia da "dupla predestinação", segundo a qual Deus já escolhera quem seria condenado e quem seria salvo. A diferença é que, ao longo de toda a história do cristianismo, tem havido intensos debates a respeito da relação entre a onipotência divina e a capacidade do indivíduo para agir. Os debates nos primórdios da história islâmica foram vencidos por aqueles que postulavam um forte determinismo quanto ao destino da alma e às ações do indivíduo na vida terrena.[13] Dali em diante, os debates sobre essas questões foram eficazmente reprimidos por fanáticos para quem fazer esse tipo de pergunta é *shirk*, ou mesmo heresia.

Talvez o maior problema na singularidade do Alcorão seja o fato de que os muçulmanos de Medina mais violentos podem encontrar em sua sagrada escritura as justificativas para tudo o que fazem. Vejamos, por exemplo, as palavras de Tawfik Hamid, que já foi membro da mesma organização radical que a do líder da Al-Qaeda, Ayman al-Zawahiri, mas hoje é um membro da nova geração de reformadores islâmicos:

> A interpretação literal do Alcorão 9:29 pode facilmente ser usada para justificar o que ele [o Estado Islâmico] está fazendo. "Combatei aqueles que não creem em Alá e no dia do Juízo Final, nem se abstêm do que Alá e Seu Mensageiro proibiram, e nem professam a

verdadeira religião daqueles que receberam o Livro [judeus e cristãos], até que, submissos, paguem a *Jizya* [um tributo pago às autoridades islâmicas]."[14]

Hamid observa que as quatro principais escolas de jurisprudência islâmica concordam no significado desses versos: "Muçulmanos devem combater não muçulmanos e oferecer-lhes as seguintes escolhas: converter-se ao islamismo, pagar uma taxa humilhante chamada *jizya* ou ser mortos". E acrescenta:

> Uma busca básica de quase TODAS as interpretações aprovadas do Alcorão autoriza a mesma conclusão violenta. As 25 principais Interpretações (comentários) aprovadas do Alcorão — aquelas que os muçulmanos costumam usar para entender o Alcorão — autorizam inequivocamente a interpretação da violência no versículo.[15]

A conclusão de Hamid: embora certamente existam muitos no islã que são "muçulmanos moderados", a verdade fundamental é que, enquanto "os principais eruditos islâmicos não proverem uma ideologia pacífica que contradiga claramente as concepções violentas do EI, a margem para essa moderação será apenas limitada".[16]

Como a violência cometida em nome do islã é tão frequentemente justificada pelo Alcorão, cabe conclamar os muçulmanos a fazerem uma reflexão crítica acerca de seu texto mais sagrado. Esse processo começa, necessariamente, pelo reconhecimento de que o Livro foi feito por mãos humanas e contém numerosas incoerências.

O ALCORÃO COMO TEXTO

Os muçulmanos em geral não mostram interesse em submeter o Alcorão à mesma investigação científica, arqueológica e textual de que a Bíblia é objeto.[17] Mas o respeito a crenças religiosas não requer que suspendamos nossa avaliação crítica do Alcorão, assim como do Antigo e do Novo Testamento.

Sabe-se pouquíssimo com certeza a respeito da composição inicial do Alcorão, e até recentemente pouco se fez para saber. Estudiosos ocidentais que investigaram imparcialmente o Alcorão refutaram a narrativa islâmica tradicional.[18] Um dos acadêmicos que empreendeu um estudo mais crítico da história dos primeiros tempos do islã foi John Wansbrough, que contestou a narrativa tradicional em dois livros publicados nos anos 1970. Ele procurou mostrar que o islamismo foi, originalmente, uma seita judaico-cristã.[19]

Fred Donner, professor de estudos do Oriente Próximo na Universidade de Chicago, afirmou que o Alcorão, em seu início, foi um texto recitado oralmente, e que a história da obra nos anos seguintes à morte de Maomé "não é clara". A sobrevivência de vários manuscritos antigos indica que a recitação do texto corânico inicial "estava longe de ser uniforme". Uma coletânea inicial de versículos pode ter sido compilada sob o califa Abu Bakr e mantida sob o califa Umar, mas "não está claro […] se essa coletânea escrita era ou não completa, nem se era considerada oficial".[20] Afirma-se que um texto oficial foi preparado durante o governo do califa Uthman (644-656), que ordenou a destruição de versões concorrentes do Alcorão.[21] Mas na cidade de Kufa, um dos companheiros de Maomé, Abdallah Masud, descumpriu a ordem de Uthman. A própria tradição islâmica também contém evidências de que o Alcorão que hoje conhecemos difere do texto original. O devoto califa Umar alertou os muçulmanos para que não afirmassem que conheciam o Alcorão inteiro, pois "boa parte dele desapareceu".[22]

Pesquisadores ocidentais formularam várias teorias sobre a composição do Alcorão. Günter Lüling acredita que a obra reflete uma combinação de textos cristãos aos quais se conferiu um novo significado islâmico e "passagens islâmicas originais que haviam sido adicionadas às cristãs". Para Lüling, o Alcorão é uma obra composta, moldada por mãos humanas e editores humanos. O estudo de Gerd Puin sobre manuscritos antigos encontrados no Iêmen levou o autor a concluir que o Alcorão é "um coquetel de textos", alguns dos quais podem ter sido escritos um século antes de Maomé.[23] Christoph Luxenberg (pseudônimo de um acadêmico) supõe, com base em análise linguística, que existe uma defasagem de um século e meio entre a primeira publicação do Alcorão e o processo de edição final que deu à obra sua forma tradicional.[24] Fred Donner aventa outra possibilidade: o Alcorão pode ser uma junção de diversos textos religiosos de diversas comunidades da Arábia. Certamente existem variações significativas na grafia de diferentes versões do Alcorão.[25]

O que poderia ter motivado pessoas a compilar um documento como o Alcorão? Malise Ruthven apresenta a "teoria revisionista"

> de que as instituições religiosas [do islã] surgiram no mínimo dois séculos depois da época de Maomé, para consolidar, por assim dizer, a conquista árabe. [Essa teoria] significaria que os árabes, preocupados em não ser absorvidos pelas religiões e culturas mais avançadas dos povos que eles conquistaram, *procuraram uma religião que os ajudasse a manter sua identidade*. Nesse processo de busca, lembraram-se da figura do Profeta Árabe e lhe atribuíram a reafirmação de um antigo código legal mosaico para os árabes.[26]

Ruthven salienta que, se for verdadeira, a teoria revisionista ajudaria a explicar por que as *qiblas** de certas mesquitas antigas do Iraque estão voltadas para Jerusalém e não para Meca.[27] Outros

---

* *Qibla* é a direção da Caaba para onde o fiel deve voltar-se ao fazer as orações. (N. T.)

dados corroboram indiretamente essa teoria da autoria posterior. Tarek Fatah, fundador do Congresso Muçulmano Canadense, declarou que uma história sobre Maomé — na qual uma tribo judaica rendeu-se ao exército islâmico na cidade de Medina e o Profeta decapitou pessoalmente entre seiscentos e oitocentos prisioneiros de guerra — pode, na verdade, ser uma criação de governantes muçulmanos posteriores, duzentos anos depois de o incidente supostamente ter acontecido (627 E.C.).* (Essa história não está no Alcorão, mas demonstra a facilidade em florear a vida do Profeta muito tempo depois do fato.)

Diante de todas essas evidências fica difícil, para dizer o mínimo, negar que houve uma influência humana na composição do que hoje se conhece como Alcorão. No entanto, pensadores islâmicos, como o falecido paquistanês Abul A'la Mawdudi, declararam sem hesitação que o Alcorão "existe exatamente como foi revelado ao Profeta — nem uma palavra — não, nem um só ponto — foi mudado".[28] E essa continua a ser a doutrina muçulmana dominante.

Toda escritura contém contradições, e o Alcorão não é exceção. Mas o islamismo é a única religião que promulgou uma doutrina para conciliar as contradições do Alcorão com o objetivo de manter a crença de que a obra é a revelação direta de Deus. Como observa Raymond Ibrahim,

> Nenhum leitor atento permanece ignorante dos muitos versículos contraditórios no Alcorão, sobretudo no modo como versículos pacíficos e tolerantes aparecem quase lado a lado com versículos violentos e intolerantes. Os ulemás inicialmente ficaram confusos, sem saber que versículos codificar na visão de mundo da sharia — os que afirmam não haver coerção na religião (2:256) ou os que or-

---

* E.C. significa Era Comum, designação preferida em algumas áreas acadêmicas para indicar datas, equivalente a a.C. (antes de Cristo) e *Anno Domini*. (N. T.)

denam aos muçulmanos que combatam todos os não muçulmanos até que se convertam, ou pelo menos se submetam, ao islã (8:39, 9:5, 9:29).[29]

Para explicar essas contradições, estudiosos islâmicos criaram a doutrina da "ab-rogação" (*an-Nasikh wa'l Mansukh*), segundo a qual Alá faz novas revelações que suplantam as anteriores.

Consideremos, por exemplo, as diretivas específicas sobre guerra e paz. Essas revelações sucessivas seguem um nítido arco no decorrer do livro: começam nas seções mais antigas, as de "Meca", como recomendações de passividade diante de agressão; em seguida, concedem permissão para revidar contra agressores; depois exortam os muçulmanos a combater os agressores e, por fim, os muçulmanos recebem a ordem de combater todos os não muçulmanos, agressores ou não. O que explica esse padrão de agressividade gradual? O mais provável é o poder e a força crescentes da comunidade islâmica incipiente. No entanto, estudiosos muçulmanos ortodoxos garantem que essas mudanças não têm nenhuma relação com circunstâncias contingentes.

Ibn Salama (morto em 1020), por exemplo, afirmou que a 9ª Surata versículo 5, conhecida como *ayat as-sayf*, ou versículos da espada, ab-rogou 124 dos versículos mais pacíficos de Meca.[30] O mesmo se aplica aos versos relacionados à conversão forçada. Como explica Ibrahim,

> embora Alá supostamente tenha dito ao profeta que "não há imposição quanto à religião" (2:256), *assim que o mensageiro tornou-se suficientemente forte*, Alá fez novas revelações exigindo a guerra total/ jihad até que o islã se tornasse supremo (8:39, 9:5, 9:29 etc.).[31]

A jurisprudência islâmica dominante continua a afirmar que os versículos da espada (9:5 e também 9:29) "ab-rogaram, cancelaram e substituíram" os versículos que comandam a "tolerância, a compaixão e a paz".[32] Essa mesma doutrina também se aplica a evidentes falhas ou contradições no comportamento pessoal de Maomé. Afirmar, por exemplo, que Maomé decidiu cancelar um tratado com os Quraysh para não se irritar com o comportamento desonroso da tribo gerou ameaças de violência contra acadêmicos e jornalistas ocidentais. O objetivo em cada caso é impedir quaisquer críticas e reprovações ao Alcorão. Porque, afinal de contas, quem é que pode contestar a palavra de Deus?

Obviamente, o Alcorão não é o único texto islâmico. É acompanhado pelo *hadith*, o registro das palavras de Maomé, dos costumes que ele seguia, seus ensinamentos e os exemplos pessoais que ele deixou para que sejam seguidos por todos os muçulmanos, além de comentários diversos sobre a vida do profeta. Esses textos supostamente foram escritos ou ditados por aqueles que o conheceram, incluindo suas esposas e seus companheiros originais. Temos todas as razões para querer saber mais sobre a proveniência e a composição humana desses textos. Mas as principais questões levantadas relacionam-se com o Alcorão. Entre elas:

- O que o Alcorão conservou (ou copiou) de textos sagrados judaicos e cristãos anteriores?
- Qual foi a contribuição de Maomé para o texto hoje conhecido como Alcorão?
- Que outros indivíduos (ou grupos) compuseram o Alcorão?
- O que foi acrescentado ao esboço do Alcorão depois da morte de Maomé?
- O que foi editado ou reformulado do Alcorão original?

As respostas para algumas dessas perguntas talvez nunca venham a ser totalmente conhecidas. Mas temos o dever de fazê-las e de proteger a vida e a liberdade daqueles que procuram respondê-las, sejam eles muçulmanos ou não muçulmanos.

Quem lidera a iniciativa de aplicar métodos modernos ao estudo do Alcorão é a professora Angelika Neuwirth, da Universidade Livre de Berlim. O programa de pesquisa que ela chefia, Corpus Coranicum, tem sede na Academia de Ciência e Humanidades de Brandenburgo, e sua conclusão provavelmente levará décadas.[33] Mas analisar o Alcorão não é como estudar os textos sagrados do judaísmo ou cristianismo. Quando dois pesquisadores alemães foram ao Iêmen para fotografar antigos manuscritos corânicos, as autoridades confiscaram as fotos. Embora diplomatas conseguissem depois a liberação da maioria das imagens, o episódio desencadeou reações previsíveis. Uma carta ao *Yemen Times* dizia: "Por favor, assegurem que não mais se dê acesso aos documentos a esses acadêmicos. Que Alá nos ajude contra nossos inimigos".[34]

A língua do Alcorão é o árabe, que para muitos muçulmanos continua a ser a língua divina. Até hoje existem disputas colossais em torno de ser ou não aceitável traduzir a obra para outras línguas. Isso ocorre em parte porque, em contraste com a Bíblia, o Alcorão deve ser sabido de cor. Como observa o estudioso do islã Michael Cook, "o devoto muçulmano não *lê* o Alcorão; recita-o". Todas as 77 mil palavras, aproximadamente 6200 versículos do Alcorão, têm de ser internalizadas, o que acarreta, nas palavras de Cook, "um grau de saturação do cotidiano pela escritura que a maioria dos habitantes do mundo ocidental tem dificuldade para imaginar".[35] No Cairo no começo do século XIX, por exemplo, festas e reuniões das classes média e alta costumavam incluir uma recitação do Alcorão, em geral por três ou quatro recitadores treinados, e o processo demorava até nove horas. Os convidados podiam chegar e sair, mas a recitação dos versos era contínua.

Isso destaca outra diferença importante em relação a outras

escrituras monoteístas. Embora o Alcorão faça referência a algumas histórias encontradas na Torá e na Bíblia, o texto evidentemente não tem por objetivo contar histórias; nenhuma metanarrativa sistemática lhe dá coesão. O Alcorão não se destina a ser lido como literatura. Tampouco cenas contidas nele podem ser representadas do mesmo modo que cenas da Bíblia figuram em obras como a Capela Sistina, de Michelangelo, ou *A Última Ceia*, de Leonardo. O Alcorão não tem vários narradores, como a Bíblia; sua voz é uma só do começo ao fim, canalizada essencialmente pelo recitador.

É difícil explicar a um não muçulmano como a recitação do Alcorão incorpora socialmente o texto. Em meados do século xx, por exemplo, egípcios comuns viajando de bonde moviam os lábios, recitando em silêncio a escritura entre uma parada e outra do veículo.[36] Tenho bem na lembrança que, quando alguém na família estava doente ou à beira da morte — por exemplo, minha tia, quando teve câncer de mama —, o Alcorão era recitado à sua cabeceira, pois se acreditava que só as palavras já curariam o paciente. As analogias com a prece cristã são enganosas, pois o recitador do Alcorão está proferindo palavras de Deus, e não suplicando a intercessão divina.

O ALCORÃO INSPIRA VIOLÊNCIA?

Se o Alcorão fosse usado apenas para curar doentes, haveria menos necessidade de reforma. Infelizmente, como vimos, hoje ele também é citado para justificar atos de violência, inclusive uma guerra total contra os infiéis.

David Cook, um professor de estudos religiosos da Universidade Rice que estudou em detalhe a jihad, observa que no Alcorão "a *raiz* (os derivativos verbais) da palavra 'jihad' aparece frequentemente ligada a combate (por exemplo, 2:218, 3:143, 8:72, 74-75, 9:16, 20, 41, 86, 61:11) ou a combatentes (mujahidin, 4:95, 47:31)".[37] A maioria dos versos do Alcorão, salienta Cook, "é inequívoca quanto à natureza da jihad prescrita: a grande maioria refere-se 'aos que creem, emigram e combatem no caminho de Alá'".[38] Na evolução histórica do islã, "a luta armada — conquista agressiva — veio primeiro, e então significados tradicionais foram agregados ao termo [jihad]".[39]

Decerto há histórias de violência e brutalidade na Torá e na Bíblia. Quando a filha do rei Davi, Tamar, é estuprada por seu meio-irmão, Davi não o pune, e Tamar é expulsa e humilhada. Mas hoje os estudiosos do Talmude e da Bíblia não sancionam o estupro de irmãs. Mais provável é que expressem pesar por Tamar e repulsa pelo crime e que mostrem como esse ato acarretou o desmembramento da família de Davi. Isso contrasta com o uso, por acadêmicos islâmicos modernos, da decisão de Maomé de se casar com uma menina de seis anos e consumar a união quando ela completou nove para justificar o casamento infantil no Iraque e no Iêmen atuais.

A interpretação literal do Alcorão é fundamental na motivação das sangrentas batalhas da jihad que acontecem por toda a Síria e Iraque. Muitos dos combatentes sunitas e xiitas atuais acreditam que estão participando de batalhas previstas em profecias do século VII — as narrativas do *hadith* que se referem ao confronto de dois grandes exércitos na Síria. "Se você pensa que todos esses mujahidin vêm do mundo todo para lutar contra Assad, está enganado", explicou um jihadista muçulmano sunita, que usa o nome Abu Omar, a um repórter da Reuters em 2014. "Eles todos estão aqui porque foi prometido pelo Profeta. Esta é a guerra que ele prometeu — é a Grande Batalha."[40] "Temos aqui mujahidins da Rússia, América, Filipinas, China, Alemanha, Bélgica, Sudão, Índia, Iêmen e outros lugares", um jornalista foi informado por Sami, um combatente rebelde sunita no norte da Síria. "Eles estão aqui porque é isso que o Profeta prometeu, a Grande Batalha está acontecendo."[41] Nessa mesma linha, o líder do Boko Haram cita o Alcorão como sua desculpa para vender como escravas 276 estudantes nigerianas raptadas.

A RAZÃO E O ALCORÃO

Se Maomé e o Alcorão estão fornecendo justificativas para tantas perversidades no mundo, aplicar as ferramentas da razão tanto ao Profeta como ao texto precisa ser mais do que mero interesse acadêmico. O problema é que os acadêmicos islâmicos que defendem a razão humana estão há muito tempo do lado perdedor dos conflitos doutrinários. Quando racionalistas enfrentaram literalistas nos séculos VII, VIII e IX, eles perderam. Os racionalistas queriam incluir na doutrina islâmica apenas princípios baseados na razão. Os tradicionalistas replicaram que o intelecto humano é "deficiente, volúvel e maleável".[42]

Mudar aspectos centrais da doutrina islâmica ficou ainda mais difícil no século X. Na época, juristas das várias escolas de direito decretaram que todas as questões essenciais já estavam decididas e que permitir novas interpretações não seria produtivo. Esse célebre episódio é conhecido como o fechamento dos "portões da *ijtihad*". Os portões da reinterpretação não se fecharam subitamente; o processo foi gradual. Mas, uma vez fechados, foi impossível reabri-los. A falecida historiadora Christina Phelps Harris, da Universidade Stanford, afirmou que o resultado foi a criação de "uma estrutura de rigidez jurídica inexorável".[43]

Nesse processo, teve papel fundamental o imame Abu Hamid Muhammad ibn Muhammad al-Ghazali, que morreu em 1111 d.C. Al-Ghazali detestava os filósofos da Grécia antiga. Considerava a razão humana um câncer no islã. Sua obra mais famosa é *Tahafut al-falasifa* [A incoerência dos filósofos], na qual ele critica e refuta as ideias da Antiguidade. Al-Ghazali postula um Deus onisciente em oposição às pretensões daqueles filósofos. Alá conhece até a menor partícula do céu e da terra. E porque Alá tudo sabe e é responsável por todas as coisas, ele já conhece e já formou todas as partes do mundo e todas as ações: sabe se uma flecha atingirá ou não seu alvo e se uma mão acenará ou permanecerá parada. Por isso, al-Ghazali escreve, "A obediência cega a Deus é a melhor evidência do nosso islã". Os que discordaram de al-Ghazali, como o erudito andaluz Ibn Rush, foram exilados ou tiveram destino ainda pior.

Novecentos anos se passaram, mas al-Ghazali continua a ser considerado por muitos no islã a segunda autoridade islâmica, logo depois de Maomé. Ele forneceu a resposta-padrão para quase todas as pergunta feitas em árabe: "Inshallah", que significa "se Deus quiser". O mais recente florescimento dos conceitos de al--Ghazali está nos ensinamentos de grupos como o Boko Haram (cujo nome significa "ensinamentos não muçulmanos são proibidos"), Estado Islâmico e Jemaah Islamiyah, do Sudeste Asiático. Eles seguem o princípio do *al-fikr kufr*: o próprio ato de pensar (e, junto com o pensamento, a educação, a razão e o conhecimento) faz do indivíduo um infiel (*kufr*). Ou, como escreveu a polícia do talibã em seus cartazes de propaganda, "Jogue a razão aos cães — ela fede à corrupção".[44]

Na verdade, porém, não há razão para que al-Ghazali e os de sua espécie tenham a palavra final na definição do islã. Os muçulmanos do mundo todo não podem prosseguir afirmando que o "verdadeiro" islã foi "sequestrado" por um grupo de extremistas. Em vez disso, precisam reconhecer que as incitações à violência estão na raiz de seus textos mais sagrados e assumir a responsabilidade por redefinir ativamente sua fé.

O primeiro passo crucial nesse processo de modificação será reconhecer a humanidade do Profeta e o papel de seres humanos na criação dos textos sagrados do islã. Quando muçulmanos nos dizem que o Alcorão é a palavra imutável e eterna de Deus, que ele é totalmente consistente e infalível e que nenhuma de suas injunções e mandamentos pode ser considerado opcional para os verdadeiros crentes, devemos replicar que, à luz de estudos e da ciência, isso não é verdade. Na realidade, a doutrina islâmica é adaptável; certas partes do Alcorão foram ab-rogadas no decorrer do tempo. Portanto, não há razão para insistir que os versos belicosos do período de Medina devem sempre ter prioridade. Se os muçulmanos desejam que sua religião seja uma religião de paz, tudo o que precisam fazer é "ab-rogar" esses versículos de Medina. Mahmoud Mohamed Taha, que foi executado no Sudão em 1985 por "apostasia", propôs exatamente isso.[45]

O passo seguinte no desmanche do alicerce ideológico da violência islâmica será persuadir os muçulmanos criados com uma visão sedutora de uma vida após a morte a ter apreço à vida deste mundo em vez de buscar ativamente a morte como um caminho para o além.

4. Os que amam a morte
O enfoque letal do islã em uma vida após a morte

Em 4 de outubro de 2014, no aeroporto O'Hare em Chicago, três adolescentes nascidos nos Estados Unidos foram detidos pelo FBI. Os dois irmãos, de dezenove e dezesseis anos, e sua irmã, de dezessete, estavam a caminho da Turquia, onde pretendiam atravessar a fronteira da Síria e filiar-se ao Estado Islâmico. Os três deixaram cartas aos pais, muçulmanos devotos que tinham emigrado da Índia para os Estados Unidos. O mais velho, Mohammed Hamzah Khan, explicou que "os muçulmanos têm sido pisados por tempo demais" e acrescentou que os Estados Unidos são "declaradamente contra o islã e os muçulmanos" e que ele não queria que os seus descendentes fossem "criados em um ambiente imundo como este".[1]

A irmã, porém, tinha uma atitude diferente. Ela escreveu aos pais: "A morte é inevitável, e todos os momentos que desfrutamos não terão importância quando estivermos em nosso leito de morte. A morte é um compromisso que não podemos adiar, e o importante é o que fizemos para nos preparar para ela". Uma ironia impressionante é o fato de que a garota que escreveu essas palavras celebrando a primazia da morte planejava se tornar médica.

Como os irmãos, ela tinha passado quase todos os seus anos de estudo em uma escola particular islâmica. Lá ela demonstrou grande facilidade para aprender o Alcorão e se tornou *hafiz*, isto é, alguém que tinha na memória o texto integral em árabe.

Em resumo: a decisão desses três irmãos de se juntarem ao EI não foi consequência de conhecerem mal o islã, e muito menos de ignorarem os textos sagrados. Tampouco podemos atribuir as escolhas deles a pobreza, privação social ou oportunidades limitadas. A família vivia em um confortável bairro residencial de Chicago, os filhos estudavam em escola particular, tinham computadores e celulares — embora, em um clássico exemplo de encasulamento, os pais tivessem se livrado da televisão quando o filho mais velho fez oito anos porque desejavam "preservar a inocência deles".

A escolha dos três foi diretamente alicerçada na filosofia islâmica contemporânea e, em particular, no desprezo islâmico por muitos dos valores centrais do Ocidente. Nas palavras de um líder da comunidade islâmica local, Omer Mozaffar, que leciona teologia na Universidade de Chicago e na Universidade Loyola, em Chicago, os pais muçulmanos "pensam que 'Estados Unidos' é sinônimo de 'imoral'".[2]

E não se trata simplesmente dos nossos shopping centers, redes de lanchonetes, cinemas e downloads de músicas. São nossos valores, nossa estrutura social, nosso próprio modo de vida. Os norte-americanos são educados para acreditar na vida, na liberdade e na busca da felicidade. Muçulmanos como os três de Chicago, em contraste, são educados para venerar a morte em detrimento da vida — para valorizar a promessa da vida eterna mais do que a vida real aqui na Terra. Consideram seu grande propósito nesta vida preparar-se para a morte; nas palavras daquela adolescente de Chicago, "o importante é o que fizemos para nos preparar para ela".³ A morte é o objetivo, o evento que importa porque conduz ao prêmio da vida eterna.

Muitos muçulmanos do nosso tempo acreditam nisso com um fervor que é dificílimo para os ocidentais modernizados compreenderem. Em contraste, os líderes do EI e organizações semelhantes sabem exatamente como explorar a exaltação islâmica da morte — tanto assim que aqueles três adolescentes americanos gastaram 2600 dólares em passagens de avião com o intuito essencial de apressar sua própria morte.

A VIDA E A VIDA APÓS A MORTE

A vida após a morte é tão importante para o pensamento islâmico quanto o relógio para o ocidental. No Ocidente, estruturamos nossa vida segundo a passagem do tempo, o que faremos na próxima hora, no próximo dia, no próximo ano. Planejamos com base no tempo e em geral pressupomos que nossa vida será longa. Já ouvi ocidentais octogenários falando confiantemente como se ainda tivessem décadas pela frente. As velhas obsessões cristãs com a mortalidade — tão vividamente expressas no *Hamlet*, de Shakespeare, ou na poesia de John Donne — recuaram diante da crescente expectativa de vida, de cálculos de risco e do pensamento cada vez mais acentuadamente secular. No pensamento islâmico, em contraste, não é o tique-taque do relógio que se ouve, mas a aproximação do Dia do Juízo Final. Preparamo-nos suficientemente para a vida que virá depois da morte?

O problema que temos pela frente, portanto, não é apenas educar melhor. As pessoas que têm essa crença não são trabalhadores braçais ignorantes, e sim engenheiros e médicos altamente instruídos. Concentrar-se na morte é o que lhes foi ensinado desde o berço. É o que foi ensinado a mim desde o berço.

Desde quando me tornei capaz de aprender as lições mais elementares, ensinaram-me que nossa vida na Terra é breve e temporária. Um sem-número de pessoas morreu durante minha infância: parentes, vizinhos, estranhos, de doença, de desnutrição, por violência, por opressão. A morte estava o tempo todo na ponta da língua para nós. Ficamos tão habituados a ela, e ela se tornou parte de nós a tal ponto que não falávamos de nada sem mencioná-la. Eu não sabia planejar qualquer coisa com um amigo sem dizer "Até amanhã, se eu estiver viva", ou "Se Alá quiser". E essas palavras faziam sentido, pois eu sabia que podia morrer a qualquer momento.

Também me ensinaram que nossa vida inteira é um teste. Para passar nesse teste, precisamos cumprir uma série de obrigações e nos abster de tudo o que é proibido, para que, quando chegar a hora do julgamento final perante Alá, sejamos admitidos no paraíso, um lugar real com água e tamareiras carregadas de frutos. Assim, desde o princípio, como criança muçulmana, fui ensinada a investir minhas ações, meus pensamentos, minha criatividade não no aqui e agora, mas no além. A lição essencial que aprendi foi que nossa vida real, a vida eterna, só começa depois que morremos.

Acreditei em tudo isso sem questionar — até que cheguei à Holanda. Lá ninguém falava sobre a morte, muito menos sobre vida após a morte. Diziam com segurança "Até amanhã!". E, se eu respondesse: "Se eu estiver viva!", eles estranhavam e replicavam: "É claro que estará viva! Por que não haveria de estar?".

MARTÍRIO E SACRIFÍCIO

Quais são as origens do culto do martírio pelos muçulmanos? Depois da *hegira* de Maomé para Medina, ele e seus pequenos exércitos enfrentaram forças muito maiores, mais poderosas. O Alcorão e o *hadith* contam que Maomé e seus seguidores derrotaram a todos porque tinham Alá do lado deles. Alá abençoou suas guerras como jihad — guerra santa — e declarou que os guerreiros muçulmanos mais gloriosos eram os *shaheed*, os mártires. Por isso os homens no campo de batalha não só ansiavam pela guerra, mas também ansiavam pela morte na guerra, pois isso elevava seu status no paraíso.

A crença de que esta vida é transitória e é a próxima vida que interessa é um dos ensinamentos centrais do Alcorão. Para o crente em busca da glória na morte, há numerosas passagens como esta: "Somente quem for afastado do fogo infernal e introduzido no Paraíso, triunfará. Que é a vida terrena, senão um prazer ilusório?" (3:185). Em outro trecho, o Alcorão salienta a natureza transitória do mundo. "E verás as montanhas, que te parecem firmes, passarem rápidas como as nuvens" (27:88). Tudo na Terra é temporário; só Alá é permanente.

A importância do martírio no islã é tamanha que os mártires têm todos os pecados perdoados e ascendem automaticamente ao mais elevado dos sete níveis do paraíso. Uma frase na *Princeton Encyclopaedia of Islamic Political Thought* capta friamente esse conceito. Depois de sepultamentos de mártires, em geral com as roupas em que combateram, "a maioria dos juristas considerava desnecessário dizer as preces funerárias diante do corpo do mártir, porque se supunha que todos os seus pecados estavam perdoados e que ele subiria direto para o céu".[4]

O Alcorão contém uma versão muito vívida do paraíso para o muçulmano crente e contrito, muito mais precisa do que quaisquer visões do paraíso no cristianismo ou que as ainda mais nebulosas versões de uma possível vida após a morte no judaísmo:

> [...] haverá dois jardins [...] contendo todas as espécies (de frutos e prazeres) [...]. Em ambos, haverá duas fontes a verter. [...] Em ambos, haverá duas espécies de cada fruta. [...] Estarão recli-

nados sobre almofadas forradas de brocado, e os frutos de ambos os jardins estarão ao (seu) alcance. […] Ali haverá, também, aquelas de olhares recatados que, antes deles, jamais foram tocadas por homem ou gênio. […] Parecem-se com o rubi e com o coral. […] A recompensa pela bondade não é, acaso, a própria bondade? (55:46-60)

E, como se esses detalhes não bastassem, há um *hadith* narrado pelo célebre erudito al-Ghazzali:

Esses lugares [no paraíso] são feitos de esmeraldas e joias, e em cada construção haverá setenta aposentos na cor vermelha e em cada aposento, setenta subdivisões na cor verde, e em cada subdivisão haverá um trono e em cada trono, setenta leitos de cores variadas e em cada leito, uma jovem de meigos olhos negros […]. Haverá sete jovens em cada aposento […] A cada fiel será dado tal vigor pela manhã que ele poderá coabitar com todas elas.[5]

Essas virgens "não dormem, não engravidam, não menstruam, não cospem, não assoam o nariz e nunca adoecem".[6]

Significativamente, pouco se vê nessa descrição do paraíso que seja para as mulheres. Também não está claro se o paraíso das mulheres seria o mesmo dos homens, ou como seria o delas. Até na morte existe a pressuposição de que a mulher vale menos do que o homem. Nouman Ali Khan, indicado pelo Centro Islâmico Real de Estudos Estratégicos (Royal Islamic Strategic Studies Centre) em Amã, na Jordânia, como um dos quinhentos muçulmanos mais influentes do mundo, é um clérigo muito ocidentalizado (e muito loquaz) que também dirige o Instituto Bayyinah em Dallas. Vestindo uma camisa social azul alinhada, ele explica no YouTube que, uma vez no céu com Alá, todas as características irritantes de uma esposa são removidas. "Por isso, não fique deprimido", ele diz, gracejando que, quando você encontrar pela primeira vez a sua mulher, dirá "Ah! Então você também está aqui? Pensei que aqui era [...]". Só no *jannah*, no paraíso, a sua mulher terá as características que você realmente deseja.

Para os cristãos, o paraíso é simplesmente um lugar sem sofrimento, um lugar de paz. A natureza exata dessa paz raramente é especificada. Para os muçulmanos, em contraste, o paraíso é um objetivo, um destino, um lugar infinitamente preferível àquele onde residimos. "Caro irmão sábio", diz o imame egípcio xeque Muhammad Hassan, em um sermão on-line, "sua verdadeira vida começa com sua morte, e a minha também."[7]

Como, exatamente, a preeminência da vida após a morte é incutida nos muçulmanos? Para começar, é invocada cinco vezes por dia na oração ritual. E há lembretes constantes. A próxima vida é a que importa, não esta, ensinam. Não é indo para o trabalho e se esforçando que você agradará a Deus. Você agradará a Deus se passar mais tempo orando, mais tempo fazendo proselitismo, jejuando durante o Ramadã, viajando para Meca. Você pode ser redimido, pode salvar o que quer que tenha perdido, não se devotando a melhorar sua vida aqui e agora, mas seguindo ditames religiosos e alcançando a entrada no paraíso. E o modo mais espetacular de entrar no paraíso é como mártir, buscando a morte precoce.

Pelo número de gerações que minha avó somali me ensinou a contar em nossa linhagem, as concepções islâmicas sobre a vida após a morte permanecem notavelmente as mesmas. A morte na guerra santa e o martírio continuam a ser o caminho mais santificado para o paraíso. O Iluminismo, a evolução, Einstein: nada disso modificou a abrangente visão islâmica do paraíso e do inferno, nem a importância de ambos na teologia do islã.

O SACRIFÍCIO NO MUNDO NÃO MUÇULMANO

Obviamente, outras religiões têm o conceito de vida após a morte. O cristianismo também possui uma tradição de venerar mártires. O *Livro dos Mártires* de John Foxe, publicado em 1563, foi uma das obras mais populares da Reforma inglesa. Mas há diferenças importantes no modo como hoje as outras fés monoteístas entendem ambos os conceitos.

Uma das três grandes religiões, o judaísmo, tem a noção menos abrangente de vida após a morte. Os escritos bíblicos primitivos pouco dizem a respeito do que acontece depois que se morre. Quando um indivíduo comete uma violação contra a Torá, Deus pune o transgressor ou seus descendentes nesta vida. Ao contrário do cristianismo e do islamismo, o judaísmo não considera a morte violenta algo que aproxime uma pessoa de Deus. Com o tempo, algumas vertentes do judaísmo desenvolveram uma concepção mais clara de uma vida após a morte, mas na esteira do Holocausto muitos judeus retornaram às concepções originais da religião, atribuindo importância central à vida terrena.

Já o cristianismo traz no próprio cerne a ideia do paraíso. A existência de vida após a morte é central nos ensinamentos de Jesus. Ele demonstrou isso com sua ressurreição depois da morte na cruz. Para os crentes, a entrada no reino de Deus não depende de posição social; na verdade, segundo Jesus, os últimos — os pobres, os ignorantes, os jovens — serão os primeiros. Ser admitido no céu depende de ter pureza no coração, de amar o próximo como a si mesmo. Quem quiser entrar no reino do céu — o "justo"— tem de se comportar na Terra tratando os outros como se já estivesse no paraíso. A perseguição aos primeiros cristãos incentivou um culto duradouro do martírio, sem dúvida. Porém, ao contrário dos mártires muçulmanos, quase todos os mártires cristãos foram vítimas desarmadas em execuções cruéis, e uma seleta minoria deles alcançou a santidade justamente em razão de seu sofrimento sublime.

Em contraste com o islamismo, o cristianismo nunca foi uma religião estática. Em boa parte da iconografia medieval vemos um universo em três níveis, com o céu no alto, a Terra no meio e o inferno embaixo. Posteriormente isso foi modificado para incluir o purgatório, uma espécie de sala de espera para os que não tivessem pagado totalmente seus pecados na Terra e precisassem purgar suas faltas até o fim antes de serem admitidos no céu. Como vimos, a Reforma foi inicialmente uma revolta contra a prática da Igreja Católica de vender atalhos para escapar do purgatório. Mas não foi uma revolta contra a noção de vida após a morte. Ao contrário: no período das guerras religiosas que assolaram a Europa dos anos 1520 aos 1640, deu-se um reavivamento do culto do martírio que imperara na Igreja primitiva. À medida que católicos e protestantes foram queimando vivos uns aos outros, cresceu a lista de mártires cristãos. E quanto mais guerras os cristãos faziam — uns contra os outros ou contra os "pagãos" de outras terras —, mais se consolidava o ideal o mártir guerreiro. O cristianismo e o islamismo nunca se assemelharam tanto do que em seus conflitos militares periódicos, das Cruzadas em diante.

Em nossa era de viagens espaciais e perfurações subterrâneas profundas, ficou difícil manter a concepção literal de céu lá em cima e inferno lá embaixo. Avanços na ciência e na medicina modificaram radicalmente a concepção cristã de vida após a morte, que se tornou metafórica para muitos crentes. Há certamente ainda muitos cristãos para quem a Bíblia é um relato da história real do mundo desde a Criação até a Ressurreição. Porém, no mínimo um número igual de cristãos vê a Bíblia como uma obra alegórica em grande medida, cujo significado espiritual transcende os atos, milagrosos ou não, que ali são narrados.[8] Dos dois lados há pessoas sinceras e honradas. Discordam, mas sua discordância não destruiu o cristianismo. E nenhum dos lados explode o outro por causa disso. Semana após semana, rabinos, ministros e padres não sobem ao púlpito para pregar à congregação sobre o mundo além-túmulo e exortar seus fiéis a buscar o martírio como um atalho para o paraíso. Os cristãos que perdem entes queridos se consolam com a ideia de que se reunirão a eles depois da morte, mas nenhum padre hoje instigaria seu rebanho a procurar a sua morte e a de outros a fim de receber uma recompensa póstuma. Assassinato e suicídio são proscritos, não encorajados.

A maioria dos judeus e cristãos em nossos dias abomina a ideia do sacrifício humano. Por exemplo, muitos crentes modernos ficam profundamente incomodados com a história da tentativa de Abraão de sacrificar seu filho Isaac para apaziguar Deus. O que persistiu no mundo judaico-cristão foi o conceito de sacrifício pessoal como um ato nobre *quando o objetivo é preservar a vida de outros*. Nos Estados Unidos, supomos que os homens e mulheres de nossas forças armadas estejam dispostos a morrer para proteger seus compatriotas. O presidente e o Congresso condecoram com a Medalha de Honra os militares que praticam atos de heroísmo para salvar pessoas.

Para entender a diferença totalmente inconciliável que exponho aqui, basta comparar dois grupos: os perpetradores dos ataques do Onze de Setembro que pilotaram aviões sequestrados de encontro ao World Trade Center, e os bombeiros da cidade de Nova York que subiram correndo as escadas das Torres Gêmeas em chamas, decididos a salvar quem pudessem, alheios aos riscos para sua própria vida. O Ocidente tem a tradição de se arriscar à morte na esperança de salvar vidas. O islã ensina que não há nada mais glorioso do que tirar a vida de um infiel — e melhor ainda se o assassinato custar a vida do matador.

MARTÍRIO E ASSASSINATO

Como vimos, o islã não é único por possuir uma tradição de mártires. A exclusividade do islã está na tradição do martírio assassino, na qual o mártir individual simultaneamente se suicida e mata outros por razões religiosas.

A primeira "operação martírio" moderna, aliás, foi infligida a outros muçulmanos.[9] Seu autor foi um menino iraniano de treze anos que, em novembro de 1980, amarrou explosivos em seu peito e se explodiu debaixo de um tanque iraquiano durante o período inicial da guerra Irã-Iraque. O aiatolá iraniano Khomeini imediatamente declarou o garoto herói nacional e inspiração para que outros voluntários se sacrificassem. Nos anos seguintes, mártires do mesmo jaez ofereceram-se aos milhares. O homem-bomba continuou a ser o modo mais comum de muçulmanos xiitas e sunitas matarem-se uns aos outros.

Outra operação martírio pioneira foi a explosão suicida do quartel do Corpo de Fuzileiros Navais dos Estados Unidos no Líbano em 1983, que matou 241 militares norte-americanos. O ataque, perpetrado por membros do então obscuro grupo chamado Jihad Islâmica, chocou tanto o público nos Estados Unidos que o presidente Reagan ordenou a retirada imediata dos soldados americanos, o que deu aos jihadistas uma vitória prestigiosa e confirmou a eficácia da tática. Desde então, militantes palestinos vêm recorrendo repetidamente a explosões suicidas de alvos israelenses. Depois da invasão norte-americana do Iraque, explosões suicidas tornaram-se uma característica recorrente de uma insurgência que logo assumiu o caráter de uma guerra civil entre sunitas e xiitas. Explosões suicidas são hoje comuns em todo o mundo muçulmano, do Afeganistão e Paquistão à Nigéria.

A psicologia da explosão suicida é complexa. Clérigos muçulmanos fazem questão de rejeitar o termo "suicídio" em favor de "martírio". Suicídio é para os sem esperança, explicam. Mártires têm vidas bem-sucedidas, mas nobremente escolhem sacrificá-las em nome do bem maior. Esses portadores da morte são reconhecidos e honrados também. Em territórios palestinos, ruas e praças recebem seus nomes. Mães de homens-bomba falam como se seus filhos tivessem partido para se casar. Não se trata de uma estranha e inexplicável falta de amor materno, como alguns ocidentais podem preferir acreditar. É parte de uma ideologia alternativa. Nessa ideologia, a morte — citando aqui um aspirante a mártir de dezessete anos nascido em Chicago — é "um compromisso" que precisa ser cumprido.[10]

É verdade que, embora o objetivo supremo dos mártires possa ser o paraíso, durante anos também houve incentivos monetários substanciais aos homens-bomba. O ditador iraquiano Saddam Hussein pagou abertamente às famílias de homens-bomba palestinos até 25 mil dólares por ataques a israelenses. Autoridades da Frente de Libertação Árabe entregavam pessoalmente os cheques, com os cumprimentos de Bagdá.[11] Além disso, organizações beneficentes da Arábia Saudita e do Catar enviaram dinheiro às famílias de palestinos mortos em operações contra Israel.

No entanto, é impossível explicar o culto do martírio assassino apenas em termos materiais. Os pais dos agressores do Onze de Setembro não enriqueceram com o feito sangrento de seus filhos. Em pouquíssimas sociedades pode fazer sentido, economicamente falando, um jovem — no qual a família sem dúvida investiu no mínimo por toda a sua infância para alimentar, vestir, abrigar e educar — destruir a si mesmo.

Em seguida ao Onze de Setembro — até hoje a mais espetacular operação martírio já executada —, observadores norte-americanos debateram se os terroristas que pilotaram os aviões sequestrados contra o World Trade Center foram "covardes" por atacar um alvo civil. Em outras partes, antiamericanos de todos os feitios aclamaram os terroristas como heróis. Na verdade, eles não foram covardes nem heróis — foram fanáticos religiosos atuando segundo a crença ilusória de que não sofreriam nada quando os aviões colidissem com as torres e iriam direto para o paraíso. Não se pode chamar de covarde quem não teme a morte e anseia por ela como uma passagem expressa para o paraíso. Aliás, é totalmente impossível defini-los usando a terminologia usual do Ocidente.

O MARTÍRIO MODERNO

Hoje a convocação ao martírio pode ser ouvida não apenas em mesquitas, mas também em escolas e na mídia eletrônica, da televisão ao YouTube. O argumento é sutil e não pode ser compreendido no Ocidente. Durante uma entrevista na emissora Al-Aqsa em maio de 2014, o dr. Subhi al-Yazji, da Universidade Islâmica em Gaza, reconheceu que "o conceito islâmico de sacrifício motiva muitos dos nossos jovens a executar operações martírio". Mas acrescentou:

> Ao contrário do que o Ocidente e alguns meios de comunicação parciais descrevem, dizendo que eles são jovens de dezoito a vinte anos que sofreram lavagem cerebral, a maioria dos que sacrificaram a vida por Alá eram engenheiros e funcionários de escritório. Eram todos maduros e racionais. Há quem diga que fizeram isso por dinheiro. [Mas] veja, por exemplo, alguém como o irmão Sa'd, que era engenheiro, trabalhava em escritório, possuía casa e carro e era casado — o que o levou a se dedicar à jihad? Ele acreditava que a fé muçulmana requer sacrifícios.[12]

Ismail Radwan, professor da Universidade Islâmica e porta-voz do Hamas em Gaza, explica qual seria a recompensa dos que buscam a morte: "Quando o *shahid* (mártir por Alá) encontra o Senhor, todos os seus pecados são perdoados no primeiro jorro de sangue, e ele fica livre dos tormentos do túmulo. Ele vê seu lugar no paraíso. É protegido do grande choque e desposa 72 [virgens] de olhos negros. Ele é o defensor celeste de setenta membros de sua família. Em sua cabeça coloca-se uma coroa de honra, da qual uma única pedra vale mais do que tudo o que existe no mundo".[13]

Em parte porque os palestinos têm sido os que mais frequentemente propõem e perpetram explosões suicidas, eles criaram as mais completas e detalhadas racionalizações do martírio. Para muitos deles, a vida após a morte não é um conceito teórico, abstrato; ela é muito real.[14] Como explicou o suicida que explodiu uma discoteca em Tel Aviv, em seu testamento escrito antes do ataque de junho de 2001 que matou 23 adolescentes israelenses: "Transformarei meu corpo em bombas que caçarão e explodirão os filhos de Sião e enterrarão seus restos. […] Grita de alegria, ó mãe! Distribuí doces, ó pai e irmãos! Um casamento com as [virgens] de olhos negros aguarda vosso filho no paraíso".[15]

Como mãe de um menino de três anos, não consigo imaginar nada mais insuportável que a morte dele. Por isso, me esforcei muito para entender a psicologia de Mariam Farhat, a palestina "mãe de mártires" também conhecida como Umm Nidal, que encorajou três dos seus filhos a executar ataques contra Israel que lhes custaram a vida. "É verdade que não existe nada mais precioso do que os filhos", ela disse antes de um de seus filhos morrer em um ataque suicida que ela mesma planejara, "mas por Alá o que é preciso se torna barato".[16] Seu filho, Muhammad Farhat, atacou uma escola em um assentamento israelense com armas de fogo e granadas de mão, matou cinco estudantes e feriu 23 antes de ser morto. Por que ela aprovou isso? "Porque amo meu filho", ela replicou, "e queria escolher o que é melhor para ele, e o melhor não é a vida neste mundo":

> Para nós existe uma vida após a morte, a felicidade eterna. Por isso, se eu amo meu filho, escolherei para ele a felicidade eterna. Por

mais que meus filhos vivos me honrem, não será como a honra que o Mártir me fez. Ele será o intercessor no Dia da Ressurreição. O que mais eu poderia querer? Se Alá quiser, o Senhor nos prometeu o paraíso, isso é o melhor que posso esperar. A maior honra [que meu filho] me fez foi seu martírio.[17]

O acadêmico palestino Sari Nusseilbeh observou que as palavras de Nidal fizeram-no "lembrar as palavras do *hadith* de que 'o Paraíso está aos pés das mães'".
Como explica a organização Palestinian Media Watch, essa mensagem

provém de todas as partes da sociedade, inclusive líderes religiosos, noticiários na TV, livros didáticos e até videoclipes. Jornais rotineiramente descrevem a morte e o funeral de terroristas como seu "casamento" [...]. O videoclipe há mais tempo em exibição na emissora de televisão PA, lançado em 2000 e transmitido regularmente em 2010, mostra um mártir sendo recebido no paraíso islâmico por mulheres de olhos escuros vestidas de branco.[18]

Mas esse culto do martírio não se restringe mais aos palestinos. Não só em Gaza meninos da pré-escola são vestidos como homens-bomba. Em todo o mundo muçulmano, incute-se nas crianças o desejo da morte. Na televisão egípcia, o pregador mirim Abd al--Fattah Marwan exalta o "amor ao martírio em nome de Alá". Na Al-Jazeera, um menino iemenita de dez anos recita um poema de sua autoria que promete: "Eu me tornarei um mártir pela minha terra e pela minha honra".[19]

Na Somália, pais recrutam filhos, alguns de apenas dez anos, para se tornarem homens-bomba e filmam sua "operação martírio" com o mesmo orgulho com que um pai norte-americano filma seu menino fazendo um gol ou um *home run* no beisebol. Os líderes do Boko Haram também criam seus filhos para serem mártires.[20] Por fim, inevitavelmente, o culto da morte chegou aos muçulmanos europeus. Em 2014, uma mulher nascida na Grã-Bretanha que dizia chamar-se Umm Layth tuitou um comentário animado sobre sua nova vida como esposa de um combatente sírio do EI: "*Allahu akbar*, não há palavras que descrevam o sentimento de me sentar com as *akhawat* [irmãs] à espera da notícia de qual dos nossos maridos alcançou a *shahada* [neste caso, significa martírio]".[21] Na época em que ela escreveu isso, Umm Layth tinha mais de 2 mil seguidores no Twitter.

Ideias assim já estão estabelecidas nos Estados Unidos. Consideremos o popularíssimo texto de *Methodology of Dawah el-Allah in American Perspective*, de Shamim Siddiqi, um eminente comentarista de questões muçulmanas, publicado pelo Forum for Islamic Work. O livro indica como os muçulmanos podem estabelecer um Estado islâmico nos Estados Unidos e, mais abrangentemente, no Ocidente. Apresenta os modos preferíveis de atingir possíveis adeptos — por meio de mesquitas, conferências, apresentações no rádio e na televisão — e enumera as melhores estratégias para a tarefa. Porém o mais impressionante é a linguagem carregada de morte nesse livro, desde as primeiras páginas. A obra é dedicada aos que "estão lutando e esperando para dar a vida pelo estabelecimento do Reino de Deus na Terra", e cita o Alcorão em sua página de dedicatória: "Entre os crentes há homens que cumpriram o que haviam prometido a Alá; há os que já morreram, e outros que esperam, sem violarem sua promessa, no mínimo que seja" (33:23). Siddiqi frisa que o muçulmano ideal deve sacrificar tudo pelo bem do movimento islâmico e "esperar recompensas de Alá somente na outra vida". O muçulmano perfeito "prefere viver e morrer pelo [além-mundo]. Alegra-se em dar a vida por essa causa".[22] Infelizmente, não se trata de mera retórica.

FATALISMO NESTE MUNDO

Já posso ouvir as reclamações: Ah, mas você está citando só os extremos; a maioria esmagadora dos muçulmanos não está mandando seus filhos para a morte. Não, é claro que não estão. Mas essa fixação na vida após a morte tem outras consequências, mais sutis, porém também nocivas.

A noção islâmica da insignificância relativa de tudo o que vemos com nossos próprios olhos resulta da ideia de que este mundo é apenas uma parada no caminho. Embora o martírio seja a reação extrema, não é a única associada a essa visão de mundo. Surge a questão: por que se importar, se nossos objetivos estão voltados não para o que existe nesta vida, e sim para o que está além dela? A meu ver, a fixação do islã pelo além tende a erodir os incentivos intelectuais e morais que são imprescindíveis para uma vida bem-sucedida no mundo moderno.

Fui intérprete para outros somalis que chegaram à Holanda, e vi esse fenômeno sob várias formas. Uma delas era simplesmente o choque de culturas quando imigrantes muçulmanos e holandeses natos viviam próximos uns dos outros. Em conjuntos de apartamentos, os holandeses geralmente faziam questão de manter os espaços comuns limpos. Já os imigrantes jogavam no chão embalagens, latas vazias de Coca-Cola e pontas de cigarro, cuspiam os restos do qat que mascavam. Os moradores holandeses enfureciam-se com isso e com a criançada que vivia numa correria desenfreada a qualquer hora, sem supervisão. Não era difícil que uma família tivesse muitas crianças. (Quando um homem pode desposar até quatro mulheres e ter vários filhos com cada uma, a família cresce depressa.) Os holandeses desaprovavam, e em resposta as mães de véu na cabeça davam de ombros e diziam "É vontade de Deus". O lixo no chão era "vontade de Deus". Crianças correndo de noite era "vontade de Deus". Alá quis assim; é assim porque Alá quis. E se Alá quis, Alá providenciará. É uma lógica circular inquebrantável.

O fatalismo se insinua na visão de mundo do indivíduo que considera esta vida transitória e acha que é a próxima que importa. Para que recolher o lixo, para que disciplinar os filhos, se nenhum desses atos renderá qualquer tipo de recompensa? Não são comportamentos que marcam o bom muçulmano; não há nenhuma relação com rezar e fazer proselitismo.

E isso também ajuda a explicar o pequeno número, tristemente célebre, de muçulmanos entre os inovadores em ciência e tecnologia. É verdade que o mundo árabe nos deu seus algarismos e preservou conhecimentos clássicos que poderiam ter sido perdidos quando Roma foi dominada por tribos bárbaras. No século IX, os governantes muçulmanos de Córdoba, na Espanha, construíram uma biblioteca que podia abrigar até 600 mil livros. Córdoba naquela época tinha ruas pavimentadas, iluminação de rua e cerca de trezentos banhos públicos, enquanto Londres era pouco mais do que um agrupamento de cabanas de barro e palha, em cujas ruas se jogava todo tipo de lixo e não havia uma só fonte de luz nas vias públicas.[23] Entretanto, como salienta Albert Hourani, as descobertas científicas do Ocidente a partir da Renascença não produziram nenhum "eco" no mundo muçulmano. Copérnico, que no começo do século XVI concluiu que a Terra não era o centro do universo e girava em torno do Sol, só apareceu em textos otomanos em fins do século XVII, e mesmo assim apenas brevemente.[24] Não houve uma revolução industrial muçulmana. Hoje não existe um equivalente islâmico do Vale do Silício. Não é de modo algum convincente pôr a culpa no imperialismo ocidental por essa estagnação; afinal de contas, o mundo islâmico teve seus próprios impérios, o Mughal, o Otomano e o Safávida. Embora não seja de bom-tom mencionar, o fatalismo islâmico é uma explicação mais plausível para a falta de inovação no mundo muçulmano.

Significativamente, o próprio termo que designa inovação em textos islâmicos, *bid'a*, refere-se a práticas que não são mencionadas no Alcorão ou na *sunnah*. Um *hadith* traduzido para o inglês declara que toda novidade é uma inovação, e toda inovação desencaminha as pessoas na direção do inferno. Outros alertam contra inovações em geral como coisas difundidas por influências judaicas e cristãs e por todos os que são governados por paixões desnorteantes e perigosas. Os que inovam devem ser isolados e punidos fisicamente, e suas ideias devem ser condenadas pelos ulemás.[25] Foi justamente essa mentalidade que extinguiu os estudos astronômicos na Istambul do século XVI e assegurou que a prensa tipográfica só chegasse ao império otomano mais de dois séculos depois de ter sido disseminada por toda a Europa.

Zakir Naik, um médico que nasceu e se formou na Índia e se tornou um imame bastante popular, declarou que, embora os países muçulmanos possam receber de bom grado especialistas do Ocidente para ensinarem ciência e tecnologia, tratando-se de religião os muçulmanos é que são os "especialistas".[26] Por isso, nenhuma outra religião pode nem deve ser pregada em países muçulmanos, já que são religiões falsas. Mas analisemos melhor esse argumento: Naik reconhece implicitamente o êxito do Ocidente neste mundo. Tudo o que os países muçulmanos têm a oferecer, ele admite, é um conhecimento quase absoluto sobre o tema do mundo do além.

RAZÕES PARA VIVER

Tem de haver uma alternativa. Em alguns aspectos, as palavras da primeira-ministra israelense Golda Meir valem ainda mais hoje do que quando ela as proferiu: "Só teremos paz com os árabes quando eles amarem seus filhos mais do que nos odeiam". Eu apenas substituiria a palavra "árabes" por "muçulmanos de Medina".

Pois, embora o fenômeno do martírio assassino fosse outrora específico do conflito israelense-palestino, agora ele se alastrou por todo o mundo muçulmano. A exaltação da vida após a morte como um princípio do islã precisa desesperadamente de reforma.

No terceiro trimestre de 2013, mais de 120 acadêmicos muçulmanos do mundo todo assinaram uma carta aberta aos "combatentes e seguidores" do Estado Islâmico, criticando-os como "não islâmicos".[27] Essa carta, escrita originalmente em árabe clássico, argumenta que o islamismo proíbe matar emissários, embaixadores e diplomatas, além de pessoas inocentes. Afirma até que é "permissível" no islã ser leal ao próprio país. Mas a carta não questiona o conceito geral do martírio nem contesta a primazia da vida após a morte. Previsivelmente, o documento teve pouquíssimo impacto. Nenhum combatente do EI depôs as armas por causa da carta, e nenhum ocidental aspirante a jihadista foi persuadido a abandonar sua busca pelo martírio na Síria.

Precisamos ir muito além. Enquanto o islã não abandonar essa sua obsessão, enquanto não for liberto da sedutora história da vida após a morte, enquanto os muçulmanos não escolherem ativamente a vida terrena e pararem de valorizar a morte, eles não conseguirão se sair bem na tarefa de viver *neste* mundo.

Talvez nesse aspecto o islã possa se espelhar em uma página da Reforma Protestante. Como vimos, o sociólogo Max Weber supôs que o protestantismo, apesar de também ser direcionado para o além, promoveu um envolvimento mais construtivo com a vida terrena graças à doutrina da "eleição", pela qual os "justos" são escolhidos de antemão para serem salvos depois da morte. Simplificando, certas seitas protestantes tendiam a incentivar as virtudes decididamente capitalistas da diligência, frugalidade, do trabalho árduo e adiamento da gratificação. Segundo Weber, a ética protestante ensejou um "espírito do capitalismo" distinto e transformador na América do Norte e Europa setentrional.

Um processo semelhante seria possível no mundo islâmico? Poderia haver uma "ética muçulmana" comparável, capaz de, com o tempo, conduzir a um maior envolvimento com este mundo? Talvez. Não há dúvida de que o islã tem sua tradição de comércio. O próprio Maomé era um mercador de caravanas. A sharia possui capítulos inteiros dedicados a temas relacionados a contratos e regras de comércio. E, como mostrou Timur Kuran, a sharia não é abertamente hostil ao progresso econômico; no Império Otomano ela estabeleceu regras jurídicas e instituições propícias ao comércio. Acontece apenas que os sistemas jurídicos europeus conduziram mais à formação de capital.[28]

Sobejam explicações para o relativo atraso econômico de muitos países muçulmanos, desde governo corrupto até a "maldição do recurso" do petróleo abundante. Mas não estou entre os que pensam que os muçulmanos estão condenados ao fracasso econômico. Ao contrário, em países como Indonésia e Malásia há muitas provas de que a ética capitalista pode coexistir com o islã. Quem passear por um *souk* [mercado ao ar livre] na África do Norte verá que muçulmanos se dedicam avidamente ao comércio. Como observou Hernando de Soto, foram empreendedores frustrados, levados à autoimolação pelas depredações de ditaduras corruptas, que desencadearam a Primavera Árabe.

Se os imames começassem a falar sobre transformar *este* mundo no paraíso em vez de pregarem que a única vida que importa é aquela que se inicia com a morte, poderíamos começar a ver dinamismo em mais economias de maioria muçulmana. Dar ao capitalismo mais chance de prosperar em sociedades islâmicas poderia ser o modo mais eficaz de redirecionar as aspirações de jovens muçulmanos para as recompensas da vida na Terra em vez da promessa de recompensas após a morte. Essas oportunidades lhes dariam uma razão para viver, em vez de morrer. Só quando o islã escolher *esta vida* poderá finalmente começar a se adaptar ao mundo moderno.

5. Algemados pela sharia
Como o severo código religioso islâmico mantém os muçulmanos presos ao século VII

No Sudão, uma mulher de 27 anos, Meriam Ibrahim, que na época estava no oitavo mês de gravidez, foi condenada a cem chibatadas e à morte por enforcamento pelos crimes de adultério e apostasia. Essa sentença não foi dada em 714 ou 1414 — aconteceu em 2014.

Os crimes de Meriam e os meus são essencialmente os mesmos, segundo a sharia. Nós duas fomos acusadas de abandonar nossa religião. Como ela, casei-me com um infiel. Deixei totalmente a religião, enquanto Meriam escolheu seguir a fé de sua mãe, uma etíope cristã, em vez de a de seu pai, um sudanês muçulmano, e se casou com um cristão. Sua delação pela família foi um ato de "ordenar o certo e proibir o errado", uma prática que examinaremos no próximo capítulo, mas o tratamento recebido por ela quando presa foi determinado com base na sharia. Um dos irmãos de Meriam contou à rede de notícias CNN que o marido dera a Meriam "poções" para convertê-la ao cristianismo e que, se ela não renunciasse à sua fé e se arrependesse, "devia ser executada".[1]

Segundo o código legal islâmico do Sudão e a sharia em geral, a religião do pai é automaticamente a religião de seus filhos. E proíbe-se às mulheres muçulmanas casar fora de sua fé, embora essa proibição não se aplique a homens muçulmanos. Assim, para o tribunal da sharia sudanês, não importava que Meriam Ibrahim tivesse sido criada como cristã ortodoxa pela mãe. Não importava que seu pai tivesse sido ausente durante a maior parte da infância dela. Não importava que ela houvesse desposado um cidadão norte-americano. Pela aplicação rigorosa da lei islâmica, apostasia é punível com a morte, e adultério, com cem chibatadas.

A sentença não foi aplicada de imediato porque Meriam estava grávida ao ser detida. Presa por algemas de ferro a uma parede de sua cela, ela deu à luz uma filha. A sharia posterga a imposição da pena de morte a gestantes até que o bebê esteja pronto para o desmame. O único recurso de Meriam, segundo o tribunal sudanês, era renunciar ao cristianismo e voltar para o islã. Em anos recentes, retratar-se e retornar ao islã é o modo como outros apóstatas têm evitado sentenças de morte desse tipo. Mas Meriam se recusou. Clérigos foram levados à prisão para vê-la, e ela disse que não renunciaria ao cristianismo pelo islamismo. Argumentou simplesmente: "Como eu poderia voltar se nunca fui muçulmana?".

O Departamento de Estado dos Estados Unidos declarou-se "profundamente consternado" com a severa sentença de Meriam. Também houve condenações da Anistia Internacional e das embaixadas da Austrália, Canadá, Holanda e Reino Unido. O governo sudanês demorou meses para se dar conta da escala do desastre de relações públicas que estava infligindo a si mesmo. Apesar disso, as autoridades tentaram salvar as aparências. Mesmo depois que a sentença de morte foi revogada, Meriam foi acusada de forjar documentos e não lhe permitiram deixar o Sudão. Em vez disso, os "Agentes do Medo", um elemento do aparelho policial sudanês, encurralaram e surraram Meriam e seus advogados no aeroporto.

Negociações por diplomatas italianos finalmente persuadiram os sudaneses a ceder, e a primeira parada de Meriam depois de obter a liberdade foi para encontrar-se com o papa Francisco. (A propósito, vemos aqui a gritante diferença entre duas fés. Na Argentina, terra natal do papa, onde o catolicismo é subsidiado pelo Estado, os que abandonam a Igreja são condenados à morte? Os que se casam com alguém não cristão são culpados de adultério e sentenciados a cem chibatadas?)

Violências como as cometidas contra Meriam não são incidentes isolados. A sharia é rotineiramente invocada ou aplicada em todo tipo de circunstância em grande parte do mundo islâmico. E todas as vezes sua autoridade provém, em última análise, de textos sagrados islâmicos.

Eis uma amostra de punições aceitáveis sob a sharia:

A decapitação é sancionada na 47ª Surata, versículo 4 do Alcorão, entre outros, que ordena: "E quando vos enfrentardes com os incrédulos (em batalha), golpeai-lhes os pescoços".

A crucificação é sancionada em 5:33: "O castigo, para aqueles que lutam contra Alá e contra o Seu Mensageiro e semeiam a corrupção na Terra, é que sejam mortos, ou crucificados, ou lhes seja decepada a mão e o pé de lados opostos, ou banidos".

A amputação é prescrita em 5:38: "Quanto ao ladrão e à ladra, decepai-lhes a mão, como castigo de tudo quanto tenham cometido; é um exemplo que emana de Alá, porque Alá é Poderoso".

O apedrejamento também é permitido no *hadith* segundo Sunan Abu Dawud, livro 38 n. 4413: "Narrado por Abdullah ibn Abbas: O Profeta (que a paz esteja com ele) disse a Ma'iz ibn Malik: Talvez tenha beijado, abraçado ou olhado. Ele disse: Não. Ele então disse: Deitou-se com ela? Ele disse: Sim. Na (resposta), ele (o Profeta) deu a ordem para que o apedrejassem até a morte".

O Alcorão exige especificamente dos muçulmanos que não se deixem tomar pela compaixão em casos de adultério ou fornicação, e decreta o açoitamento em público. A 24ª Surata, versículo 2 instrui: "Quanto à adúltera e ao adúltero, castigai-os com cem chicotadas, cada um; que a vossa compaixão não vos demova de cumprirdes a lei de Alá, se realmente credes em Alá e no Dia do Juízo Final. Que uma parte dos crentes testemunhe o castigo".

Tampouco as decapitações, crucificações, amputações, apedrejamentos e açoitamentos são considerados punições antiquadas. Algumas ou todas permanecem em vigor em países como Irã, Paquistão, Arábia Saudita, Somália e Sudão, onde são sancionadas pelo Estado ou frequentemente impostas pelos devotos locais com aprovação oficial tácita. Neste momento em que escrevo, o escritor saudita Raif Badawi está sendo submetido à brutal punição do açoitamento em público em razão de ter postado em seu blog palavras consideradas blasfêmia sob a sharia.

O QUE É SHARIA?

A sharia codifica formalmente as numerosas regras do islã. Rege não só o modo como a pessoa faz suas devoções, mas também a organização de seu cotidiano, seu comportamento pessoal, suas transações econômicas e jurídicas, sua vida em casa e, em muitos casos, até o governo de seu país. O teórico político francês Alexis de Tocqueville, que no século XIX demonstrou tanta sagacidade em sua compreensão da democracia americana, escreveu: "O islã […] confundiu e mesclou tão completamente os dois poderes […] que todos os atos da vida civil e política são regulados em maior ou menor grau pela lei religiosa".[2] Hoje em dia a mesma lei religiosa continua a ser a pedra fundamental do mundo muçulmano. Ela é severa e se baseia na punição. Prescreve o que fazer com quem não crê, sejam infiéis, sejam os que se afastam da fé. Contém, inclusive, regras sobre os tipos de golpes permissíveis quando um marido espanca uma esposa.

Quando nós, no Ocidente, pensamos em lei, concebemos um conjunto de regras que governam o uso do poder e protegem os direitos dos indivíduos. Temos regras para tudo: trânsito, contratos comerciais, proteção da propriedade privada, além de regras para garantir um tratamento justo — para impedir que indivíduos, empresas e governos ajam com negligência, brutalidade ou injustiça —, e regras para punir os responsáveis por danos pessoais. A lei evolui, é uma coisa viva que se adapta às mudanças da nossa sociedade. A lei também existe para decidir disputas. Resolvemos nossas diferenças no tribunal ou por acordo extrajudicial. Mas as resolvemos pacificamente.

A sharia emerge de um conjunto de impulsos totalmente distinto. Nos primórdios do islã, governar o Estado era, nas palavras de Patricia Crone, "antes de tudo uma questão de manter uma ordem moral". A primeira lealdade da comunidade muçulmana era para com o imame, pois só com um líder religioso o povo poderia "viajar pelas estradas legais reveladas por Deus". O que separava os muçulmanos dos infiéis não eram suas leis; era a natureza divina de suas leis.[3] E como essas leis provinham essencialmente de revelações divinas por intermédio de Maomé, elas eram fixas e não podiam ser alteradas. Por isso o código jurídico do século VII continua a ser seguido hoje em países e regiões que acatam a sharia. Enquanto as leis ocidentais geralmente traçam limites ao que não pode ser feito e mantêm todo o resto permitido, na sharia o sistema é inverso. A lista de coisas que *podem* ser feitas é bem pequena, ao passo que a lista do que não se pode fazer é esmagadoramente maior do que todo o resto — exceto a lista das punições, que é ainda copiosa.

Como texto legal, o Alcorão reflete suas origens em uma sociedade baseada em tribos ou clãs, particularmente nas questões relacionadas a herança, tutela da mulher pelo homem, validade do testemunho de uma mulher no tribunal e poligamia.

Isso se evidencia ainda mais no *hadith*, a compilação dos ditos atribuídos ao Profeta e dos registros de seus atos. Essa combinação do Alcorão com o exemplo de Maomé constitui a base da sharia. A derivação dessas regras legais, conhecida como *fiqh*, é da alçada de juristas islâmicos e se dá segundo o *ijma* (consenso). Quando surgem conflitos de interpretação, os doutos consultam o Alcorão e o *hadith*. Se nem um nem outro se pronuncia sobre o tema, os juristas recorrem a um método de analogia (*qiyas*) para chegarem a um consenso.

Como observa Ernest Gellner em seu clássico *Muslim Society*, "No islã tradicional não se faz distinção alguma entre jurista e canonista, e os papéis de teólogo e jurista se fundem. O conhecimento especializado das normas da vida em sociedade e das questões relacionadas a Deus é uma coisa só".[4] Em outras palavras, é como se nossos padres, ministros e rabinos também fossem nossos juízes e legisladores e empregassem sua teologia religiosa para estabelecer as fronteiras legais da conduta aceitável em nosso dia a dia.

Ao longo dos anos participei de muitas discussões e debates sobre o Alcorão, o *hadith* e seu papel na sharia. Uma réplica comum dos muçulmanos devotos é que a Bíblia (particularmente o livro do Levítico, no Antigo Testamento, mas outros livros também) contém regras e punições rigorosas, severas e antiquadas para os padrões modernos, portanto é injusto dar destaque ao islã nesse aspecto.

É verdade que muitas partes do Antigo e do Novo Testamentos refletem normas patriarcais. Também é verdade que as escrituras hebraicas contêm muitas histórias de duras represálias divinas e humanas. Até os não crentes já ouviram falar do conceito do "olho por olho". No Deuteronômio, Moisés comunica numerosas leis que governam os mais variados aspectos, como remoção de pedras na fronteira, amordaçamento dos bois e até a punição do apedrejamento pelo crime de idolatria. A diferença é que ninguém invoca essas passagens na jurisprudência moderna, e essas punições prescritas foram abandonadas há muito tempo.

Se há um conjunto de regras que é "atemporal" na Torá judaica e na Bíblia cristã, são os Dez Mandamentos, uma lista relativamente breve de proibições: não matar, não roubar, não cometer adultério etc. Supôs-se que a maioria das leis não tivesse origem religiosa. De fato, o judaísmo contém um princípio antigo conhecido como *dina demalkhuta dina*, que significa "A lei da terra é a lei".[5] Esse é o princípio que possibilitou aos judeus existirem como comunidade sob leis civis que diferiam de suas leis religiosas.[6] Também Cristo deixou claro a seus seguidores que eles deviam dar "a César o que é de César", e não apenas no que dizia respeito à tributação imperial de Roma. Por sua vez, o islã considera ilegítima qualquer lei que não esteja em harmonia com a sua (5:44, 5:50). E sua própria lei, a sharia, deriva de todo o Alcorão e de todo o *hadith*.

Nada me fez entender isso melhor do que um encontro do meu seminário em Harvard, no qual discutimos a elaboração de uma nova constituição egípcia. A estudante egípcia que bradara não ter lido os textos recomendados declarou: "Não importa o que estiver escrito na constituição do Egito. Não vai mudar nada. Nós continuaremos vivendo do modo como vivemos".

Infelizmente, o que ela disse é verdade. No Egito as pessoas recorrem a juízes muçulmanos para decidir disputas contratuais e questões de herança. Quando o governo militar quis condenar à morte mais de quinhentos prisioneiros políticos — muitos deles membros da Irmandade Muçulmana — ainda precisou de um tribunal da sharia para validar a sentença.

No outro extremo do espectro estão grupos como o Boko Haram e o EI, que acreditam estar reavivando a sharia como ela era imposta por Maomé e a primeira geração de seus seguidores. Quando eles apedrejam, amputam, crucificam, vendem escravos ou forçam conversões religiosas, alegam estar seguindo o código puro da sharia; de fato, eles podem citar, e citam mesmo, frases da sharia para justificar suas ações.

SHARIA GLOBAL

"Eu não matei! Eu não matei!", grita uma mulher enquanto um policial saudita embrulha a cabeça dela com um lenço preto.

"Louvado seja Deus", diz a ela um carrasco saudita vestido de branco.

Ele ergue sua longa espada prateada e golpeia o pescoço da mulher — ela arqueja, e em seguida silencia.

Mais dois talhos no pescoço, e o carrasco se afasta e vai limpar a lâmina.

Funcionários da ambulância imediatamente começam a pôr o corpo da mulher em uma maca enquanto as acusações contra ela são lidas às pressas pelo alto-falante na cidade sagrada dos muçulmanos, Meca.

Ela foi acusada de estuprar sua enteada de sete anos com um cabo de vassoura e espancá-la até a morte. "Foi emitido um decreto real para que se execute a lei da sharia, de acordo com o que é certo", diz o pronunciamento.[7]

É um fato digno de nota que, depois das orações de sexta-feira na Arábia Saudita, muitos homens aglomeram-se nas praças do centro para assistir à implementação da justiça islâmica: decepamento de mãos de ladrões, apedrejamento de adúlteros e decapitação de assassinos, apóstatas e outros criminosos condenados.

Alguém hoje consegue imaginar uma congregação de católicos saindo da missa, de batistas saindo da igreja ou de judeus saindo da sinagoga para assistir a uma injeção letal ou eletrocussão? Embora a pena de morte ainda seja aplicada em alguns estados norte-americanos, nós, no Ocidente, estamos muito longe dos dias em que execuções em público eram comuns e ofensas religiosas eram punidas com a morte. Longe de diminuir, essa disparidade legal entre o islã e o Ocidente vem se tornando cada vez mais profunda e generalizada, com um escopo crescentemente global.

Quando dezoito palestinos foram fuzilados em Gaza no verão de 2014, acusados de colaborar com Israel, a justificativa imediata foi que aqueles homens tinham sido considerados culpados por "tribunais locais, com a aprovação de clérigos religiosos". (A lei palestina considera crime punível com a morte a colaboração com Israel, mas o presidente palestino precisa dar sua aprovação antes da execução da sentença.) Em outras palavras, eles tinham sido julgados e condenados com base em alguma versão do sistema da sharia. E embora ativistas dos direitos humanos protestassem contra as execuções, ninguém contestou a justificação religiosa que as fundamentou, nem o papel dos clérigos muçulmanos na aprovação das sentenças.

No Paquistão, blasfemar contra o profeta Maomé é punível com a morte.[8] Mais de trinta países do mundo possuem leis antiblasfêmia semelhantes — inclusive alguns países cristãos. Mas é em países muçulmanos que essas leis são aplicadas. Em 2014, um tribunal paquistanês condenou à morte um cristão de 26 anos com a justificativa de que ele havia falado mal do Profeta. O homem replicou que estava meramente sendo alvo de acusações forjadas por empresários locais hostis que queriam construir um centro industrial no bairro em que ele morava. Quando sua sentença foi proferida, já havia outros 33 paquistaneses no corredor da morte pelo crime de blasfêmia.

E tem mais: com ou sem um veredito formal de um tribunal, justiceiros tratam de executar as sentenças que eles mesmos proferem. Também no Paquistão, um advogado que defendia um professor universitário acusado de blasfêmia foi fuzilado; na cidade de Bahawalpur, no sul desse país, depois que a polícia prendeu um acusado de blasfêmia, uma turba invadiu a delegacia, arrastou o homem para a rua e o queimou vivo enquanto os agentes da lei assistiam.

Atrocidades assim também ocorrem nos países supostamente mais modernos do Sudeste Asiático. Na província indonésia de Aceh, uma viúva de 25 anos foi surpreendida com um homem casado de quarenta anos; um grupo de oito homens locais espancou o homem, estuprou em série a mulher e mergulhou os dois no esgoto antes de entregá-los às autoridades locais da sharia. A polícia da sharia proferiu então sua própria sentença: uma surra de vara em público para o homem e a mulher pelo alegado crime de adultério. De certo modo, eles até que se safaram com pouco; antes a punição por tal crime era a morte por apedrejamento.[9]

Evidentemente, é tentador para o leitor ocidental supor que essas são práticas antiquadas que, como a de queimar bruxas em Massachusetts, acabarão por se extinguir. No entanto, a tendência no mundo muçulmano é no sentido contrário. No supostamente avançado Brunei, o sultão governante está introduzindo gradualmente um conjunto "atualizado" de leis criminais da sharia que tornam o adultério punível com o apedrejamento, o roubo com amputação e as relações homossexuais com a morte. Na Malásia, que reconhece o islamismo como religião oficial do país, os partidários da lei islâmica querem que punições da sharia, como a amputação por roubo, sejam introduzidas no código penal nacional.

A tendência atual nos Estados islâmicos de adotar códigos legais mais severos teve início com a formação do reino saudita, mas acelerou-se depois da Revolução Iraniana de 1979. Na esteira dessa revolução, o Irã tornou-se a primeira teocracia islâmica pura. A adoção por esse país de um código legal islâmico rigoroso foi aclamada na época porque era um contraste claro e fundamental com tudo o que os iranianos detestavam no regime do xá deposto: decadência, corrupção, imoralidade.

Agora a sharia está a tal ponto disseminada que tem aceitação quase total em todo o mundo muçulmano. Talvez a prova mais cabal desse fato encontre-se no relatório de 2013 do Pew Research Forum, "The World's Muslims: Religion, Politics, and Society" [Os muçulmanos do mundo: religião, política e sociedade], um estudo de 39 países e territórios em três continentes — África, Ásia e Europa — com mais de 38 mil entrevistas face a face em mais de oitenta línguas e dialetos, abrangendo todos os países com mais de 10 milhões de muçulmanos. Em resposta à pergunta "Você é a favor ou contra tornar a lei da sharia, ou lei islâmica, a lei oficial da Terra em seu país?", os países com as cinco maiores populações muçulmanas — Indonésia (204 milhões), Paquistão (178 milhões), Bangladesh (149 milhões), Egito (80 milhões) e Nigéria (76 milhões) — demonstraram um apoio esmagador à sharia. Para ser exata: 72% dos muçulmanos indonésios, 84% dos muçulmanos paquistaneses, 82% dos muçulmanos bengalis, 74% dos muçulmanos egípcios e 71% dos muçulmanos nigerianos se disseram favoráveis a que a sharia fosse declarada a lei estatal de suas respectivas sociedades. Em dois países islâmicos que são considerados em transição para a democracia, o número de partidários da sharia foi ainda maior. A pesquisa do Pew concluiu que 91% dos muçulmanos iraquianos e 99% dos muçulmanos afegãos queriam que a sharia se tornasse a lei oficial de seu país.

Além disso, a sharia já não se restringe aos países de maioria muçulmana. Tem sido cada vez mais a referência no direito de família em ações de herança envolvendo muçulmanos no Ocidente. Hoje existem vários tribunais da sharia em funcionamento na Grã-Bretanha.[10] Segundo a sharia, em vez de herdarem com igualdade, como manda a lei nacional britânica, as mulheres muçulmanas só podem herdar metade do que herdam os homens; mulheres muçulmanas divorciadas não herdam nada e não podem adotar crianças, e os casamentos de não muçulmanos não são reconhecidos.[11] A pressão para que a sharia se aplique em outros países ocidentais também é crescente. A França, por exemplo, está sendo pressionada a mudar suas leis que proíbem a poligamia, pois homens de países muçulmanos querem que sua segunda ou terceira esposa imigre para juntar-se a eles. Até o momento as autoridades francesas se recusaram a sancionar casamentos polígamos, assim como a apoiar o uso de véu na escola por alunas muçulmanas. No entanto, já foram abertas algumas exceções para filhos de uniões polígamas.

O apoio à sharia também é crescente entre os muçulmanos que vivem no Ocidente. Um levantamento com mais de 9 mil muçulmanos europeus realizado pelo Centro de Ciência em Berlim em 2008 encontrou forte aprovação a um retorno ao islamismo tradicional. Nas palavras do autor do estudo, Rudd Koopmans,

> Quase 60% concordam que os muçulmanos devem retornar às raízes do islã, 75% pensam que só existe uma interpretação possível do Alcorão que todo muçulmano deve acatar e 65% dizem que as regras religiosas são mais importantes para eles do que as leis do país onde vivem.[12]

Mais de metade (54%) dos entrevistados também acredita que o Ocidente está decidido a destruir a cultura muçulmana.[13]

O PARADOXO DA SHARIA

Um dos principais verdugos do reino da Arábia Saudita, Muhammad Saad al-Beshi, contou ao jornal *Arab News* que já chegou a executar dez pessoas em um mesmo dia. A espada é seu instrumento preferido. Ele mantém sua lâmina "afiada como navalha" e faz os filhos ajudarem a limpá-la. Al-Beshi acha interessante quando pessoas se espantam com a rapidez com que a espada pode separar a cabeça do corpo, e se pergunta por que certas pessoas comparecem para assistir às execuções se vão desmaiar e "não têm estômago" para isso. Al-Beshi também executa os ditames da sharia decepando mãos, pés e línguas.

Esses comentários devem ser tremendamente chocantes para a maioria dos leitores ocidentais, inclusive para quem vive em países que ainda possuem alguma forma de pena capital. Mas por muitos anos, como a maioria dos muçulmanos, eu mesma não pensei em questionar os princípios e práticas básicos da sharia. Mesmo quando fugi do meu casamento arranjado, acreditava que as punições da sharia me seguiriam porque essa era a regra da minha comunidade. Quando cheguei à Holanda, temi que meu pai ou os homens da tribo dele, ou ainda o homem com quem eu fora designada para me casar simplesmente aparecessem e me forçassem a me submeter contra a vontade. Quando as autoridades holandesas me informaram pela primeira vez que existiam leis para me proteger e que a Holanda não reconheceria meu casamento arranjado porque ele não tinha força de lei, fiquei fascinada por esse sistema, tão diferente do código islâmico. Quanto mais eu aprendia sobre as crenças e ensinamentos do pensamento liberal ocidental, ficava mais fascinada.

Em pequenos seminários em Leiden, refletimos sobre a Segunda Guerra Mundial. Os alemães comuns sabiam sobre o Holocausto? Os holandeses sabiam? Fizemos a nós mesmos a pergunta: o que eu teria feito nessas circunstâncias? Teria sido um "carrasco de bom grado"? Teria ajudado os judeus, arriscando minha vida? Ou simplesmente não faria nada? Enquanto eu me via às voltas com essas questões dilacerantes, minha irmã mais nova — que viera se juntar a mim na Holanda — estava passando pelo que eu tinha passado em Nairóbi. Era a vez dela de sentir que devia se esforçar para ser uma muçulmana boa e devota. Ela estava lendo

Milestones [Marcos], de Sayyid Qutb, e *The Lawful and Prohibited in Islam* [O lícito e o proibido no islã], de Yusuf al-Qaradawi, textos importantes da Irmandade Muçulmana. Estava acatando a sharia, no momento mesmo em que me ensinavam a entender a importância das leis feitas pelo homem e as pavorosas consequências do totalitarismo sem lei.

Hoje, graças em grande medida aos anos que passei em Leiden, entendo — *sei* — que cada pessoa, não importam sexo, orientação, cor ou credo, merece direitos humanos e proteções básicos, com a condição de que respeite as leis da terra onde vive. Mas sei também que essa verdade contradiz muitos dos ditames fundamentais da sharia. Enquanto a regra do direito no Ocidente evoluiu para proteger os membros mais vulneráveis da sociedade, sob a sharia são justamente os mais vulneráveis que são mais reprimidos: mulheres, homossexuais, os muçulmanos insuficientemente fiéis ou apóstatas e os devotos de outros deuses.

Consideremos os seguintes crimes e as punições correspondentes determinadas pelo Alcorão:

- Apostasia: a pena por deixar a "tribo" islâmica é a morte. "[...] caso se rebelem, capturai-os então, matai-os onde quer que os acheis" (4:89).
- Blasfêmia: o Alcorão não identifica uma punição exata na vida terrena, mas observa em 9:74: "Alá os castigará dolorosamente neste mundo e no outro, e não terão, na Terra, amigos nem protetores". (Ver também 6:93 e Sahid al Bukhari, v. 5, livro 9, n. 369.)
- Homossexualidade: segundo o *hadith*, "Se encontrardes alguém fazendo o que fazia o povo de Ló, matai aquele que faz e aquele a quem é feito". (Sunan Abu Dawud, livro 38, n. 4447.)

Mas nenhum grupo é mais prejudicado pela sharia do que as mulheres muçulmanas — um reflexo, em parte, da cultura tribal patriarcal da qual a lei islâmica emergiu. Repetidamente sob essa lei o valor das mulheres é estipulado em no máximo "metade do de um homem". A sharia subordina as mulheres aos homens em um sem-número de maneiras: determina sua custódia por homens, dá aos homens o direito de espancar as esposas, de ter acesso sexual irrestrito às suas mulheres e de praticar a poligamia, e restringe os direitos legais das mulheres em casos de divórcio, nos direitos patrimoniais, em casos de estupro, em testemunhos nos tribunais e no consentimento ao casamento. A sharia declara, inclusive, que as mulheres são consideradas nuas quando qualquer parte de seu corpo aparecer, exceto o rosto e as mãos, ao passo que a nudez masculina só pode acontecer do umbigo aos joelhos.[14]

Entre as típicas transgressões identificadas pela sharia está a da "esposa rebelde", definida no seminal comentário sunita *Reliance of the Traveller: A Classic Manual of Islamic Sacred Law* [O apoio do viajante: Manual clássico da sagrada lei islâmica] como a mulher que meramente responde ao marido "com frieza, quando de hábito o faz polidamente". O marido, determina o livro, deve começar por repreendê-la com o seguinte aviso verbal: "Tema Alá, em razão do que você me deve por direito". Se isso não funcionar, ele pode parar de falar com ela e então pode surrá-la, embora não "quebrar ossos, ferir ou derramar sangue".[15]

Um dos fardos mais onerosos que a sharia impõe às mulheres é o princípio da custódia. Ele tem por base uma série de versículos corânicos e os comentários correspondentes no *hadith*. Em essência, a custódia é apresentada como um modo de proteger as mulheres, mas na realidade ela força as mulheres a serem totalmente dependentes de guardiões masculinos para até as mais básicas atividades fora de casa, como fazer compras para a família ou ir ao médico. O Alcorão determina em 4:34:

Os homens são os protetores das mulheres [...]. Quanto àquelas de quem constatais rebeldia, admoestai-as (na primeira vez), abandonai os seus leitos (na segunda vez) e castigai-as (na terceira vez); porém, se vos obedecerem, não procureis meios (escusos) contra elas. Sabei que Alá é Excelso, Magnânimo.

A 2ª Surata, versículo 223, também categoriza as mulheres como as "sementeiras" do marido, o que na sharia é interpretado como uma garantia de que o marido deve ter acesso sexual irrestrito à sua mulher ou às suas mulheres, contanto que não estejam menstruadas ou fisicamente enfermas. A poligamia é outro aspecto assimétrico na sharia, como em todas as sociedades patriarcais tradicionais. Um homem, segundo o Alcorão, pode ter até quatro esposas, mas uma mulher não pode ter mais do que um marido.

Uma menina pode ter seu casamento ordenado pelo pai ou avô paterno independentemente de seu consentimento. Depois que ela chega à puberdade, buscar sua permissão é recomendado mas não exigido, e seu silêncio é considerado permissão. Segundo *Reliance of the Traveller*, mesmo se uma mulher tiver escolhido ela mesma um "par adequado", a vontade dela será suplantada caso seu guardião tenha escolhido outro pretendente que também seja um par adequado.[16] Na prática, muitas meninas muçulmanas são casadas muito antes de formar uma ideia própria sobre essa questão. Em países que seguem uma forma rigorosa da sharia, a idade para o casamento costuma ser menor, seguindo a tradição de Maomé, que desposou Aisha quando ela tinha seis ou sete anos e consumou o casamento assim que ela completou nove (ela se mudou para a casa de Maomé levando suas bonecas, segundo um *hadith*). Pais iemenitas, por exemplo, costumam casar suas filhas aos nove anos, alegando que isso previne o adultério. Finalmente, embora homens muçulmanos possam desposar mulheres cristãs ou judias, as mulheres muçulmanas só podem se casar com homens muçulmanos. E, como vimos, as penas por violar essa lei podem ser severíssimas.

Em resumo, a desigualdade entre os sexos é central na sharia. O Alcorão determina que um filho herdará o mesmo que duas filhas. Em um tribunal baseado na sharia, para que um crime de estupro seja provado, o estuprador tem de confessar ou quatro testemunhas do sexo masculino precisam prestar depoimento afirmando que viram o estupro acontecer. Uma regra geral em 2:282 do Alcorão diz que o testemunho de uma mulher vale só a metade do de um homem no tribunal. E, embora um homem possa se divorciar facilmente de suas esposas sob a lei islâmica — dizendo simplesmente "Eu me divorcio de você!" três vezes —, para uma mulher é muito mais difícil se divorciar do marido. Além disso, as mulheres perdem a custódia dos filhos quando eles fazem sete anos, mas os homens, não.

Este livro não é uma história de práticas do passado. Estamos falando aqui de leis contemporâneas e punições contemporâneas, que acontecem no século XXI. E, a meu ver, são essas práticas — e não jovens mães como Meriam Ibrahim — que precisam ser condenadas e algemadas.

A DINÂMICA DE HONRA E VERGONHA NA SHARIA

Considerando que o islã teve origem em clãs e tribos da Arábia, não deve surpreender a ninguém que na sharia também exista uma grande ênfase na honra. Em particular, a interação do princípio da custódia pelo homem com as normas tribais de recato acarreta violência "por motivo de honra" contra mulheres frequentemente (ver cap. 6).[17]

É verdade que a violência por questão de honra não é um fenômeno exclusivamente muçulmano. Também é verdade que as execuções por questão de honra são anteriores ao islã. Mas as mortes por honra são comuns no mundo muçulmano, e clérigos islâmicos demonstram uma aceitação tácita dessa prática.[18] Na verdade, uma morte por questão de honra é um crime sem punição segundo *Reliance of the Traveller*, que explicitamente isenta pais que matam filhos de ter de prestar contas por sua ação.[19] Essas atitudes mostraram-se notavelmente duradouras. Em 2003, o Parlamento da Jordânia não aprovou um projeto de lei que visava estabelecer penalidades legais mais severas por mortes ligadas a questões de honra, com a justificativa de que isso violaria "tradições religiosas". Quando um comitê no Senado propôs, então, que se aplicasse essa mesma leniência a mulheres que matassem maridos apanhados em adultério, a Irmandade Muçulmana da Jordânia protestou veementemente.

Convém ressaltar aqui os argumentos apresentados, pela associação que fazem entre a virtude religiosa de uma mulher e a linhagem. O xeque 'Abd al-'Aziz al-Khayyat, um ex-ministro jordaniano de assuntos religiosos (*awqaf*), chegou a emitir uma *fatwa* (uma ordem religiosa islâmica), estipulando que a sharia não dá à mulher o direito de matar o marido se ela o surpreender com outra mulher. Uma situação como essa, Khayyat explicou, não constitui uma ofensa à honra da família, e sim apenas à vida conjugal do casal, e o máximo que se permite à esposa é entrar com uma ação de divórcio. Outro jurista jordaniano, 'Abd-al-Baqi Qammu, explicou: "Gostemos ou não, as mulheres não são iguais aos homens no islã. Mulheres adúlteras são muito piores do que homens adúlteros, pois as mulheres determinam a linhagem".[20]

É impressionante a facilidade com que podemos encontrar essas justificativas indisfarçadas para a violência contra mulheres. Em um programa de entrevistas numa televisão egípcia, um clérigo muçulmano, Sa'd Arafat, discorreu sobre as regras para o espancamento de esposas. Começou dizendo: "Alá honrou as esposas criando a punição do espancamento".[21] Espancar, ele explicou, era uma punição legítima se um marido não obtivesse satisfação sexual com sua esposa. Mas acrescentou: "Existe uma etiqueta do espancamento". É preciso evitar bater no rosto, pois isso enfeiaria a esposa. Deve-se bater no nível do torso. Ele recomendou o uso de uma vara curta.

Isso pode parecer quase cômico, mas não deve nos distrair da estarrecedora realidade de que a violência contra mulheres teve um aumento explosivo no Egito a partir da Primavera Árabe. Quando os partidários do presidente Abdel Fattah el-Sisi reuniram-se na praça Tahrir, no Cairo, para celebrar sua posse em junho de 2014, dezenas de mulheres sofreram ataques sexuais e uma moça de dezenove anos foi brutalmente estuprada em série. Esses crimes foram instigados por pregadores islâmicos como o salafista Abu Islam, que declarou que toda mulher que aparecesse na praça Tahrir sem estar coberta "quer[ia] ser estuprada".

Não apenas as mulheres são discriminadas pela sharia. Mais de trinta países islâmicos têm leis que proíbem a homossexualidade e a consideram um crime, sujeito a punições variadas, de açoitamento até prisão. Na Mauritânia, Bangladesh, Iêmen, partes da Nigéria e Sudão, Emirados Árabes Unidos, Arábia Saudita e Irã, os homossexuais condenados podem ser sentenciados à morte. Na Arábia Saudita, um homem declarado culpado de atividade homossexual pode ser executado ou receber cem chibatadas e uma longa sentença de prisão. No Irã, os homens que exercem o "papel ativo" recebem cem chicotadas, ao passo que os "recipientes" podem ser mortos. Para as lésbicas, a punição são cem chibatadas; depois de quatro condenações, é a morte.[22] Um estudo de 2012 feito por um grupo iraniano de direitos humanos (IRQO) em associação com a Clínica Internacional de Direitos Humanos da Escola de Direito de Harvard concluiu que algumas lésbicas, homens gays, indivíduos bissexuais e transgêneros no Irã são abertamente forçados a se submeter a cirurgia para mudança de sexo.[23]

MORTE POR APEDREJAMENTO

A sharia também sanciona a odiosa punição do apedrejamento, uma prática que deveria ser impensável em nosso século e no entanto continua sendo muito comum. Hoje no mínimo quinze países e territórios têm leis que permitem ou exigem a morte por apedrejamento, em especial para crimes de adultério ou outras formas de "promiscuidade sexual". Um levantamento do Pew Institute em 2008 constatou que apenas 5% dos paquistaneses são contra o apedrejamento por adultério; 86% declaram-se a favor.[24]

O Irã tem a mais elevada taxa de apedrejamentos per capita do mundo. Sob seu sistema legal, os juízes podem condenar um réu com base não em provas, mas na "intuição" de culpa. Em um curioso eco das perseguições religiosas da Idade Média europeia, quando o acusado só podia provar sua inocência se sobrevivesse a um suplício como andar sobre pedras em brasa ou ser imerso em água gelada, as vítimas de apedrejamento no Irã atual só podem sobreviver se conseguirem escapar. Mas, enquanto os homens são enterrados até a cintura, o que até possibilita uma fuga para os fortes e ágeis, as mulheres costumam ser enterradas até a altura do peito, vestindo o xador, o que torna a fuga praticamente impossível.

Apedrejamentos acontecem em todo o mundo muçulmano. Na Tunísia, a Comissão para Promoção da Virtude e Prevenção do Vício determinou o apedrejamento de uma moça de dezenove anos que postou imagens de si mesma nua na internet. Em minha Somália natal, uma menina de treze anos contou que foi estuprada por três homens de uma vez. A milícia de Al-Shabaab que então controlava a cidade portuária meridional de Kismayo, onde ela morava, reagiu acusando *a menina* de adultério, julgou-a culpada e a sentenciou à morte. Sua execução foi anunciada pela manhã por um alto-falante instalado em uma picape Toyota. No estádio de futebol local, partidários da Al-Shabaab cavaram um buraco no chão e trouxeram um caminhão cheio de pedras. Uma multidão de mil pessoas reuniu-se antes das quatro horas da tarde. Aisha Ibrahim Duhulow — o mesmo prenome da esposa de nove anos do profeta Maomé — foi arrastada, debatendo-se aos gritos, para dentro do estádio.[25] Foi preciso quatro homens para enterrá-la até o pescoço no buraco. E então cinquenta homens passaram dez minutos atirando rochas e pedras na menina. Depois de dez minutos, fizeram uma pausa. Ela foi desenterrada, e duas enfermeiras examinaram-na para ver se continuava viva. Alguém descobriu que ainda tinha pulsação e respirava. Aisha foi devolvida ao buraco e o apedrejamento prosseguiu. Um homem que tentou intervir foi baleado; um menino de oito anos também foi morto pela milícia. Posteriormente, um xeque local declarou a uma emissora de rádio que Aisha apresentara provas, confirmara sua culpa e estava "feliz com a punição sob a lei islâmica".

Em 2014 um grupo chamado Mulheres Vivendo Sob a Lei Muçulmana fez circular uma petição solicitando que as Nações Unidas aprovassem leis internacionais contra o apedrejamento. Coletaram míseras 12 mil assinaturas. Embora alguns clérigos muçulmanos condenem o apedrejamento, outros dizem que o *hadith* apoia essa prática, e outros ainda afirmam que Maomé estava meramente seguindo o costume judaico da época dele. Todos esses argumentos são apresentados como posições racionais, como se valesse a pena haver um debate sobre a questão. Mas como pode haver qualquer posição com respeito ao apedrejamento além daquela que o considera uma prática bárbara e maligna?

A resposta ocidental clássica a argumentos relativistas é a de Sir Charles Napier, que em 1842 foi nomeado comandante das forças britânicas na Índia. Quando autoridades religiosas locais protestaram contra a proibição do *sati*, explicando que era costume hindu cremar viva a mulher de um morto, Napier replicou: "Meu país também tem um costume. Quando homens queimam mulheres vivas, nós os enforcamos e confiscamos todos os seus bens. [...] Que cada um aja conforme seus costumes nacionais". Hoje em dia, contudo, um diálogo assim é quase inimaginável. Em vez disso, as autoridades ocidentais se desdobram para conciliar as "sensibilidades" muçulmanas e frequentemente perdoam ou fingem que não veem quando muçulmanos violam direitos humanos universais — inclusive quando as transgressões acontecem em nossos países.

NECESSIDADE: UMA NOVA LINGUAGEM DE EMANCIPAÇÃO

Além de restringir os direitos das mulheres e legitimar a violência contra elas, a sharia faz algo a mais. Como a sharia tem por base os ditames do Alcorão e do *hadith*, não existe no islã um vocabulário que possa ser usado para emancipar as mulheres. Todas as palavras associadas a direitos e necessidades básicas da mulher são invariavelmente ocidentais. Quando alguém luta por acesso à educação, direito de votar, de dirigir, de não ser apedrejado ou espancado, o vocabulário a ser usado na argumentação é ocidental, pois os textos islâmicos e a língua árabe simplesmente não possuem as palavras para designar esses tipos de direitos e oportunidades. Em contraste, quando mulheres enfrentam oposição à sua emancipação, essas palavras e vocabulário são exclusivamente islâmicos. Na Somália, quando uma mulher não quer participar de casamentos polígamos, diz-se: "Ah, é claro, então você quer ser como os *ghaalo*". Os *ghaalo* são os infiéis, um termo depreciativo que denota infidelidade a Deus. Assim, se uma mulher não quer ser a segunda ou terceira esposa ou se não quer ser substituída por uma segunda ou terceira esposa, ela está simplesmente sendo infiel a Deus. É quase impossível debater sobre essas questões sem trazer o islã para a conversa. As pessoas comentam: "É uma impiedade, não é o que o profeta Maomé disse para fazer".

Isso não quer dizer que as mulheres têm uma longa história de emancipação no Ocidente. Sabe-se muito bem que até os anos 1970 uma mulher casada não podia sequer abrir crédito em seu nome numa loja Sears. Historicamente, algumas das forças mais incisivas contra a emancipação das mulheres norte-americanas vieram do clero cristão. Muitos argumentavam que a subserviência das mulheres era um fato determinado por Deus, e que libertar as mulheres do lar acarretaria a escravização dos homens. Mas havia clérigos igualmente convictos do outro lado. O reverendo Theodore Parker, de Boston, disse em 1983: "Obrigar metade da raça humana a consumir suas energias nas funções de dona de casa, esposa e mãe é um tremendo desperdício do material mais precioso que Deus já criou".[26] No islã, em contraste, é raríssimo ouvir argumentos desse tipo.

Os relativistas culturais preferem embrulhar a questão da sharia no equivalente intelectual de um *jilbab* preto ou uma burca azul e recitar os velhos chavões de que não se deve julgar as práticas religiosas dos outros. Por quê? Os antigos astecas e outros povos praticavam o sacrifício humano, arrancavam o coração ainda batendo das vítimas de seus sacrifícios. Ensinamos nossas crianças que isso aconteceu há quinhentos anos e que não aprovamos — e não aprovaríamos se de repente essa prática fosse revivida no México atual. Então por que toleramos o "sacrifício" de mulheres, homossexuais ou muçulmanos apóstatas por "crimes" como apostasia, adultério, blasfêmia, casar fora de sua fé ou simplesmente querer se casar com alguém da própria escolha? Por que, exceto pela publicação de relatórios de organizações de direitos humanos, não há uma reação discernível?

No século XXI, acredito que todos os seres humanos de bem concordam que não se deve tolerar atos de barbárie como esses. Eles podem e devem ser condenados e levados a julgamento como crimes, em vez de serem aceitos como punições legítimas.

As agressões perpetradas sob a sharia são irrefutáveis. Para que possamos ter alguma esperança de um planeta mais pacífico, mais estável, essas punições têm de ser abandonadas.

Não deve haver uma chance realista de que os muçulmanos em países como o Paquistão abram mão da sharia. Mas nós, do Ocidente, devemos fazer questão de que os muçulmanos que vivem em nossas sociedades obedeçam às nossas leis. Temos de exigir que os cidadãos muçulmanos renunciem às práticas e punições da sharia que violam os direitos humanos fundamentais e os códigos jurídicos do Ocidente. Além disso, em nenhuma circunstância os países do Ocidente devem permitir que muçulmanos formem enclaves autogovernados em que as mulheres e outros cidadãos supostamente de segunda classe possam ser tratados segundo costumes do século VII.

Mas só isso não basta. Precisamos analisar e reformar a mais poderosa ferramenta social do islã: a imposição informal pelas massas de seus princípios religiosos mais severos em nome de ordenar o certo e proibir o errado.

6. O controle social começa em casa
Como a injunção de ordenar o certo e proibir o errado mantém os muçulmanos na linha

Quando eu era adolescente em Nairóbi, questionei em voz alta lá em casa por que as orações rituais precisavam ser feitas cinco vezes por dia. Por que não uma só oração diária? Minha meia-irmã entreouviu e prorrompeu em horas de sermões, não só naquele dia, mas durante muitos outros, sobre minhas falhas nas devoções sagradas de uma muçulmana. E não limitou a arenga à minha pessoa. Fez uma campanha junto à minha família para que me mandassem fazer um tratamento por "loucura", pois eu tinha ousado fazer uma pergunta a respeito da nossa fé e prática.

Isso ilustra como a prática de ordenar o certo e proibir o errado funciona na sociedade islâmica. O debate e a dúvida são intoleráveis, merecem censura, e quem questiona é reduzido ao silêncio mesmo em sua própria casa. Minha meia-irmã acreditava que era seu dever e obrigação me corrigir: ordenar que eu fizesse o certo e me proibir de fazer — e até de pensar — o errado.

Essa é apenas uma parte de uma verdade maior sobre o islã. Quase sempre é o núcleo familiar que inicia a perseguição aos livres-pensadores, aos que fazem perguntas ou propõem alguma novidade. Ordenar o certo e proibir o errado começa em casa. Dali segue para a comunidade maior. Os regimes totalitários do século xx precisavam trabalhar arduamente para persuadir familiares a denunciarem uns aos outros às autoridades. O poder do sistema muçulmano está no fato de que as autoridades não precisam se preocupar: o controle social começa em casa.

O constante mal-estar pessoal e intelectual que muitos dos estudantes muçulmanos no meu seminário em Harvard sentiam em qualquer discussão sobre a organização política do mundo islâmico está diretamente relacionado a esse abrangente conceito de ordenar o certo e proibir o errado. Quando o estudante do Catar me interpelou no primeiro dia de aula, estava seguindo esses princípios. Ele não foi o último a fazer isso. Eu tinha um aluno da Nigéria que se dizia especialista em sharia, entre outras coisas. Também ele se levantava repetidamente para me "corrigir", sempre me chamando de "irmã", para enfatizar o elemento do parentesco — embora sem dúvida para ele eu fosse uma apóstata — e, desse modo, tentar sutilmente anular meu papel de condutora do seminário. Homens e mulheres têm papéis muito específicos na sociedade islâmica. Está escrito claramente como cada sexo deve agir. E um homem tem o direito inequívoco de ordenar uma mulher, mesmo se ela for considerada sua professora.

Em resumo, juntamente consideradas, as injunções de ordenar o certo e proibir o errado são um modo muito eficaz de silenciar a dissensão. Atuam como um sistema de vigilância religiosa pelas bases. E seus executores mais zelosos encontram nessas palavras uma desculpa não só para ordenar e proibir, mas também para ameaçar, espancar e matar. Chamo isso de totalitarismo do lar.

ORIGENS DO ORDENAR O CERTO E PROIBIR O ERRADO

Já na filosofia de Aristóteles e dos estoicos na Grécia Antiga, a civilização ocidental compreendera o conceito de que a lei deve "ordenar o que deve ser feito e proibir o que não se deve fazer". Portanto, o conceito básico de ordenar o certo e proibir o errado não é exclusivo do islã. O historiador Michael Cook até aventa que "esse fraseado antigo, como a coruja das moedas atenienses, introduziu-se na Arábia pré-islâmica" vindo da Grécia Antiga.[1]

Independentemente da origem da frase, porém, a interpretação que Maomé lhe deu é explícita e nova. O Alcorão enuncia o conceito em três lugares: "E que surja de vós um grupo que recomende o bem, dite a retidão e proíba o ilícito. Este será (um grupo) bem-aventurado" (3:104). "Sois a melhor nação que surgiu na humanidade, porque recomendais o bem, proibis o ilícito e credes em Alá" (3:110). E mais adiante: "Os crentes e as crentes são protetores uns dos outros; recomendam o bem, proíbem o ilícito" (9:71).

Alguns estudiosos argumentam que essas definições corânicas podem significar tão somente a separação entre os crentes do islamismo e os não crentes, sendo "bem" a escolha da fé em Alá e "ilícito" a decisão de venerar qualquer outra coisa. Só que em geral não é assim que se interpreta essa injunção.

É claro que todas as religiões têm regras. Algumas seitas protestantes são especialmente intrusivas ao policiarem seus membros, como confirma a história dos primórdios da Nova Inglaterra. Mas a natureza abrangente do ordenar o certo e proibir o errado é exclusivamente islâmica. E, como o islã não se limita a uma esfera religiosa separada, enraizou-se a fundo também na vida política, econômica e pessoal. Patricia Crone explica: "A lei islâmica obrigava seus adeptos a intervir se vissem outros fiéis em comportamento pecaminoso e a persuadi-los a parar, inclusive forçá-los a isso se possível". A importância dessa função era comparável até com a da jihad, pois para os muçulmanos daquela época "combater pecadores e combater infiéis era mais ou menos a mesma coisa". Em sua aplicação prática na era medieval, para ordenar o certo e proibir o errado o governante islâmico precisava empregar um censor e um inspetor de mercado que "patrulhavam as ruas acompanhados de ajudantes armados para assegurar que as pessoas obedecessem à lei em público", quer se tratasse das orações da sexta-feira, do jejum no Ramadã, do recato no vestir, da abstenção de vinho ou da segregação de homens e mulheres.[2]

Notavelmente, mais de mil anos depois, pouco mudou. A polícia religiosa no Irã e na Arábia Saudita, que espanca mulheres que mostrarem um tornozelo em público, os seguidores do jurista e imame nascido na Grã-Bretanha Anjem Choudari, que formam patrulhas muçulmanas de vigilantes em Londres,[3] perseguindo mulheres que se recusam a cobrir-se e arrancando bebida alcoólica das mãos de adultos, e as brigadas da sharia que combatem o consumo de álcool em Wuppertal, Alemanha,[4] são os ordenadores do certo e proibidores do errado no século XXI. Hoje, tanto quanto em tempos medievais, os conceitos de ordenar o certo e proibir o errado implicam dizer a indivíduos muçulmanos como devem viver, inclusive nos aspectos mais íntimos de sua existência.

ORDENAR O CERTO E PROIBIR O ERRADO NA PRÁTICA

No extremo, o conceito de ordenar o certo e proibir o errado fornece a justificativa aos pais, irmãos, tios e primos para que matem, em nome da honra, as mulheres da família que eles acreditem terem cometido transgressões irredimíveis. Em muitas partes do mundo islâmico, qualquer comportamento considerado imodesto é razão suficiente para que se mate uma filha ou uma parente. E a imodéstia tem uma definição extremamente abrangente: pode incluir cantar, olhar pela janela ou falar com um homem que não seja da família. Casar por amor contrariando a vontade dos pais também é uma justificativa frequente.

Não se sabe o número exato de mortes por honra que ocorrem por ano no mundo todo. A estimativa mais comumente citada é 5 mil, porém esse número ilustra apenas que atos decorrentes desse costume nem sempre são informados. Essa prática sem dúvida se tornou mais disseminada desde fins do século xx, à medida que cada vez mais países adotaram formalmente a sharia. Só no Paquistão acontecem quase mil mortes por honra por ano.[5] O problema é que muitas mortes por honra deixam de ser informadas, são desconsideradas ou disfarçadas. Frequentemente há pouco ou nenhum incentivo para relatá-las às autoridades em países onde o poder público as sanciona.

Como é, na prática, a violência em nome da honra? Em Lahore, Paquistão, uma mulher de 25 anos que se casou contra a vontade do pai foi morta por apedrejamento à porta de um tribunal. Também no Paquistão, uma menina morreu baleada enquanto fazia a lição de casa porque seu irmão pensou que ela estava com um homem. Um casal paquistanês derramou ácido na filha de quinze anos porque ela olhou duas vezes para um rapaz que passou de motocicleta e eles "temeram a desonra" por causa disso. A mãe disse que a menina gritou, antes de morrer: "Eu não fiz de propósito, não olharei mais".[6] Mas a mãe acrescentou: "Eu já tinha jogado o ácido. Era o destino dela morrer dessa maneira". Quando o pai de Rand Abdel-Qader, uma garota de dezessete anos, a matou em Basra, no Iraque, porque ela supostamente se apaixonara por um soldado britânico em serviço no local, as autoridades da cidade comentaram: "Não se pode fazer muita coisa em casos de morte por honra. É uma sociedade muçulmana, e as mulheres devem viver segundo as leis religiosas".[7]

Farzana Parveen estava grávida de três meses quando foi morta em 2014 no Paquistão, apedrejada por seu pai, irmão e um noivo escolhido pela família que ela recusara desposar. Ela se casara contra a vontade da família, que se sentiu envergonhada e por isso a matou à luz do dia à porta de um tribunal na cidade de Lahore. Mais estarrecedor ainda é o fato de que ela foi a segunda mulher a morrer nesse episódio. Seu marido estrangulara sua primeira esposa para poder se casar com Farzana. Pagou uma compensação pelo derramamento de sangue, o ato foi considerado uma morte por questão de honra e ele ficou livre para se casar novamente. Quando Farzana foi morta, o apedrejamento também foi considerado uma morte por questão de honra.

Uma jovem mãe de duas crianças na província do Punjab foi apedrejada e morta por seu tio e primos, que usaram pedras e tijolos seguindo a ordem de um tribunal tribal paquistanês. A causa: ela tinha um telefone celular. Embora o apedrejamento supostamente seja ilegal no Afeganistão, 115 homens presenciaram e aplaudiram o apedrejamento de uma jovem de 21 anos acusada de "crimes morais".

Ordenar o certo e proibir o errado também pode justificar o assassinato de homossexuais e muçulmanos apóstatas — e até de muçulmanos que sejam insuficientemente devotos. Quando o governador do Punjab aceitou proteger uma mulher cristã acusada de blasfêmia, foi morto por seu próprio guarda-costas. Depois milhares de paquistaneses, entre eles numerosos clérigos, festejaram o assassino com uma chuva de pétalas de rosa e celebraram sua firmeza e coragem. Dawood Azami, do World Service da BBC, explica os perigos da apostasia no Afeganistão:

> Para os que nascem muçulmanos, pode ser possível viver na sociedade afegã sem praticar o islamismo ou até no caso de se tornarem "apóstatas" ou "convertidos". Provavelmente essas pessoas

estarão seguras se não revelarem nada. O perigo está em vir a público que um muçulmano parou de acreditar nos princípios do islamismo. Não há compaixão para muçulmanos que "traem sua fé" convertendo-se a outras religiões ou que apenas deixam de crer em um só Deus e no profeta Maomé. A conversão, ou apostasia, também é crime sob a lei islâmica afegã, punível com a morte. Em alguns casos, as pessoas podem até executar pessoalmente a punição, espancando um apóstata até a morte, sem recorrer ao tribunal.[8]

Embora esses sejam exemplos impressionantes, a prática de ordenar o certo e proibir o errado é mais sutil e mais disseminada do que eles dão a entender. Em um perfil biográfico do rei Abdullah da Jordânia em 2013, o escritor Jeffrey Goldberg relatou uma visita que fez com o rei à cidade jordaniana de Karak (Abdullah pilotou seu próprio helicóptero *Black Hawk*), "uma das cidades mais pobres em uma região consternadoramente pobre". O rei estava indo almoçar com os líderes das maiores tribos jordanianas que, nas palavras de Goldberg, "são a espinha dorsal da elite militar e política da Jordânia". Há uma duradoura aliança simbiótica entre os reis hashimitas e os chefes de clã de seu reino. Os líderes tribais contam com o rei para lhes salvaguardar os poderes e privilégios, em parte controlando a população palestina na Jordânia. Em troca, as tribos ajudam a salvaguardar o rei.

Um dos objetivos dessa viagem específica era Abdullah tentar vender sua ideia de desenvolver partidos políticos viáveis entre as tribos antes das eleições parlamentares vindouras. Vendo o caos abater-se sobre os países vizinhos e a derrubada sangrenta de governantes estabelecidos (ainda que não régios) no Egito, Líbia e Tunísia, Abdullah queria mobilizar os líderes tribais para que estancassem a ascensão da Irmandade Muçulmana na Jordânia e impedissem a organização de "sequestrar a causa da reforma democrática em nome do islã". Mas suas expectativas não eram grandes. Goldberg cita o rei: "Hoje vou me sentar com os velhos dinossauros".

Fizeram uma refeição beduína tradicional, comendo com garfos (uma pequena concessão à modernidade) em uma mesa comunitária alta e comprida, marca registrada da tradição. Concluído o almoço cerimonial, chegou a hora do chá e da conversa. Goldberg escreve:

> O rei fez uma breve conclamação à reforma econômica e à expansão da participação política, depois deu a palavra aos demais. Os líderes — muitos deles extremamente idosos, muitos outros apenas com aparência de velhos — fizeram, um após outro, pedidos e queixas de pequena monta. Um dos homens sugeriu ao rei: "Antigamente tínhamos vigias noturnos nas cidades. Eles andavam com varas. O governo devia trazer isso de volta. Seria pela segurança e criaria mais empregos para os jovens".[9]

"Eu estava sentado do outro lado da sala, defronte ao rei", Goldberg acrescenta,

> e chamei sua atenção por um momento; ele me lançou um olhar breve e espantado. O rei se interessava por inovações de alta tecnologia, pela educação das meninas e pelo enxugamento da inchada folha de pagamento do governo. Um plano de empregos centrado em homens com varas não era sua ideia de uma reforma econômica eficaz. Quando estávamos deixando Karak pouco depois, perguntei-lhe a respeito da ideia dos homens com vara. "Há muito trabalho a fazer", ele respondeu, com a voz fatigada.[10]

Mas justamente aí é que está o problema: empregar homens com varas não é uma mera ideia antiquada; é um componente central do islã. Ordenar o certo e proibir o errado é, em muitos aspectos, ter homens armados com varas para impor o comportamento correto.

A ZONA DE PRIVACIDADE AGORA É ZONA MORTA

Parte do que faz o ordenar o certo e proibir o errado uma ameaça tão grande é que, ao contrário do termo "jihad", essa injunção passa uma impressão de virtude. O que pode haver de errado em seguir os princípios morais? Não é essa a principal aspiração dos ensinamentos de todas as principais religiões? E o que pode ser mais sensato do que delegar a disciplina, deixar que a família, e não um poder externo, imponha as normas de comportamento?

O problema é que essas questões revelam algumas diferenças fundamentais entre o islã e o pensamento liberal ocidental. Uma parte central da tradição ocidental é a possibilidade de os indivíduos, dentro de certos limites, decidirem no que acreditar e como viver. O islã tenciona justamente o oposto: possui regras muito claras e restritivas sobre como se deve viver e exige que todos os muçulmanos imponham essas regras. Em sua concepção moderna, ordenar o certo tornou-se, nas palavras de Michael Cook, "a propagação organizada dos valores islâmicos".[11] Como disse Dawood Azami, se alguém se afastar dos ditames básicos (e que consomem tempo) da fé, é melhor "que se cale a respeito disso", mesmo para a própria família, se quiser passar por tudo ileso.

Não foi sempre assim. No período medieval havia discordâncias quanto ao grau em que se devia ordenar o certo e proibir o errado. A portas fechadas, na vida privada, sem testemunhas, a margem de manobra era maior. Como observa Patricia Crone, "Os livres-pensadores podiam discutir suas ideias com indivíduos de ideias semelhantes em salões particulares, em reuniões de eruditos na corte e, em certa medida, nos livros e ainda mais na poesia, onde era possível ser ambivalente". Existia, inclusive, todo um estilo literário islâmico, o *mujun*, que permitia a seus praticantes ampliar as fronteiras do que era aceitável na sociedade, oscilar no limiar da blasfêmia, da pornografia, da indecência. "Em suma", conclui Crone,

> a liberdade residia essencialmente na privacidade. A esfera pública era onde as normas públicas tinham de ser mantidas, onde podia haver censores ou indivíduos privados cumprindo o dever de "ordenar o certo e proibir o errado", autorizados a quebrar instrumentos musicais, jogar fora o vinho e separar casais que não fossem casados ou parentes próximos. Mas seu direito a se intrometer em lares privados era rigorosamente limitado.[12]

Existia até um modo de dizer "vá cuidar da sua vida" aos que procuravam impor os ditames do Alcorão.

A ideia de uma zona de privacidade e o conceito do "vá cuidar da sua vida" foram corrompidos em nossos dias. Com a radicalização das comunidades islâmicas modernas, vemos uma espécie de corrida armamentista para ordenar o certo e proibir o errado. Isso significa que um ateu "no armário" é rapidamente descoberto, porque logo é pego não fazendo as cinco orações diárias, não jejuando no Ramadã, não proferindo constantes louvores a Alá, não dizendo "*Inshallah*" toda vez que faz alguma referência ao futuro. Enquanto nós, no Ocidente, entregamos nossa privacidade às operadoras de cartão de crédito, cookies da web, redes sociais e mecanismos de busca, no mundo muçulmano a zona de privacidade foi corrompida por outros meios.

COMO ESSA DOUTRINA CRIA RAÍZES?

Os direitos humanos universais também não têm nenhum papel na concepção de ordenar o certo e proibir o errado; existem apenas as regras do islã. O extremo desse fenômeno é o chamado Estado Islâmico, que exige de todos os que vivem em seu "califado" a conversão à sua prática extremista do islã e a obediência às suas regras. Quando combatentes do EI entraram na cidade de Mosul com meio corpo para fora de janelas de carros ou carrocerias de caminhões, uma filmagem registrou um combatente mostrando o dedo agressivamente para uma mulher na rua. Fazia sinal para que ela se cobrisse. A seguir veio a ordem para que as mulheres não só se cobrissem, mas ficassem em casa. As lojas de roupas nas cidades ocupadas não puderam mais vender nada que não fosse do vestuário islâmico, e todos os manequins tiveram de ser cobertos, inclusive com o véu.

Como cidades e regiões antes progressistas, ou pelo menos razoavelmente modernas, permitiram que o relógio andasse para trás em um grau tão extremo? A resposta é que os elementos centrais desse tipo de fundamentalismo já estão presentes na política islâmica, embora em forma diluída. A agenda do EI não difere, em certos aspectos, dos planos da Irmandade Muçulmana nem dos ensinamentos dos wahabitas sauditas. A única diferença é que seus métodos são mais divulgados.

Um legado particularmente funesto da invasão liderada pelos Estados Unidos que derrubou Saddam Hussein foi a ascensão de partidos políticos e milícias sectárias na esteira do colapso do estado autoritário do partido único Ba'ath. O que fica claro, analisando hoje, é que o partido Ba'ath não tinha erradicado essas crenças; apenas as tornara clandestinas. Uma vez libertados e sem freios, esses grupos e seus clérigos proclamaram que a morte por questão de honra era um meio religioso legítimo de "policiar" o comportamento das mulheres. Islamitas de Basra grafitaram muros dizendo "Sua maquiagem e sua decisão de não usar o véu lhe trarão a morte". Em outras palavras: as sementes fundamentalistas já tinham sido plantadas anos antes de 2014.

A Síria também era vista pelo Ocidente como relativamente secular. Mas a secularização derreteu no calor da guerra civil. Em Raqqa, a cidade síria que se tornou a capital do EI, os insurgentes testaram uma espécie de estilo "Talibã 2.0" para a repressão feminina. Como em outros Estados fundamentalistas, as mulheres que saem de casa sem um acompanhante masculino ou que não estejam suficientemente cobertas são presas e espancadas; mas em Raqqa essas prisões e espancamentos são frequentemente obra de mulheres. O EI inventou algo novo na história do ordenar o certo e proibir o errado: uma polícia moral totalmente feminina, a Brigada Al-Khansaa. A filosofia por trás dessa brigada é simples, segundo Abu Ahmad, um alto funcionário do EI em Raqqa. Em uma entrevista, ele explicou: "Criamos a brigada para aumentar a conscientização sobre a nossa religião entre as mulheres e para punir as que não obedecem à lei". E acrescentou: "A jihad não é dever só dos homens. As mulheres também têm que fazer a sua parte".[13]

Para os jihadistas de hoje, adotar a doutrina do ordenar o certo e proibir o errado também traz a oportunidade de expandir suas fileiras e incorporar mais indivíduos que não sejam combatentes. A prática traz mais soldados para Alá e, no caso de Al-Khansaa, cria novos modos de controlar mulheres que não podem participar da guerra tradicional. (Pelo menos, não por enquanto — Thomas Hegghammer, especialista norueguês em terror islâmico, prevê uma mudança gradual que dará às mulheres papéis mais "operacionais" no combate da jihad, e explica: "Há um processo de emancipação feminina, ainda que muito limitado (e mórbido), ocorrendo no movimento jihadista".)

Uma adolescente em Raqqa descreveu à publicação *Syria Deeply* como funcionam na prática as brigadas femininas do EI. A garota foi agarrada na rua por um grupo de mulheres armadas. "Ninguém falou comigo nem me explicou por que estavam me prendendo", ela disse ao repórter. "Uma das mulheres da brigada se aproximou e apontou sua arma para mim. Então ela testou meus conhecimentos sobre oração, jejum e o hijab." O "crime" dessa garota foi andar sem um acompanhante e não ajeitar apropriadamente seu véu na cabeça.

Quando a vida é dominada pelo medo de pequenas infrações, que espaço sobra para se pensar sobre as questões maiores? Por não amarrar seu lenço como se deve, uma mulher é espancada. Essa é a contrapartida teológica da teoria americana das "janelas quebradas", segundo a qual consertar pequenas avarias e tirar mendigos das ruas impediriam que pequenos crimes levem a transgressões violentas mais graves. Na teoria de ordenar o certo e proibir o errado, cada pequeno ato, cada infração menor tem potencial para se tornar um crime religioso importante. Quem consegue pensar em direitos, na educação ou na economia quando uma distração trivial no vestir-se pode ter consequências tão monumentais?

Também no Iraque o tumulto político atual criou oportunidades para a vigilância paramilitar disfarçada de policiamento religioso. Para os homens homossexuais iraquianos, o perigo é agora muito maior do que sob o regime de Saddam Hussein. Como observou a revista *The Economist*, "Até os homens apenas suspeitos de serem gays estão sujeitos a rapto, estupro, tortura e assassinato extrajudicial" por juízes autonomeados e esquadrões da sharia, que se acham no direito de ordenar o certo e proibir o errado. Um homem gay que foi raptado torcia para que seus sequestradores não revelassem sua orientação sexual à sua família, cuja vergonha o forçaria a não ver seus parentes nunca mais. Mas centenas de outros sofreram um destino muito pior nas mãos de esquadrões da morte religiosos que patrulham as ruas das grandes cidades do Iraque à procura de "homens afeminados".

Como noticiou o semanário *Der Spiegel*, "Em Bagdá logo no início do ano começou uma nova série de assassinatos contra homens suspeitos de serem gays. Muitos são estuprados, têm a genitália decepada e o ânus fechado com cola. Seus corpos são deixados em lixões ou largados na rua". Nas palavras do líder da principal organização iraquiana de lésbicas, gays, bissexuais e transgêneros, "o Iraque é o lugar mais perigoso do mundo para as minorias sexuais". Até na Turquia, onde a homossexualidade é lícita e para onde acabam fugindo muitos iraquianos e iranianos, houve o assassinato por honra de um jovem gay, executado pelo próprio pai do desafortunado rapaz. (Evidentemente a hipocrisia nessa questão é crassa, pois em todos os países islâmicos existem populações significativas de gays e lésbicas. Dada a dificuldade logística de ter relações com mulheres, por exemplo, há muito tempo homens árabes recorrem a outros homens para satisfazer suas necessidades sexuais. No Afeganistão, também, membros ricos de tribos sabidamente compram meninos para seu prazer pessoal.)

Muitas religiões têm dificuldades para aceitar a homossexualidade, isso nem é preciso dizer. Alguns países de maioria cristã na África tornaram-se lastimavelmente homofóbicos nos últimos anos. Mas neles não se prescreve a sentença de morte para gays.

CRIMES DE HONRA NOS ESTADOS UNIDOS

A prática de ordenar o certo e proibir o errado não é um problema apenas nos países de maioria muçulmana. Cada vez mais, é problema também nas comunidades de imigrantes muçulmanos no Ocidente.

Não deixo de me assombrar com a relutância de norte-americanos comuns em acreditar que mortes por questões de honra também acontecem nos Estados Unidos. Em outubro de 2009, por exemplo, Noor al-Maleki, de vinte anos, foi morta por seu pai em um subúrbio de Phoenix, Arizona. Ele a atropelou com seu jipe em um estacionamento, esmagou seu corpo sob as rodas. A moça não morreu instantaneamente. Ficou ali, arquejante, com sangue jorrando da boca. O que ela tinha feito para que seu pai a considerasse merecedora de uma morte assim? A resposta é que ela gostava de maquiagem, rapazes e música ocidental e esperava ser capaz de sustentar a si mesma. Além disso, não quis se submeter a um casamento que seu pai arranjara para ela com um iraquiano que precisava de um *green card* para poder residir permanentemente nos Estados Unidos. Noor queria escolher seu próprio destino. Mas o pai escolheu para ela. Membros da comunidade iraquiana local defenderam o ato desse pai. Uma mãe de trinta e poucos anos que rezava em uma mesquita local declarou à revista *Time*, usando a filha como intérprete: "Acho que o que ele fez está certo. A filha é dele, e nossa religião não permite fazer o que ela fez".[14] (Um júri no Arizona considerou-o culpado de homicídio qualificado de segundo grau e sentenciou-o a 34 anos de prisão.)

Ou vejamos o caso do taxista egípcio em Dallas, Texas, que deu onze tiros em suas filhas Sarah e Amina, de dezessete e dezoito anos, por saírem com rapazes não muçulmanos. Em uma vigília em honra às duas moças, o irmão delas pegou o microfone e declarou: "Elas puxaram o gatilho, não meu pai".[15] Ou Fauzia Mohammed, que foi apunhalada onze vezes por seu irmão ao norte da cidade de Nova York porque trajava "roupas indecentes" e era uma "má muçulmana". Ou Aiya Altameemi, cujo pai nascido no Iraque encostou-lhe uma faca na garganta para que sua mãe e irmã a amarrassem na cama e a espancassem porque ela fora vista conversando com um rapaz perto de sua casa no Arizona. Vários meses antes, a mãe de Aiya queimara o rosto da filha com uma colher quente porque ela recusara se casar com um homem duas vezes mais velho. Fauzia e Aiya sobreviveram, mas ficaram marcadas para o resto da vida.

Crimes semelhantes também são cometidos no Canadá. O imigrante afegão multimilionário Muhammad Shafia matou sua primeira esposa e três filhas trancando-as no carro e empurrando o veículo para dentro de um canal (talvez elas já tivessem sido afogadas em outro lugar) porque as meninas estavam ficando "ocidentalizadas demais". Aqsa Parvez, uma garota de dezesseis anos, vivia em Toronto e queria ser designer de moda. Seu pai e seu irmão a estrangularam porque ela se recusava a usar o hijab.

Não pode haver desculpa para atos torpes como esses. Não pode haver uma defesa cultural aceitável. Nunca deveria ser o destino de uma mulher ou menina morrer pelas mãos de seus parentes — muito frequentemente, nos casos norte-americanos documentados, pelas mãos do próprio pai — em nome de alguma noção antiquada de honra familiar. Tampouco se pode permitir que uma comunidade encubra o crime sob alegação de fé ou tradição cultural.

No Ocidente, a violência por questão de honra é muito frequentemente mesclada à violência doméstica. De fato, muitas vezes é sob esse rótulo que os executores da lei e os meios de comunicação locais, às vezes movidos por uma espécie de impulso de autocensura, relatam os casos de violência por motivo de honra. Não divulgar casos desse tipo incentiva as pessoas a acreditar que a violência por honra "não acontece aqui" ou que, se acontece, é algo que se equipara ao caso de um bêbado que dá um soco no olho da mulher ou ameaça o filho com uma arma de fogo.

Mas, ao contrário da violência ou abuso doméstico, casos em que quase sempre mulheres e crianças (e às vezes também homens) são agredidas a portas fechadas, a violência por honra não precisa acontecer em âmbito privado. Em vez disso, é comum os perpetradores terem o apoio declarado da família ou da comunidade. Não há estigma, pois acredita-se que o perpetrador está agindo corretamente. Não há necessidade de deixar ferimentos apenas onde eles não serão visíveis. Na verdade, pode haver o apoio social e até a redenção em um corpo mutilado, em um rastro de sangue. Para escapar de uma morte medonha, uma possível vítima da violência por honra tem de se afastar não só daquele que a maltrata, mas também de toda a sua família e comunidade cultural.

Sempre que os partidários da violência por honra dizem "É a nossa religião", é preciso que haja uma réplica correspondente: "O assassinato — e sobretudo o infanticídio — não pode ser sancionado por nenhuma religião, por nenhuma fé, por nenhum Deus".

Consideremos o caso do paquistanês no Brooklyn que matou a mulher a pauladas porque ela lhe serviu lentilha em vez da carne de cabrito que ele tinha pedido. Embora ele tenha 75 anos e ela tivesse 66, o homem transformou o corpo da esposa em "uma massa ensanguentada". O advogado dele iniciou a defesa com a proposição de que aquele fora um ato culturalmente apropriado porque "ele acreditava que tinha o direito de bater em sua mulher para discipliná-la". Ao fim do julgamento, o mesmo advogado declarou que a prisão seria "uma opressão" porque o homem não teria acesso a comida paquistanesa. O juiz de Nova York sentenciou o assassino à prisão perpétua, sem direito a condicional por dezoito anos.[16] Mas, se fosse em uma região onde vigora a sharia, esse incidente teria sido ao menos informado às autoridades, será que teria sido levado a julgamento?

ORDENAR O ERRADO

Em 2010, na cidade britânica de Derby, Kabir Ahmed e quatro outros homens muçulmanos distribuíram e puseram em caixas de correio um folheto intitulado "Pena de morte?". Ilustrava o folheto a imagem de um manequim enforcado, com a mensagem de que a homossexualidade é punida com a morte no islã: "A sentença de morte é o único modo de eliminar esse crime imoral que corrompe a sociedade e dissuadir qualquer outra pessoa doente que tenha alguma remota inclinação nesse sentido". E prosseguia: "A única disputa entre as autoridades clássicas era o método a ser empregado na aplicação do código penal"; o folheto propunha, como métodos apropriados para a execução, queimar, jogar de alguma parte alta, como uma montanha ou um prédio, ou matar por apedrejamento. Também foram distribuídos outros dois folhetos, intitulados "Transforme-se ou queime" e "Deus abomina você".

Em seu julgamento por incitar ódio em razão de orientação sexual, ocorrido em 2012, Ahmed alegou que estava apenas difundindo a palavra de Deus ensinada no islã: "Minha intenção era cumprir meu dever de muçulmano, informar às pessoas a palavra de Deus e transmitir a mensagem sobre o que Deus diz a respeito da homossexualidade". Segundo a BBC, Ahmed também disse ao tribunal que julgava ser seu dever de muçulmano informar e aconselhar as pessoas se elas estivessem cometendo pecados, e que ele estaria errado se não o fizesse. "Meu dever não é apenas me aperfeiçoar, mas tentar aperfeiçoar a sociedade em que vivo", acrescentou. "Acreditamos que não podemos simplesmente ficar de braços cruzados vendo outros pecarem, temos de tentar aconselhá-los e exortá-los a se manterem longe do pecado."[17]

Ahmed foi condenado a quinze meses de prisão. Depois de ser solto, deixou a mulher e três filhos pequenos e aderiu ao EI. Em 7 de novembro de 2014, dirigiu um caminhão carregado de explosivos de encontro a um comboio da polícia iraquiana no norte de Bagdá, matando a si mesmo, um general iraquiano e sete policiais, e ferindo outros quinze.[18] Poucos meses antes ele havia declarado a um repórter da *Newsweek*: "É em nome [...] da religião e [...] da honra. Não somos feitos para esta vida, mas para a vida após a morte".[19] Eis em ação a doutrina do ordenar o certo e proibir o errado.

O caso de Ahmed está longe de ser o único. Vejamos, por exemplo, a transmissão de uma estação de rádio muçulmana em Leeds, Inglaterra, durante o Ramadã, em 2011. Falando em urdu, Rubina Nasir disse aos ouvintes do programa *Sister Ruby Ramadan Special*, da rádio Asian Fever:

> O que deve ser feito se eles [praticarem a homossexualidade]? Se houver duas pessoas assim entre vocês, que cometam essa perversidade, esse ato vergonhoso, o que você tem de fazer? Torturá-los; puni-los; espancá-los e infligir-lhes tortura mental. Alá manda: "Se eles cometerem esse ato, puni-os, física e mentalmente. Punir mentalmente significa repreendê-los, espancá-los, humilhá-los, admoestá-los e amaldiçoá-los, e surrá-los. Essa ordem foi dada no princípio porque a pena capital ainda não tinha sido decretada".[20]

No dia seguinte, Nasir estava de volta à rádio, falando sobre o que acontece quando um muçulmano, homem ou mulher, se casa com um *mushrak* — aquele que associa Deus a outro (Jesus), isto é, um cristão:

> Ouvintes! O casamento de um homem ou mulher muçulmano com um *mushrak* é um caminho direto para o fogo do inferno. Ter minhas irmãs e irmãos vivendo com pessoas de religiões ruins ou religiões estrangeiras, já pensaram no que seria dos filhos que teriam com eles — e da próxima geração? Onde está presente a imundície do *shirk* [o pecado de seguir outra religião], onde está presente a sujeira do *shirk*, onde o coração é impuro, como fazer para remover a imundície visível? Quantas providências vocês to-

mam para remover a imundície visível? Estamos dizendo que os *mushraks* não têm noção de pureza e impureza.[21]

Por esses comentários, a rádio foi multada em 4 mil libras, mas nada se fez para suspender sua licença de transmissão.

Diante de atos de flagrante intolerância como esses, abusos da liberdade de expressão, uma sociedade livre precisa sem dúvida fazer mais. Porque a intolerância é a única coisa que uma sociedade livre não pode se dar ao luxo de tolerar.

Só quando os muçulmanos — particularmente os que estão em países ocidentais — forem livres para dizer o que quiserem, para rezar ou não rezar, para permanecer muçulmanos ou se converter, ou para não ter fé nenhuma, só quando as mulheres muçulmanas forem livres para se vestir como quiserem, para escolher o companheiro que quiserem — só então estaremos no caminho para descobrir o que é verdadeiramente certo e o que é verdadeiramente errado no século XXI. Ordenar o certo e proibir o errado contraria fundamentalmente o princípio ocidental elementar da liberdade individual. Também essa injunção tem de ser removida do credo islâmico central.

7. Jihad
Por que a convocação para a guerra santa é uma licença para o terror

Não se espera que ocorra uma guerra santa em Ottawa, a capital gelada do Canadá. Mas em outubro de 2014, um jovem muçulmano chamado Michael Zehaf-Bibeau atirou em um soldado canadense desarmado que estava de guarda diante do túmulo do soldado desconhecido, no Memorial Nacional de Guerra, depois ele próprio foi morto em uma troca de tiros dentro do Salão de Honra do Parlamento Canadense. Logo em seguida, um leitor do *Washington Post* deixou este recado no site do jornal:

> O Isil, por meio de uma inacreditável campanha de marketing, recrutamento e promoção via internet, está mandando uma mensagem que vem sendo bem-aceita pelos ocidentais. Os governos e a sociedade do Ocidente precisarão descobrir como e por que essa mensagem de morte é mais atrativa do que a vida que seus países oferecem a essas pessoas.

Essa é a pergunta que, sob várias formas, é feita depois de cada atrocidade, quer aconteça na cidade de Oklahoma, quer em

Sydney, na Austrália. Depois que o soldado britânico Lee Rigby foi baleado, esfaqueado e quase decapitado à luz do dia em uma rua londrina por dois muçulmanos convertidos, fez-se a mesma pergunta. Um dos homens, Michael Adebolajo, entregou sua resposta por escrito em um bilhete que ele passou a um espectador estarrecido. Ele dizia:

> A meus filhos amados, saibam que combater os inimigos de Alá é uma obrigação. As provas disso são tão numerosas que apenas um punhado delas corta fora as línguas enfeitiçantes dos *munafiqeen* [hipócritas].
> Não passem os seus dias em disputas intermináveis com os covardes e os tolos se isso retardar seu encontro com os inimigos de Alá no campo de batalha.
> Às vezes os covardes e os tolos são aqueles de quem vocês mais gostam, por isso estejam preparados para se afastar deles.
> Quando seguirem por esse caminho, não olhem à esquerda nem à direita.
> Busquem *shaheedala*, ó meus filhos.[1]

"Shaheedala" significa martírio em nome de Alá. É a suprema obrigação — e recompensa — do imperativo islâmico da jihad: a guerra santa.

A ordem para fazer a jihad é tão antiga quanto o Alcorão, mas na época de Maomé não existiam armas automáticas, granadas lançadas por foguetes, dispositivos explosivos improvisados, coletes suicidas. Não era possível deixar bombas caseiras em mochilas perto da linha de chegada de uma corrida.

A carnificina que eclodiu em 15 de abril de 2013 a cerca de cinquenta metros da linha de chegada da Maratona de Boston foi, ao que tudo indica, perpetrada por dois irmãos, Tamerlan e Dzhokhar Tsarnaev. Nascidos na ex-União Soviética, filhos de um tchetcheno que pedira asilo nos Estados Unidos em 2002, cada um dos irmãos recebera as dádivas da educação gratuita, da moradia gratuita e da assistência médica gratuita de vários órgãos governamentais norte-americanos. O mais novo, Dzhokhar, já tinha obtido a cidadania americana, concedida a ele justamente no dia 11 de setembro. Tamerlan estava apenas aguardando que seus documentos definitivos de cidadania ficassem prontos. Os irmãos passaram meses em preparação para que seu atentado acontecesse no Dia do Patriota, que celebra os heróis da Revolução Americana. Como explicar essa assombrosa ingratidão à terra que os adotou?

Dzhorkhar Tsarnaev fez pelo menos um esboço de explicação em um bilhete escrito pouco tempo antes de ser detido:

> Invejo meu irmão que recebeu a recompensa do *jannutul Firdaus* [o nível mais elevado do paraíso] (*inshallah*) antes de mim. Não estou triste, pois a alma dele está muito viva. Deus tem um plano para cada pessoa. O meu era me esconder neste barco e lançar alguma luz sobre os nossos atos. Peço a Alá que faça de mim um *shahied* (iA) [um mártir *inshallah*] que me permita retornar para ele e estar entre todos os justos nos níveis mais elevados do paraíso. Aquele a quem Alá guia, ninguém pode desencaminhar. A[llah Ak]bar![2]

Tsarnaev deixou também este relato explícito das motivações dele e do irmão: "A *ummah* começa a se erguer/ [ininteligível] acordou os *mujahidin*, saibam que estão combatendo homens que olham dentro do cano da sua arma e veem o céu, e então, como podem competir com isso[?]".[3]

Dzhokhar Tsarnaev está muito longe de ser o único jovem do Ocidente que se deixou enfeitiçar pela jihad. Pense na vida quase perfeita, totalmente americana de Faisal Shahzad, nascido no Paquistão e também ele naturalizado cidadão dos Estados Unidos. Ele chegou com visto de estudante, casou-se com uma americana, formou-se na faculdade, ascendeu na hierarquia empresarial, se tornou analista financeiro júnior em uma indústria de cosméticos de Connecticut e recebeu a cidadania aos trinta anos. Um ano depois, em 2010, Shahzad tentou explodir o maior número possível de seus concidadãos em um atentado a bomba fracassado dentro de um carro na Times Square nova-iorquina. No julgamento, antes de dar a sentença, o juiz perguntou a Shahzad sobre o voto de lealdade aos Estados Unidos que ele fizera, no qual, como todo indivíduo com cidadania recém-concedida, ele "renuncia absoluta e inteiramente a toda lealdade e fidelidade a qualquer príncipe, potentado, Estado ou soberania estrangeiro, do qual até então fui súdito ou cidadão". Shahzad replicou: "Jurei, mas não falava a sério" — o equivalente jurídico de jurar com uma mão e cruzar os dedos da outra nas costas, porém de consequências muito mais danosas. Em seguida ele lamentou que seu plano tivesse fracassado e acrescentou que teria ficado feliz em sacrificar mil vidas a serviço de Alá. Concluiu predizendo a queda de sua nova pátria, os Estados Unidos.

Quando tentam explicar o caminho violento de alguns islamitas, analistas ocidentais às vezes atribuem tudo a condições econômicas penosas, circunstâncias familiares disfuncionais, confusão de identidade, alienação genérica de homens jovens, falta de integração na sociedade maior, doença mental etc. Alguns da esquerda asseveram que a culpa é da política externa norte-americana.

Nada disso é convincente. A jihad no século XXI não é um problema de pobreza, de educação falha ou de qualquer outra condição social prévia. (Michael Zehaf-Bibeau ganhava mais de 90 mil dólares por ano como funcionário de uma companhia de perfuração em British Columbia, onde também ele proclamou seu apoio ao Talibã e fez piada com os coletes dos homens-bomba, sem repercussões.) Precisamos ir além dessas explicações fáceis. O imperativo da jihad está arraigado no próprio islã. É uma obrigação religiosa.

Mas ele também reflete a influência das mentes estratégicas por trás da jihad global, em especial: Sayyid Qutb, autor de *Milestones*, que explicitamente argumentou que o islã não é apenas uma religião, e sim um movimento político revolucionário; Abdullah Azzam, mentor de Osama bin Laden, que propôs uma teoria da jihad pela ideia do "lobo solitário" individualista; e o general do Exército paquistanês S. K. Malik, que no livro *The Quranic Conception of War* [A concepção corânica da guerra] afirma que o único centro de gravidade na guerra é a alma do inimigo e, portanto, o terror é a arma suprema.[4]

Na Grã-Bretanha, o clérigo radical Anjem Choudary declarou: "Acreditamos que haverá a dominação completa do mundo pelo islã". Essa dominação só poderá acontecer por meio da jihad. Com suas palavras, Choudary ajudou a enviar centenas de europeus aos campos de batalha no Iraque e na Síria e a plantar as sementes de ataques jihadistas na Grã-Bretanha. Choudary também apoia as decapitações de americanos e britânicos pelo EI e disse a um repórter do *Washington Post* que as vítimas mereceram morrer. Essa mensagem pode parecer remota e exótica à maioria dos ocidentais, mas corremos risco se a subestimarmos.

O CHAMADO À JIHAD

Entre os meus dezesseis e dezessete anos, quando eu morava no Quênia, eu acreditava na jihad. Com o mesmo entusiasmo dos jovens americanos idealistas que desejam entrar para o Peace Corps da ONU, eu estava pronta para aderir à guerra santa. Para mim, a jihad era algo a almejar além de fazer as tarefas domésticas para minha mãe e avó e de assistir às abominadas aulas de matemática. O ideal da guerra santa me encorajava a sair de casa e me dedicar a ações de caridade para outros. Dava um foco para minha luta íntima; agora eu podia lutar para ser uma muçulmana melhor. Cada prece, cada véu, cada jejum, cada menção a Alá indicavam que eu era uma pessoa melhor ou, pelo menos, que estava no caminho de ser. Eu tinha valor, e se as agruras da vida no bairro de Old Racecourse Road em Nairóbi pareciam esmagadoras, aquilo era apenas temporário. Eu seria recompensada após a morte.

É assim que a jihad costuma ser apresentada inicialmente para a maioria dos jovens muçulmanos: uma manifestação da luta íntima para ser um bom muçulmano. É uma luta espiritual, um caminho para a luz. Mas gradualmente a jihad deixa de ser simplesmente uma luta interior; torna-se uma luta exterior, uma guerra santa em nome do islã por um exército de gloriosos "irmãos" arregimentado contra os inimigos de Alá e os infiéis. E essa jihad marcial soa ainda mais atraente.

As origens da jihad podem ser encontradas nos textos islâmicos fundamentais.[5] Versículos críticos do Alcorão, além de muitos outros do *hadith*, conclamam à jihad, um tipo de guerra religiosa para ampliar a terra governada pelas leis de Alá. Por exemplo:

- 9:5: "Mas quando os meses sagrados houverem transcorrido, matai os idólatras, onde quer que os acheis; capturai-os, acossai-os e espreitai-os; porém, caso se arrependam, observem a oração e paguem o zakat, abri-lhes o caminho. Sabei que Alá é Indulgente, Misericordiosíssimo."
- 8:60 "Mobilizai todo poder que dispuserdes, em armas e cavalaria, para intimidardes, com isso, o inimigo de Alá e vosso, e se intimidarem ainda outros que não conheceis, mas que Alá bem conhece. Tudo quanto investirdes na causa de Alá, ser-vos-á retribuído e não sereis injustiçados."

- 8:39: "Combatei-os até terminar a intriga, e prevalecer totalmente a religião de Alá. […]"
- 8:65: "Ó Profeta, estimula os crentes ao combate. Se entre vós houvesse vinte perseverantes, venceriam duzentos […]."

Hoje em dia essas palavras não perderam nenhum poder de sedução. Apresentadas enganosamente por teóricos modernos da jihad como Qutb, Azzam e Malik, elas podem inspirar prontamente os jovens a tentar reproduzir os feitos dos guerreiros de Maomé em batalhas.

JIHAD CELEBRIDADE

Quando eu era adolescente, apenas algumas décadas atrás, o número de jihadistas que podiam ser recrutados era limitado. Era um processo tedioso encontrar os recrutas certos nas mesquitas e madraçais certos. Requeria uma espécie de política carismática no varejo: selecionar, nutrir e aliciar. Hoje isso é muito mais fácil. Tudo de que um jihadista precisa é um smartphone, e os recrutas o seguirão. Twitter, Tumblr, Instagram e até páginas do Facebook tornaram-se campos de recrutamento virtual de alcance planetário. Para jovens que têm muito poucas chances de alcançar fama e notoriedade em sua situação corrente, a jihad é como um gigantesco selfie. De repente, eles têm seguidores no Twitter e plateia para seus vídeos. De repente, mais e mais pessoas estão prestando atenção neles. Tornam-se celebridades da mídia social.

O estudante egípcio Islam Yaken é um bom exemplo disso. Estudou engenharia, formou-se em direito, era fluente em francês e árabe. Rato de academia que antes postava dicas de exercícios e fotos de seu torso nu em sua página no Facebook, ele deixou o Egito para se juntar ao EI. Em vez de fotos malhando, ele começou a postar imagens de si mesmo a cavalo, de espada em punho. A notícia alastrou-se depressa por sites das redes sociais egípcias e ajudou a amplificar sua recente celebridade.⁶

Os jihadistas não precisam esperar até o martírio para conquistar a fama. Graças à mídia eletrônica, eles podem ser imortalizados num instante. A internet hoje está entupida de fotos e posts de 140 caracteres enviados da Síria e do Iraque. Mostram jihadistas sorridentes, descontraídos, com seus fuzis ou troféus de guerra. Yilmaz, um jovem de família turca nascido na Holanda, postou uma foto sua com um lindo garotinho sírio no colo. Depois que um homem da Flórida, Moner Mohammad Abusalha, fez um ataque suicida com bombas na Síria, uma imagem dele sorridente com um gato no colo apareceu on-line. Outro que alcançou a infâmia instantânea é o sujeito apelidado de Jihadi John [Jihadista John], que aparece com o rosto disfarçado mas com o sotaque inglês claramente audível em vídeos do EI mostrando as cabeças decepadas de dois jornalistas norte-americanos e um membro de uma organização humanitária britânico. Como explica Shiraz Maher do Centro Internacional para o Estudo da Radicalização em King's College, Londres, a mensagem é: "Venha para cá se divertir. Passa a impressão de ser um acampamento de férias de jihadistas".

A jihad parece ter se tornado uma espécie de estilo de vida da moda para jovens indóceis. Vídeos on-line apresentam o "rap da jihad". Existe até um look característico dos jihadistas. Em fotos e vídeos, todos têm a mesma aparência: homens na carroceria de caminhões, brandindo fuzis, barbudos, vestidos de preto. Quer sejam combatentes do EI a caminho de Bagdá, membros do Boko Haram atacando um vilarejo cristão no norte da Nigéria, guerreiros talibãs devastando uma escola em Peshawar, o estilo é praticamente o mesmo.

Mas que não se confunda estilo com substância. Enquanto a

tecnologia moderna permite a grupos jihadistas glamorizar suas atividades, o conteúdo de seus vídeos permanece firmemente alicerçado na tradição islâmica e na teoria da jihad global. Eles são rebeldes com uma causa. Julgam que estão revivendo o glorioso passado da guerra santa, reproduzindo as antigas batalhas de Maomé contra os Quraysh, quando ele e seus homens estavam em tremenda inferioridade numérica mas conseguiram sair vitoriosos, impulsionados pela promessa de Alá de recompensas aos que morressem como mártires.

Eu tinha uns oito anos quando ouvi pela primeira vez histórias sobre o exército do Profeta em minha escola corânica na Arábia Saudita. (Nossos professores nos mostraram filmagens dramáticas que recriavam as batalhas.) Não se engane: os combatentes jihadistas atuais foram criados com essas mesmas histórias — e frequentemente a inépcia dos oponentes da jihad parece fazer a história se repetir. No Iraque, soldados do governo fugiram de seus postos quando o EI atacou, apesar de estarem mais bem armados do que seus atacantes. Na Nigéria também, apesar de substancial assistência ocidental, as autoridades fracassaram miseravelmente em libertar "nossas meninas" do Boko Haram.

Depois do ataque ao consulado norte-americano em Bengasi, Líbia, e do ataque no aeroporto em Karachi, Paquistão, os sites jihadistas se vangloriaram de que Alá enfraquecera o inimigo e permitira a vitória — exatamente a história que ouvi de somalis em 1994, depois que dezoito militares americanos foram mortos e mutilados em Mogadíscio. Até mesmo a libertação do sargento Bowe Bergdahl no Afeganistão em troca de cinco líderes talibãs pode ser descrita como outra vitória dos guerreiros de Alá sobre os infiéis.

Portanto, os jihadistas não são simplesmente jovens rebeldes que sofreram privações e navegaram pelos sites errados. São homens e mulheres com um sentimento de missão sagrada. As palavras ditas por um menino palestino de dez anos após a morte de seu pai refletem bem o que eu quero dizer:

> Por Alá, ó meu pai, eu o amo mais do que à minha própria alma, porém isso é trivial diante da minha religião, minha causa e minha Al-Aqsa [a mesquita em Jerusalém]. Pai, meus olhos não derramarão lágrimas, mas meu dedo puxará o gatilho — esse gatilho de que ainda me lembro. Nunca esquecerei, pai querido, as vezes em que me ensinou o amor pela jihad. Você me ensinou o amor pelas armas, para que eu pudesse ser um cavaleiro, se Alá quiser. Seguirei seus passos e combaterei os inimigos no campo de batalha. Cada gota de sangue que deixou seu corpo puro vale dezenas de balas dirigidas ao peito dos inimigos. Amanhã estarei crescido, amanhã vingarei, e os campos de batalha saberão quem é o filho do Mártir, do comandante, Ashraf Mushtaha. Finalmente, pai, não estamos dizendo adeus; não, eu o verei como um *shahid* [mártir] no paraíso. [Eu sou] Seu filho, que anseia por encontrá-lo, o jovem cavaleiro, Naim, filho de Ashraf Mushtaha.[7]

"Você me ensinou o amor pela jihad." Essa é a mensagem que se ouve hoje por todo o planeta. E milhares estão prestando atenção a ela.

JIHAD GLOBAL

A escala do problema jihadista está aumentando muito mais depressa do que a maioria das pessoas no Ocidente quer reconhecer. Na Universidade de Maryland em College Park, o Consórcio Nacional para o Estudo do Terrorismo e Respostas ao Terrorismo (Study of Terrorism and Responses to Terrorism, Start), parte do Banco de Dados sobre Terrorismo Global, acompanha ataques terroristas no mundo todo. Seus levantamentos constataram que "o terrorismo mundial está atingindo novos níveis de destrutividade", segundo Gary LaFree, diretor do Start e professor de criminologia e justiça criminal em Maryland. Na liderança dessa alta fenomenal está um "crescimento inacreditável" dos ataques jihadistas cometidos por "afiliados da Al-Qaeda". Em 2012, o Start identificou os seis grupos terroristas jihadistas mais letais: Talibã (mais de 2500 vítimas fatais), Boko Haram (mais de 1200), Al-Qaeda na Península Arábia (mais de 960), Tehrik-e Talibã Paquistão (mais de 950), Al-Qaeda no Iraque (mais de 930) e Al-Shabaab (mais de setecentos).

Os números de 2013 e 2014 serão provavelmente ainda maiores. Países como Iraque e Síria são obviamente muito distantes dos Estados Unidos: são quase 9 mil quilômetros de Nova York a Damasco. Até os europeus tendem a pensar que o Oriente Médio é longínquo; afinal, de Londres a Damasco são quase 5 mil quilômetros de distância.

Para muitos de nós, a Síria pode parecer apenas a Bósnia ou a Ruanda desta década; tendemos a supor, com um certo cinismo ou fatalismo, que a próxima década trará uma nova lista de zonas de conflito remotas. Em um plano intelectual, podemos aceitar que deveríamos nos preocupar com jihadistas no exterior, mas no plano emocional a maioria das pessoas no Ocidente continua indiferente. Agora a ascensão dos jihadistas ocidentais está mudando a situação. Quase ninguém nos Estados Unidos, Canadá, na Austrália e Europa poderia escapar do pavoroso espetáculo de um jihadista nascido na Grã-Bretanha decapitando cativos americanos e britânicos indefesos.

Um relatório do AIVD, o serviço de inteligência holandês, descreve um padrão que se evidencia não só na Holanda, mas por toda a Europa Ocidental: jovens muçulmanos passam rapidamente de meros "simpatizantes" dos jihadistas a "combatentes implacáveis" pelo movimento. Não são apenas os apóstatas como eu que agora devem viver com medo; até os muçulmanos moderados enfrentam ameaças. "Os muçulmanos na Holanda que se opõem declaradamente à adesão ao conflito na Síria e contestam o dogma altamente intolerante e antidemocrático do jihadismo têm sido cada vez mais alvos de intimidação física e virtual", segundo o AIVD.[8] Muçulmanos eminentes que se opõem aos jihadistas "não podem sequer aparecer em público sem proteção", enquanto ex--radicais muçulmanos que se afastaram da ideologia violenta são gravemente ameaçados.[9] E a convocação à jihad é transmitida por uma infinidade de canais. Como informa o AIVD, "agora está disponível de várias formas e em muitas línguas, com material que varia dos textos clássicos do movimento a gravações em áudio de palestras e filmes da linha de frente".[10]

Os jihadistas estão em vantagem na Europa — e sabem disso. Em abril de 2014, um jihadista holandês tuitou diretamente ao AIVD o seguinte: "Saudações da Síria! Monitorado intensivamente por anos, mandado de volta quatro vezes e agora tomando Pepsi na Síria? *Que pasa*, o que deu errado?". O relatório da AIVD prevê lugubremente ataques em toda a Europa, a governos, a judeus, a muçulmanos moderados, sunitas e xiitas. A ameaça, conclui a agência, é maior do que nunca.[11]

Por que seria diferente nos Estados Unidos, mesmo que em termos relativos a parcela da população muçulmana seja menor do que na maioria dos países da Europa Ocidental? Um levantamento do Pew em 2007 mostrou que a probabilidade de os muçulmanos norte-americanos com menos de trinta anos de idade acreditarem que explosões suicidas em defesa do islã podem ser justificadas é duas vezes maior do que o mesmo para muçulmanos mais velhos, e que 7% dos muçulmanos americanos entre dezoito e 29 anos dizem ter uma opinião "favorável" sobre a Al-Qaeda.[12]

Embora a proporção possa ser pequena, não é nada desprezível o número absoluto de norte-americanos comprometidos com o islã político e dispostos a pensar em violência para atingir seus objetivos. Outro levantamento do Pew, feito em 2011, constatou que aproximadamente 180 mil muçulmanos americanos consideram de alguma forma justificáveis as explosões suicidas.[13] Abu Bakr al-Baghdadi, o líder do EI, teria dito aos guardas da Reserva do Exército dos Estados Unidos, quando foi libertado depois de quatro anos detido em Camp Bucca, no Iraque: "Vejo vocês em Nova York". Receio que seja apenas uma questão de tempo para que o EI realmente se manifeste em Manhattan.

O islã sempre foi transnacional. Foi fundado, estabelecido e disseminado pelo mundo quando o Estado-nação e a identidade nacional ainda eram, quando muito, incipientes, e o mais das vezes inexistentes. As pessoas pertenciam a tribos, cidades-Estado, impérios ou ordens religiosas. Mas, enquanto o cristianismo foi desde o início configurado para coexistir com Estados e impérios (se eles aceitassem a cristandade), o islã logo de saída aspirou a ser igreja, Estado e império. Um islamita que se preze está fadado a transpor fronteiras. Precisa conquistar poder local, mas seu objetivo supremo é fazer o islã governar o mundo. E hoje pode-se escrever e falar abertamente sobre esse objetivo no Facebook, Twitter e onde bem se entender.

O mentor da mídia social do Estado Islâmico, acredita-se, é Ahmad Abousamra, um homem com cidadania americana e síria que cresceu no confortável subúrbio de Stoughton, em Boston, enquanto seu pai trabalhava como endocrinologista no Hospital Geral de Massachusetts. Ele fez o ensino médio em uma escola particular católica dos Irmãos Xaverianos em Westwood, Massachusetts, e se transferiu no último ano para o colégio Stoughton, onde se formou com distinção. Também entrou para a *dean's list* da Universidade de Northeastern.*

Se essa parece ser uma formação privilegiada, é porque é mesmo. No entanto, segundo o testemunho de agentes do FBI, Abousamra "comemorou" os ataques do Onze de Setembro e, ainda na faculdade no começo dos anos 2000, expressou seu apoio ao assassinato de americanos porque "eles pagavam impostos para sustentar o governo e eram *kufar* [não crentes]". Abousamra fazia suas devoções na mesma mesquita em Cambridge frequentada pelos irmãos Tsarnaev e outros cinco terroristas célebres, entre eles Afia Siddiqui, uma cientista do MIT transformada em agente da Al-Qaeda, conhecida como "Lady Al-Qaeda" e condenada a 86 anos de prisão por planejar um ataque químico a Nova York.

Uma cientista do MIT. Um aluno da *dean's list* da Universidade Northeastern. Esses jihadistas não têm nada de pobres, falta de qualificação e de instrução. Alguns foram beneficiários da melhor educação ocidental que o dinheiro pode pagar. O fato de ainda assim eles se empenharem profundamente na guerra santa contra o Ocidente é demasiadamente desnorteante para aqueles dentre nós que não conseguem imaginar nada mais atrativo do que o modo de vida ocidental. É por isso que buscamos desesperadamente, em toda parte, explicações para seu comportamento — quaisquer explicações, menos a óbvia.

AS RAÍZES DA JIHAD

Logo depois das explosões na Maratona de Boston em 2013, todos se apressaram a negar que os irmãos Tsarnaev tinham sido

---

* A *dean's list* é uma lista dos alunos com bom desempenho acadêmico em uma instituição de ensino médio ou superior em determinado período letivo. (N. T.)

motivados pelo radicalismo religioso. O presidente Obama fez de tudo para não se referir ao islã em suas declarações após a tragédia. Quando se tornou impossível negar que os perpetradores tinham sido mesmo ávidos leitores das diatribes on-line de Abdullah Azzam, um professor e mentor palestino de Osama bin Laden, a Sociedade Islâmica de Boston publicou uma declaração insípida afirmando que "um suspeito discordava da teologia americano-islâmica moderada da mesquita ISB em Cambridge".

E foi mais ou menos a mesma história um mês e pouco depois, em 22 de maio, quando Lee Rigby morreu retalhado em Woolwich. Dali a poucas horas, uma mulher chamada Julie Siddiqi, representando a Sociedade Islâmica da Grã-Bretanha (e convertida à fé), foi aos microfones atestar que todos os bons muçulmanos estavam "nauseados" com o ataque, "como todo mundo". No jornal britânico *The Guardian*, uma manchete citou um muçulmano londrino: "Esses idiotas infelizes não têm nada a ver com o islã". Tente dizer isso ao assassino, que matou Lee Rigby enquanto gritava "*Allahu akbar*" (Deus é grande).

Omar Bakri também afirmou falar em nome da verdadeira fé depois do assassinato em Woolwich. Obviamente ele não estava em frente às câmeras na Inglaterra porque o grupo islamita que ele fundou, Al-Muhajiroun, foi banido em 2010. Por isso ele falou de Trípoli, norte do Líbano, onde ele hoje vive graças a um acordo com o governo libanês que o impede de deixar o país por trinta anos. Uma década antes, em Londres, Bakri ensinara Michael Adebolajo, o assassino acusado de Woolwich que foi filmado na cena. "Um homem pacato, muito tímido, que fazia uma porção de perguntas sobre o islã", Bakri recordou sobre seu aluno, o terrorista. O professor ficou impressionado quando viu no sangrento vídeo do assassinato de Lee Rigby o quanto seu discípulo tinha progredido, "firme, corajoso, bravo. Não fugiu. [...] O Profeta disse que um infiel e seu matador não se encontrarão no inferno.

É uma linda sentença; que Deus o recompense por suas ações. [...] Não vejo isso como um crime segundo os princípios do islã".[14]

Omar Bakri não está inventando palavras de Maomé. Se o Alcorão ou o *hadith* exortam o crente a matar infiéis ("Matai-os onde quer que os encontreis" [2:191]) ou a decapitar ("E quando vos enfrentardes com os incrédulos (em batalha), golpeai-lhes os pescoços, até que os tenhais dominado, e tomai (os sobreviventes) como prisioneiros" [47:4]) — ou a açoitar adúlteros e apedrejá--los até a morte (Sahih Muslim 17:4192), então não podemos ficar tão surpresos quando fundamentalistas fazem precisamente essas coisas. Aqueles que dizem que os carniceiros do Estado Islâmico estão interpretando mal esses versos estão muito enganados. O próprio Alcorão ordena explicitamente que não se tenha piedade.

Ou considere-se o caso do Boko Haram, a organização que atraiu brevemente a atenção do público americano quando raptou 276 estudantes nigerianas no ano passado. A tradução da língua haussá para "Boko Haram" apresentada pela mídia ocidental costuma ser "Proibida Educação Ocidental". Mas talvez o mais exato seja "Proibido Ensinamento Não Muçulmano". Assim como os indivíduos que praticam atos terroristas, organizações como o Boko Haram não surgem do nada. Os homens que criam esses grupos, na África, Ásia ou mesmo na Europa, são membros de comunidades muçulmanas estabelecidas há muito tempo, cujos indivíduos, em sua maioria, contentam-se em levar uma vida pacífica. Para entender por que os jihadistas estão prosperando, precisamos entender a dinâmica dessas comunidades.

Tudo começa de um modo bem simples, em geral com uma associação de homens dedicados à prática da *sunnah* (a tradição de orientar-se pelo profeta Maomé). Há um pregador líder, mais ou menos como Boqol Sawm, o imame da Irmandade Muçulmana que conheci quando adolescente em Nairóbi. Boa parte da pregação do jovem tratará do lugar das mulheres. Ele recomendará que as meninas e mulheres sejam mantidas em casa e cobertas da cabeça aos pés caso tenham de sair. Também condenará a permissividade da sociedade ocidental.

Que tipo de resposta ele encontrará? Nos Estados Unidos e na Europa, talvez alguns muçulmanos moderados, discretamente, chamem a atenção das autoridades para ele. As mulheres talvez expressem preocupação quanto aos ataques às suas liberdades. Mas em outras partes do mundo carentes de lei e ordem, esses jovens e suas mensagens extremistas podem prosperar. Em especial onde há governos fracos, corruptos ou inexistentes, a mensagem do Boko Haram e seus congêneres é especialmente atrativa. Eles podem, plausivelmente, atribuir a pobreza à corrupção oficial e oferecer como antídoto os princípios puros do Profeta.

Mas por que tantos jovens passam dessas palavras para a violência? De início eles podem contar com certa admiração por essa mensagem fundamentalista no seio de suas próprias comunidades. Alguns talvez deparem com a oposição de líderes muçulmanos estabelecidos que se sentem ameaçados. Mas o pregador e seus seguidores perseveram, pois a perseverança na *sunnah* é uma das principais chaves para o paraíso. E, com o tempo, o número de seguidores cresce ao ponto de ser tão grande quanto o dos líderes estabelecidos da comunidade. É então que se põem as cartas na mesa — e o argumento da "guerra santa" de repente faz sentido para o líder e para os seguidores.

A história do Boko Haram seguiu exatamente esse roteiro. O grupo foi fundado em 2002 por um jovem islamita chamado Mohammed Yusuf, que começou a pregar em uma comunidade muçulmana no estado de Borno, no norte da Nigéria. Ele fundou um complexo educacional que incluía mesquita e escola islâmica. Por sete anos, famílias, em sua maioria pobres, afluíram para ouvir sua mensagem. Mas em 2009 o governo nigeriano investigou o Boko Haram e por fim prendeu vários membros, inclusive Yusuf.

Essa medida provocou uma reação violenta que deixou aproximadamente setecentos mortos.

Yusuf logo morreu na prisão — o governo declarou que ele foi morto quando tentava fugir. Mas as sementes haviam sido plantadas. Encabeçado por um dos assistentes de Yusuf, Abubakar Shekau, o Boko Haram lançou-se à jihad. Em 2011, o grupo desferiu seu primeiro ataque terrorista em Borno. Quatro pessoas foram mortas, e dali por diante a violência tornou-se um componente, ou talvez o aspecto principal de sua missão.

Não é mais plausível dizer que organizações como o Boko Haram — ou o Estado Islâmico — não têm nenhuma ligação com o islã. Não tem mais credibilidade a definição de "extremismo" como uma ameaça incorpórea de morte sem nenhum alicerce ideológico, um problema com o qual se deve lidar somente com métodos militares, de preferência ataques por drones. Precisamos combater a raiz da violência que hoje assola nosso mundo, e essa raiz é a própria doutrina islâmica.

A PRÁTICA DA JIHAD: A GUERRA MUNDIAL CONTRA OS CRISTÃOS

Uma das manifestações mais devastadoras da jihad na era moderna é a violenta opressão das minorias cristãs em países de maioria muçulmana no mundo todo.

Na história islâmica, a terra controlada pelo islã é chamada de *dar al-Islam* (a morada do islã). A terra controlada por não muçulmanos é *dar al-Harb* (a morada da guerra).[15] Historicamente, depois de serem conquistados por muçulmanos, os grupos considerados Povos do Livro, entre eles judeus, cristãos e zoroastristas, foram obrigados a pagar um tributo especial, a *jizya*, como marca de sua humilhação. Se o fizessem, estavam autorizados a manter sua religião (9:29). No entanto, também sempre existiu no islã uma veia "eliminacionista". O próprio Profeta prometeu "expulsar os judeus e cristãos da Península Arábica e [...] não deixar senão muçulmanos" (Sahih Muslim, 19:4363-67). O Alcorão (5:51) alerta os muçulmanos: "Ó crentes, não tomeis por confidentes os judeus nem os cristãos". Homens muçulmanos podem se casar com judias ou cristãs, mas as muçulmanas não podem desposar não muçulmanos porque, sob a lei islâmica, a identidade religiosa dos filhos é transmitida pelo pai (5:5).

Os islamitas modernos vão além. Em alguns países, o governo e seus agentes patrocinam abertamente a violência contra os cristãos, queimando igrejas e aprisionando cristãos praticantes. Em outros, grupos rebeldes e autoproclamados vigilantes encarregam-se disso, assassinando cristãos, expulsando-os de regiões onde estavam arraigados por séculos. Frequentemente os líderes e governos locais pouco fazem para impedi-los, ou simplesmente fingem que não veem.

Esse fenômeno da cristofobia (em contraste com a muito mais discutida "islamofobia") recebe notavelmente pouca atenção da mídia ocidental. Parte dessa reticência talvez se deva ao temor de provocar ainda mais violência. Mas outra parte resulta claramente de esforços muito eficazes de grupos lobistas, como a Organização de Cooperação Islâmica (Organization of Islamic Cooperation) e o Conselho sobre Relações Americano-Islâmicas (Council on American-Islamic Relations). Na década passada, esses grupos e outros semelhantes tiveram um êxito impressionante em persuadir jornalistas e editores do Ocidente a classificar como uma expressão de islamofobia profundamente arraigada cada caso de discriminação percebida a muçulmanos. Isso, obviamente, estende-se com uma antilógica orwelliana à cobertura da violência muçulmana contra cristãos. Mas qualquer avaliação imparcial de acontecimentos recentes leva à conclusão de que a escala e a gravidade da islamofobia são eclipsadas pela cristofobia patente em países de maioria muçulmana de um extremo ao outro do planeta.

Consideremos a Nigéria, onde a população se divide quase igualmente entre cristãos e muçulmanos, que há anos vivem no limiar da guerra civil. Agora as consequências aumentaram drasticamente com os ganhos obtidos pelo Boko Haram, que prometeu matar todos os cristãos da Nigéria e está fazendo tudo para cumprir a palavra. Na primeira metade de 2014, o Boko Haram matou no mínimo 2053 civis em 95 ataques.[16] Usaram machetes, armas de fogo e bombas de gasolina, com gritos de "*Allahu akbar*" (Deus é grande) durante os ataques, um dos quais — em uma reunião no dia de Natal — matou 42 católicos. Houve ataques a bares, salões de beleza e bancos. Assassinaram clérigos, políticos, estudantes, policiais e soldados cristãos.

No Sudão, o autoritário governo dos muçulmanos sunitas do norte do país atormenta há décadas as minorias cristãs (e também as animistas) do sul. O que frequentemente se designa como uma guerra civil é, na prática, a contínua política de perseguição pelo governo sudanês, que culminou no infame genocídio em Darfur, iniciado em 2003. Embora o presidente muçulmano do Sudão, Omar al-Bashir, tenha sido acusado no Tribunal Penal Internacional em Haia com três imputações de genocídio, e apesar da euforia com que foi recebida a independência do Sudão do Sul em 2012, a violência não cessou. Em Kordofan Sul, por exemplo, os cristãos continuam sujeitos a bombardeios aéreos, execuções planejadas, raptos de crianças e outras atrocidades. Relatórios das Nações Unidas indicam que há hoje 1 milhão de desalojados internos no Sudão do Sul.[17]

Esses dois tipos de perseguição — por grupos não governamentais e por agentes do Estado — aconteceram simultaneamente no Egito na esteira da Primavera Árabe. Em 9 de outubro de

2012, na área de Maspero, no Cairo, cristãos coptas, que compõem aproximadamente 5% da população egípcia de 81 milhões de pessoas,[18] fizeram uma passeata para protestar contra uma onda de ataques por islamitas que incluiu incêndios de igrejas, estupros, mutilações e assassinatos, ocorrida em seguida à derrubada da ditadura de Hosni Mubarak. Durante o protesto, forças de segurança egípcias entraram com seus caminhões no meio da multidão e atiraram nos manifestantes, esmagando e matando no mínimo 24 pessoas e ferindo mais de trezentas.[19] Menos de dois meses depois, dezenas de milhares de coptas haviam fugido de suas casas com medo de mais ataques.[20]

O Egito não é o único país árabe onde minorias cristãs passaram a ser atacadas. Mesmo antes do surgimento do EI era perigoso ser cristão no Iraque. Desde 2003, só em Bagdá foram mortos mais de novecentos cristãos iraquianos (a maioria assírios) e setenta igrejas foram incendiadas, segundo a Agência de Notícias Internacionais Assíria (Assyrian International News Agency, Aina). Milhares de cristãos iraquianos fugiram em consequência da violência específica contra eles, e o número de cristãos no país reduziu-se de pouco mais de 1 milhão, antes de 2003, para menos de meio milhão hoje em dia. Compreensivelmente, a Aina classifica essa situação como "um genocídio ou limpeza étnica incipiente dos assírios no Iraque". O extermínio recente, por forças do EI, da população cristã existente há 2 mil anos em Mosul é apenas o mais recente episódio de uma campanha de perseguição. Ameaçados de morte ou conversão forçada, os cristãos fugiram de Mosul e tiveram seus bens roubados e saqueados, suas casas marcadas com um N (de nazarenos) e suas igrejas profanadas.

Um morador de Mosul, Bashar Nasih Behnam, escapou com seus dois filhos. "Não ficou nenhuma família cristã em Mosul", ele diz. "A última era uma mulher cristã inválida. Eles foram até lá e disseram a ela: você vai ter que ir embora, senão vamos cortar a sua cabeça com uma espada. Essa foi a última família." Os que fugiram também foram roubados: os combatentes do EI tiraram seu dinheiro e ouro, rasgaram as orelhas das mulheres para arrancar brincos e confiscaram os celulares.

E há países em que a intolerância é parte integrante do código jurídico nacional. Os cristãos do Paquistão são uma minoria irrisória: apenas 1,6% de uma população de mais de 180 milhões de pessoas. Mas estão sujeitos a segregação e discriminação colossais: só podem fazer compras em poucas lojas mal abastecidas, estão proibidos de pegar água em poços reservados a muçulmanos e são forçados a sepultar seus mortos empilhando-os em cemitérios minúsculos porque muçulmanos não podem ser sepultados perto de pessoas de outras fés.

Além disso, eles estão sujeitos às leis paquistanesas draconianas sobre a blasfêmia, que determinam a ilegalidade de declarar crença na Santíssima Trindade cristã. Quando um grupo cristão é suspeito de transgredir as leis da blasfêmia, as consequências podem ser brutais. Na primavera de 2010, o escritório do grupo de ajuda cristão World Vision foi atacado por dez homens armados com granadas, deixando seis mortos e quatro feridos. Um grupo militante muçulmano declarou-se responsável pelo ataque e justificou que o World Vision estava trabalhando para subverter o islã. (Na verdade, a organização estava ajudando os sobreviventes de um grande terremoto.)

Nem a Indonésia — tão louvada como o país de maioria muçulmana mais tolerante, democrático e moderno — está imune à febre da cristofobia. Entre 2010 e 2011, segundo dados compilados pelo site Christian Post, o número de incidentes violentos contra minorias religiosas (os cristãos são a minoria mais expressiva do país, com 8% da população) aumentou quase 40%, de 198 para 276 casos.

Apesar de mais de 1 milhão de cristãos que vivem na Arábia

Saudita serem trabalhadores estrangeiros, ali é proibido aos cristãos até mesmo orar em particular. Para impor essas restrições totalitárias, a política religiosa faz batidas regulares em casas de cristãos e os leva a julgamento sob a acusação de blasfêmia, em tribunais onde o testemunho de um cristão tem menos peso que o de um muçulmano perante a lei. A Arábia Saudita proíbe a construção de igrejas, e os livros didáticos no país consagram o dogma anticristão e antijudaico: na sexta série os alunos aprendem que "os judeus e cristãos são inimigos dos crentes". Um livro da oitava série diz: "Os macacos são a gente do Sabá, os judeus, e os suínos são os infiéis da comunhão de Jesus, os cristãos".[21] Até na Etiópia, onde os cristãos são majoritários na população, membros da minoria muçulmana passaram a queimar igrejas.

A violência contra os cristãos não é planejada centralmente nem coordenada por alguma agência islamita internacional. Ela é a expressão de uma animosidade contra os cristãos que transcende culturas, regiões e etnias. Como Nina Shea, diretora do Centro para a Liberdade Religiosa do Instituto Hudson, salientou em uma entrevista à *Newsweek*, em muitos países de maioria muçulmana as minorias cristãs "perderam a proteção de sua sociedade".

A intolerância a outras fés não é exclusividade do islã, evidentemente. O Império Romano perseguiu primeiro os cristãos, depois os não cristãos quando o cristianismo foi adotado como religião oficial do império. Na cristandade medieval não havia "liberdade religiosa" como a reconhecemos hoje; os hereges eram punidos com crueldade; os judeus, perseguidos. Quando o papa Urbano II convocou a primeira Cruzada em 1095, disse aos cavaleiros dispostos a fazer a jornada a Jerusalém que eles teriam todos os pecados do passado perdoados se matassem infiéis na Terra Santa. E quando cristãos europeus partiram para conquistar e colonizar o mundo, o tratamento que dispensaram aos "pagãos" frequentemente foi brutal a ponto de classificar-se como genocídio. Patricia Crone argumenta, no entanto, que no conceito muçulmano de jihad sempre houve uma característica exclusiva: "a crença de que Deus escolheu um povo em detrimento de outros e lhe ordenou que conquistasse o mundo". Os cristãos atuais, com poucas exceções, repudiam a intolerância de outrora. No século XX, os horrores do Holocausto forçaram os pensadores cristãos a confrontar o papel pernicioso do antissemitismo na história europeia. É gritante o contraste com o mundo muçulmano. Neste, a intolerância está em alta e a questão da jihad foi ampliada e agora inclui todos os não crentes.

POR QUE OS JIHADISTAS ESTÃO VENCENDO? PORQUE ESTAMOS DEIXANDO

Em julho de 2014, a perspectiva de uma bandeira com o lema da Shahada ser hasteada em Downing Street, na residência oficial do primeiro-ministro do Reino Unido, chamou a atenção de cem imames britânicos, que assinaram uma carta exortando as "comunidades muçulmanas da Grã-Bretanha a não se deixarem enredar em nenhuma forma de divisão sectária ou discórdia social" e a "prosseguir no esforço generoso e incansável para apoiar todos os afetados pela crise na Síria e pelos acontecimentos em curso no Iraque [...] a partir do Reino Unido, com segurança e responsabilidade". Qari Muhammad Asim, o imame da mesquita de Makkak em Leeds e um dos autores da carta, declarou à rádio BBC: "Os imames de várias formações teológicas uniram-se para transmitir uma mensagem veemente aos jovens muçulmanos britânicos que podem estar inclinados a ir combater na Síria ou no Iraque, dizendo a eles: 'Por favor, não explodam a si mesmos, não ponham em risco as suas vidas e as vidas de outros à sua volta'". Respondendo a uma pergunta, ele foi além: "O islã foi sequestrado e [algumas] pessoas [...] sofreram uma lavagem cerebral completa. É ridículo ao extremo dizer que pessoas, outros seres humanos, são inimigos e por isso devem ser explodidos. Obviamente a mídia social tem um papel imenso nisso, a internet tem um papel imenso na lavagem cerebral e na radicalização das pessoas".[22]

Segundo Asim, mais de cem imames estavam planejando fazer apelos em mídias sociais e em plataformas como o Twitter. Criaram um site, imamsonline.com. "Há muito trabalho a fazer", ele reconheceu. Mas "não é responsabilidade só da comunidade muçulmana e dos imames. É a aplicação da lei, os serviços de inteligência. Todos precisamos trabalhar juntos, em parceria, e assegurar que os jovens muçulmanos da Grã-Bretanha não virem presas dos que querem usá-los para ganhos políticos próprios".

Obviamente, seria muito tranquilizador acreditar que os jihadistas ocidentais são meramente vítimas de uma lavagem cerebral on-line e que uns poucos sites moderados na internet logo resolveriam o problema. Mas a realidade é bem outra. Os recrutados para a causa da jihad não tiveram apenas o azar de navegar pelos sites errados. Desde os anos 1990, imames estrangeiros estabeleceram-se em bolsões em Londres e outras grandes cidades europeias, onde pregam sermões e distribuem gravações de áudio nas quais repetidamente veiculam clamores explícitos pela jihad.

Sem dúvida com a melhor das intenções, o governo britânico abriu suas portas a muitos desses imames, reconheceu muitos deles como necessitados de asilo e lhes ofereceu os costumeiros benefícios do estado de bem-estar disponíveis aos que fogem de perseguição. Para mencionar apenas um caso, a mesquita de Finsbury Park, presidida pelo imame egípcio e hoje terrorista condenado Abu Hamza al-Masri, tinha em sua congregação o "shoe-bomber" [homem do sapato-bomba] Richard Reid; o "vigésimo sequestrador" do Onze de Setembro, Zacarias Moussaoui; o homem que quase explodiu o aeroporto de Los Angeles, Ahmed Ressam; além de Ahmed Omar Saeed Sheikh, que está sendo acusado pelo governo paquistanês de ter assassinado o repórter Daniel Pearl do *Wall Street Journal*.

Em resposta a esse tipo de ameaça, o governo britânico criou o que chama de "estratégia Prevent". A intenção é que a Prevent impeça o aliciamento de britânicos e residentes para atividades e redes terroristas mediante um trabalho conjunto com todos os ramos do governo, desde a educação até a imposição da lei. Por exemplo, a Prevent deve ajudar as autoridades da imigração a negar visto a imames extremistas. Mas a alçada da Prevent é muito abrangente: precisa acompanhar todas as formas de terrorismo, do extremismo de direita a uma coisa chamada vagamente de "extremismo não violento", seja lá o que isso quer dizer.

A possível fragilidade desse esquema pode ser vista nos comentários de um de seus diretores regionais, Farooq Siddiqui, que em 2014 usou uma conversa pelo Facebook para oferecer sua aprovação a britânicos que quisessem viajar para a Síria a fim de combater o regime do presidente Assad, dizendo que aqueles homens tinham "demonstrado sinceridade". Ele comparou aqueles combatentes jihadistas aos judeus britânicos que podiam se juntar às Forças de Defesa de Israel e então retornar ao Reino Unido, e usou a comparação para argumentar que os jihadistas que retornassem da Síria não deviam ser automaticamente detidos. "Se um homem diz que quer ajudar os oprimidos e morre, ele é um mártir", escreveu Siddiqui.[23] Não é imediatamente óbvio o que um homem como Siddiqui vai impedir, exceto uma discussão séria sobre o problema que a Grã-Bretanha está enfrentando.

Graffar Hussein, o diretor administrativo do Quilliam, um *think tank* britânico empenhado em combater o terrorismo, salienta que a jihad atrai porque oferece respostas genéricas que se encaixam em quaisquer problemas complexos. A introspecção não se faz necessária, ele comenta, pois toda a culpa é direcionada para inimigos de fora e para "teorias sobre conspiração antimuçulmana". A narrativa da jihad, portanto, tornou-se a "política-padrão contra a sociedade estabelecida. É um modo de expressar solidariedade e afirmar uma nova identidade audaz, e ao mesmo tempo é um veículo para a restauração do orgulho e da dignidade própria". Em resposta, os "comentaristas muçulmanos tradicionais" — sem falar nos não muçulmanos — não conseguiram articular uma narrativa positiva que não faça apenas reforçar a ideia de que os muçulmanos, por alguma razão, são vítimas. Em suma, o argumento de Hussein é que os jihadistas têm a narrativa mais atraente. Para entender o poder dessa narrativa, examinemos melhor o que motiva jovens muçulmanos educados no Ocidente a se alistarem na jihad.

Em 2013, Umm Haritha, uma canadense de vinte anos, viajou para a Síria, fazendo escala na Turquia, para se alistar no Estado Islâmico. Em uma semana, ela se casou com um combatente do EI, um homem nascido na Palestina que vivera na Suécia. Ele foi morto cinco meses depois, e Umm, viúva, tornou-se blogueira e passou a dar conselhos a quem desejasse ir para a Síria desposar jihadistas e criar uma família no califado do EI.

É interessante ler os textos dessa jihadista. Em uma entrevista via mensagens de texto à rede de notícias canadense CBC, Umm disse que era "da classe média" e que sua decisão de juntar-se à jihad nascera do desejo de "levar uma vida honrada" sob a lei islâmica, em vez de sob as leis dos *kufar*, ou não crentes. Começara sua jornada para a jihad no Canadá, onde usava o *niqab*, um véu que só deixa expostos os olhos. Ela contou aos entrevistadores que os canadenses "zombavam" dela e a hostilizavam, e acrescentou: "A vida era degradante e constrangedora, nada da liberdade de expressão e religião multicultural que eles fingem ter, e quando fiquei sabendo que o Estado Islâmico tinha a sharia em algumas cidades da Síria, isso se tornou uma obrigação automática para mim desde que consegui chegar aqui".[24]

Umm descreve em seus textos on-line a vida em Manbij, uma cidade de 200 mil habitantes, próxima da fronteira com a Turquia, controlada pelo EI, e mostra imagens como a van branca que patrulha as ruas da cidade munida de um alto-falante para lembrar os moradores de suas orações diárias. Ela comenta em tom aprovador que recentemente um homem foi crucificado e decapitado pelo crime de roubar e estuprar uma mulher. Acrescenta que muitos dos que se mudaram para o califado "rasgaram seus passaportes". Abu Bakr al-Baghdadi, o líder do EI que adotou o novo nome de "califa Ibrahim", convocou os muçulmanos do mundo todo a se mudarem para o califado, e disse: "Os que puderem imigrar para o Estado Islâmico devem imigrar, pois a imigração para a casa do islã é um dever". Como explicou o irmão de criação de um britânico radicalizado, os promotores da jihad sabem o que seus recrutas "desejam ardentemente: identidade, respeito, sentimento de poder. Eles apertam todos os botões certos, fazem com que eles se sintam especiais. E assim que você passa pela porta, é como ser da família. Eles cuidam uns dos outros".

Analisemos também uma entrevista ao vivo concedida em 2014 à BBC5 por um homem que se apresentou como Abu Osama. Ele disse que provinha do norte da Inglaterra e que estava treinando com a Frente Al-Nusra na Síria, com o objetivo supremo de fundar um califado (*Khilafah*, em árabe) em todo o mundo islâmico. Osama declarou à BBC: "Não tenho intenção de voltar para a Grã-Bretanha, pois vim para reavivar o *Khilafah* islâmico. Não quero voltar para o que deixei para trás. Não há nada na Grã-Bretanha — só o mal em estado puro". E ressaltou: "Se e quando eu voltar para a Grã-Bretanha, será quando este *Khilafah* — o Estado Islâmico — chegar para conquistar a Grã-Bretanha, e eu irei para hastear a bandeira negra do islã em Downing Street, no Palácio de Buckingham, na Tower Bridge e no Big Ben".²⁵ (Anjem Choudary tinha prometido a mesma coisa, predizendo que a bandeira negra do EI adejaria sobre Downing Street e sobre a Casa Branca assim que terminasse a grande batalha global hoje em curso.)

Narrativas aparentemente tresloucadas como essa não são tão raras; na verdade, apresentam a jihad exatamente do modo como ela sempre foi ensinada. "Se você analisar a história do islã", disse o jovem jihadista Osama, "verá que o Profeta lutou contra os que lutaram contra ele. Ele nunca lutou contra quem nunca combateu o Estado Islâmico. Aqui onde estou, as pessoas nos amam, as pessoas amam os *mujahidin*, os guerreiros". Quanto aos parentes de Osama, de início acharam "difícil de aceitar", mas ele acabou por conquistá-los para sua "boa causa". Como explica Osama: "Estão um pouco assustados, mas eu digo a eles que nos encontraremos no além. É apenas uma separação temporária. Eles disseram: 'Agora entendemos o que você está fazendo', e minha mãe falou: 'Vendi você a Alá. Não quero vê-lo novamente neste mundo'".²⁶

O JIHADISMO É CURÁVEL?

A acadêmica Jessica Stern, da Escola de Governo John F. Kennedy, de Harvard, passou anos estudando o contraterrorismo, especialmente as tentativas de prevenir a disseminação da jihad. Consultaram-na sobre o avanço dos esforços contra a jihad na Holanda depois do brutal assassinato de Theo van Gogh dez anos atrás. Em um artigo recente, ela descreve minuciosamente um programa saudita de reabilitação de jihadistas que "tratou" milhares de militantes, e afirma que os que concluíram o programa foram "reintegrados à sociedade majoritária com muito mais êxito do que o obtido com criminosos comuns".²⁷

Essa iniciativa saudita, Ster salienta, é inspirada em esforços de outros governos em outras regiões do mundo para "desprogramar" vários tipos de criminosos, de neonazistas a barões da droga. O objetivo é levá-los a "abandonar sua ideologia radical ou renunciar a seus meios violentos, ou ambas as coisas". O método envolve um programa de internamento que inclui "aconselhamento psicológico, treinamento vocacional, arteterapia, esportes e reeducação religiosa", juntamente com serviços de "recolocação profissional" para eles e suas famílias, se necessário. Após a conclusão do programa, os formandos — alguns deles ex-detentos do centro de detenção norte-americano na baía de Guantánamo — recebem casa, carro e até dinheiro para custear um casamento. Os sauditas os ajudam até a encontrar esposa.

Mas o programa não termina aí. Segue-se o que Stern descreve como "um vasto programa pós-soltura, que envolve intensa vigilância". Mais ou menos como os condenados por crimes sexuais no Ocidente, os ex-jihadistas serão monitorados durante a maior parte da vida, ou vitaliciamente. Stern explica ainda que a "filosofia norteadora" do programa supõe que "os jihadistas são vítimas, não vilões, e precisam de assistência sob medida". Assim, os sauditas têm um termo muito específico para os participantes do programa: "beneficiários".

Stern afirma que, embora muitos movimentos terroristas "surjam como reação a uma injustiça, real ou imaginada" que seus adeptos "sentem que deve ser reparada", a ideologia geralmente tem um papel limitado quando um indivíduo decide aderir à causa do terror. Ela escreve:

> As razões pelas quais pessoas se tornam terroristas são tão variadas quanto as razões pelas quais outras escolhem suas profissões: condições de mercado, contatos sociais, educação, preferências individuais. Assim como a paixão pela justiça e pela lei que de início ins-

pira um advogado pode não ser o que o mantém trabalhando em uma firma de advocacia, as motivações de um terrorista para permanecer em seu "emprego" ou abandoná-lo mudam com o tempo.

Stern diz ainda que muitos dos terroristas que "alegam ser movidos pela ideologia religiosa sabem pouquíssimo sobre o islã". Os "beneficiários" sauditas, ela escreve, têm pouca educação formal e uma compreensão limitada do islã.

Vejo tudo isso com muito ceticismo, por duas razões. Primeiro, como parte do programa saudita que Stern descreve, clérigos são chamados para ensinar aos beneficiários que apenas "os legítimos governantes de Estados islâmicos, e não indivíduos como Osama bin Laden, podem declarar uma guerra santa. Eles pregam contra o *takfir* (acusar outros muçulmanos de apostasia) e contra a leitura seletiva de textos religiosos para justificar a violência". Um participante do programa disse a Sten: "Agora entendo que não posso tomar decisões lendo um único versículo. Tenho de ler a surata inteira". Por mais bem-intencionada que possa ser essa abordagem, ela deixa intacto o conceito fundamental da jihad.

A segunda razão é que não devemos esquecer que a rede global de jihadistas não existiria na escala atual sem o financiamento saudita — sem falar nos milhões que afluem de outros países do Golfo para organizações terroristas. Como disse Nabeel al-Fadhel, um membro liberal do Parlamento do Kuwait, ao *Christian Science Monitor*: "Nenhuma bomba explode [na Síria] sem que parte de seu material tenha sido financiado pelo Kuwait". Salientando o número imenso de kuwaitianos que fizeram doações à causa jihadista, ele acrescenta que, embora essas pessoas possam "pensar que estão se aproximando de Deus dando esse dinheiro", sua doação "está indo para lugares com que eles nunca sonharam".[28]

As últimas pessoas de quem devemos esperar um combate eficaz à jihad são os governantes daqueles países que, nos últimos trinta anos, têm desempenhado o papel principal no financiamento dos muçulmanos de Medina, os mais fervorosos proponentes da jihad.

DESATIVAR A JIHAD

Em um dos muitos vídeos do EI que podem se encontrados on-line, um britânico que se identifica como irmão Abu Muthanna al Yemeni exalta as virtudes da jihad. Incentiva os muçulmanos estrangeiros a "responder ao chamado de Alá e seu Mensageiro quando Ele o convoca para aquilo que dá a você a vida. [...] O que Ele diz que lhe dá a vida é a jihad".[29] Isso não é retórica vazia. Precisamos dar uma resposta a essas palavras. Precisamos de mais do que uma simples contranarrativa. Precisamos de uma resposta teológica.

A corrida armamentista nuclear da Guerra Fria não foi vencida pelos proponentes do desarmamento unilateral. Por mais que milhares de pessoas participassem de manifestações antinucleares em Londres ou Bonn, mísseis continuaram prontos para disparar nos países da Otan e apontados para os países do Pacto de Varsóvia, que por sua vez tinham mísseis apontados para o Ocidente. O único caminho para o fim da corrida armamentista foi o colapso ideológico e político do comunismo soviético, após o qual ocorreu uma desativação em grande escala (mas não total) de armas nucleares. Analogamente, precisamos reconhecer que estamos diante de um conflito ideológico que não será vencido enquanto o próprio conceito da jihad não for desativado. Também temos de reconhecer que, longe de ser anti-islâmicos, os princípios centrais dos jihadistas têm alicerce na doutrina islâmica vigente há muitos séculos.

O porta-voz do EI Abu Muhammad al-Adnani conclamou

recentemente os muçulmanos a usar de todos os meios para matar um "americano ou europeu não crente — especialmente os malignos e imundos franceses — ou um australiano ou um canadense".[30] "Por favor, não façam isso" não é uma resposta adequada. Como diz Ghaffar Hussain, ele próprio um ex-islamita, "é preciso enfrentá-los, refutá-los, invalidar suas ideias".

Claro que é praticamente impossível redefinir a palavra "jihad" como se o seu chamado às armas fosse puramente metafórico (como na letra do hino inglês, "Avante, soldados cristãos").[31] Há muitas passagens sagradas, muitos exemplos no Alcorão e no *hadith* que os jihadistas podem citar em defesa de sua posição.

Sendo assim, acredito que a melhor opção é tirar a jihad de circulação. Se os clérigos, imames, acadêmicos e líderes nacionais do mundo inteiro declararem que a jihad é *haram*, proibida, teremos então uma clara linha divisória. Imagine o impacto se aqueles cem imames na Grã-Bretanha houvessem renunciado explicitamente a todo o conceito da jihad. Imagine se o reino da Arábia Saudita, a terra dos santuários mais sagrados do islã, renunciasse à jihad em vez de transformar os jihadistas em (ainda mais) beneficiários de sua generosidade.

E se for querer demais que isso aconteça — se os muçulmanos se recusarem a renunciar totalmente à jihad —, então a próxima providência seria refutar sua alegação de que o islamismo é uma religião pacífica. Se existe de verdade no islã a tradição que interpreta a jihad como uma atividade puramente espiritual, como tendem a fazer os muçulmanos sufistas, desafiemos os demais muçulmanos a adotar essa tradição. O próprio cristianismo foi outrora uma fé de Cruzadas, como vimos, mas com o tempo abandonou sua beligerância. Se o islamismo realmente é uma religião de paz, então o que impede os muçulmanos de fazer o mesmo?

8. O crepúsculo da tolerância

A primeira vez que me levantei para falar em público foi logo após o Onze de Setembro de 2001. Foi num fórum público, uma "casa de debates", que é uma instituição relativamente comum na Holanda. Eu estava trabalhando num *think tank* social-democrata pequeno, mas respeitado, e o meu chefe sugeriu que eu fosse.

O debate era apresentado por um jornal holandês, uma publicação que fora originalmente religiosa (protestante), mas agora era bem secular, e o tema era "Quem precisa de um Voltaire, o Ocidente ou o Islã?". O auditório estava lotado. Quem não conseguia encontrar lugar se encostava ao longo das paredes. E, em muitos aspectos, foi uma reunião interessante e incomum por haver tantos participantes muçulmanos na plateia. Normalmente eram quase todos brancos nesses locais, porque os temas em debate eram coisas como "Quanto de controle podemos ceder à União Europeia?" ou "Por que devemos trocar o florim pelo euro?". Nessa noite, porém, os membros habituais da elite de Amsterdam estavam ombro a ombro com muçulmanos da Turquia, do Marrocos e de outros países, quase todos imigrantes ou filhos de imigrantes na Holanda.

Havia seis palestrantes nessa noite, e cinco deles disseram, em essência, que era o Ocidente que precisava de um Voltaire, ou seja, que o Ocidente era o lugar mais necessitado de reforma. Seu argumento foi que o Ocidente tinha um ponto cego, com uma história longa e perversa de exploração e imperialismo, que não tinha ouvidos para o que se passava no resto do mundo, e que precisava de outro Voltaire para explicar tudo isso.

Eu estava sentada no meio desse mar de rostos, brancos, mulatos e pretos, e só ouvindo, cada vez mais consciente de que discordava do que foi dito. Finalmente, o sexto participante falou, um iraniano, refugiado, advogado. "Bem", disse ele, "olhe para as pessoas nesta sala. O Ocidente não tem um Voltaire, mas milhares, se não milhões, de Voltaires. O Ocidente está acostumado com críticas, acostumado com autocrítica. Todos os pecados do Ocidente estão expostos para todos verem." Em seguida, ele disse: "É o islamismo que precisa de um Voltaire". E discorreu sobre uma lista com todas as coisas que são erradas ou questionáveis no islã — pontos que ressoaram em mim. E por isso ele foi vaiado, foi vaiado até se calar. (Ironicamente, dez anos depois, Irshad Manji, um resoluto defensor da reforma islâmica, falou nesse mesmo salão. Dessa vez, o público tinha mudado completamente. Estava lotado, não de observadores curiosos, mas de fundamentalistas islâmicos linha-dura, e nessa noite o público estava tão combativo que Irshad teve de ser retirado dali às pressas pelos seguranças.)

Depois que o advogado iraniano falou, houve um intervalo e, então, a plateia teve a oportunidade de fazer perguntas. Acenei com a mão e alguém com o microfone viu meu rosto negro e, provavelmente, pensou, "pela diversidade" — os organizadores brancos de tais eventos estavam de fato muito interessados em ouvir o que se passava na cabeça, nas famílias e nas comunidades dos imigrantes. Entregou-me o microfone. Levantei-me e concordei com o iraniano. Eu disse: "Vejam vocês. Há seis pessoas aí, vocês convidaram seis palestrantes, e um deles é o Voltaire do islã. Vocês têm cinco Voltaires, então permitam que nós, muçulmanos, tenhamos um, por favor". Isso levou um editor de jornal a me pedir que escrevesse um artigo, a que deu o título "Por favor, permitam-nos um Voltaire".

Nos meses e anos que se seguiram, li cada vez mais. Li opiniões ocidentais acerca do islã e da cultura muçulmana. Li mais pensadores liberais do Ocidente. E li sobre os reformadores muçulmanos do passado. A minha conclusão é que o islã ainda precisa de um Voltaire. Mas concluí que também há extrema necessidade de um John Locke. Afinal, foi Locke que nos deu a noção de um "direito natural" fundamental "à vida, à liberdade e à propriedade". Menos conhecida, porém, é a forte defesa de Locke da tolerância religiosa. E a tolerância religiosa, no entanto, por mais que tenha demorado a ser posta em prática, é uma das maiores conquistas do mundo ocidental.

Locke defendia que as crenças religiosas são, nas palavras do estudioso Adam Wolfson, "questões de opinião, opiniões a que todos igualmente temos direito, em vez de quantidade de verdades ou conhecimentos".[1] Na formulação de Locke, a proteção contra a perseguição é uma das mais altas responsabilidades de qualquer governo ou governante. Locke também argumentava que, quando há coação e perseguição para mudar de opinião, isso só funciona a um altíssimo custo humano, produzindo em seu rastro tanto crueldade quanto hipocrisia. Para Locke, ninguém deve "desejar impor" a sua visão da salvação a outrem. Em vez disso, em sua visão de sociedade tolerante, cada indivíduo deve ser livre para seguir seu próprio caminho na religião e respeitar o direito dos outros de seguirem seus próprios caminhos: "Ninguém, nem mesmo Estados", Locke escreveu, "tem o direito justo de invadir os direitos civis e os bens materiais de outrem a pretexto de religião".[2]

O que quase sempre se esquece é que Locke restringia essa

liberdade de religião a denominações protestantes. Ele não incluía a Igreja Católica Romana porque "todos aqueles que nela entram, *ipso facto* entregam-se à proteção e ao serviço de outro príncipe". Se Locke estivesse vivo hoje, desconfio que argumentaria de maneira semelhante acerca do islã. Enquanto houver alguns muçulmanos acreditando que os ensinamentos de Maomé em Medina destroem sua lealdade para com os países de que são cidadãos, vai haver uma legítima suspeita de que a tolerância ao islã põe em risco a segurança desses países. A questão central para a civilização ocidental continua a ser a mesma da época de Locke: o que, exatamente, podemos *não* tolerar?

Vamos começar pela opressão de metade da humanidade.

DIREITOS EM RETIRADA

Hoje, mais de duzentos anos depois de Voltaire e trezentos depois de John Locke, os direitos das mulheres estão recuando em todo o mundo muçulmano. Pense, para fins de simples ilustração, o que se permite que as mulheres muçulmanas vistam. Não é o mais importante direito humano, admito. Mas é uma liberdade com que a maioria das mulheres se preocupa.

Veja fotografias de qualquer uma das cidades muçulmanas do mundo na década de 1970: Bagdá. Cairo. Damasco. Cabul. Mogadíscio. Teerã. Veremos que muito poucas mulheres naqueles dias estavam cobertas. Em vez disso, nas ruas, em edifícios de escritórios, em mercados, cinemas, restaurantes e residências, a maioria das mulheres se vestia de maneira bem semelhante àquelas na Europa e nos Estados Unidos. Eles usavam saia acima do joelho. Adotavam as modas ocidentais. Usavam o cabelo preso e visível.

Hoje, ao contrário, a simples foto de uma mulher andando pelas ruas de Cabul com uma saia à altura do joelho se torna um acontecimento viral na internet e provoca condenação generalizada como "despudorada" e "quase nua", e o governo é criticado por estar "dormindo". Quando eu estava na escola primária em Nairóbi, as que cobriam a cabeça eram exceção — menos de metade das meninas. Há alguns anos, pesquisei no Google a minha antiga escola primária. Nas fotos postadas, quase todas as meninas estavam cobertas.

Não se trata só de como nos vestimos. Se você é mulher e vive na Arábia Saudita, quer dirigir, quer sair de casa sem um guardião. Pode ter dinheiro, mas não pode fazer nada além de ficar em casa ou fazer compras sob supervisão masculina. No Egito, estamos lutando contra uma onda cada vez maior de assédio sexual — 99% das mulheres relatam terem sido vítimas de assédio sexual e ocorrem até oitenta agressões sexuais em um único dia.[3]

Especialmente preocupante é o modo como o status das mulheres como cidadãs de segunda classe está se solidificando na legislação. No Iraque, está sendo proposta uma lei que reduz para nove anos a idade com que as meninas podem ser obrigadas a se casar. Essa mesma lei daria ao marido o direito de negar permissão à mulher para sair de casa. Na Tunísia, as preocupações se concentram na imposição da sharia. No Afeganistão e no Paquistão, por outro lado, precisamos temer o assassinato a tiros pelo crime de frequentar uma escola. E para as meninas de todo o norte da África, e além, permanece a ameaça de mutilação genital feminina, costume que certamente antecede o islã, mas que agora está quase totalmente confinado às comunidades muçulmanas. A Unicef estima que mais de 125 milhões de mulheres e meninas foram mutiladas nos países africanos e árabes, muitos deles de maioria muçulmana.[4] Como se torna gradualmente claro, esse costume também é comum em comunidades de imigrantes na Europa e na América do Norte.

No mundo islâmico, muitos direitos básicos são restritos, e não só os direitos das mulheres. A homossexualidade não é tolerada. Outras religiões não são toleradas. Principalmente a liberdade de expressão em assuntos relativos ao islã não é tolerada. Como sei muito bem, livres-pensadores que queiram questionar obras como o Alcorão ou o *hadith* correm risco de morte.

O islã sofreu um cisma; nunca teve reforma. As discussões iniciais no islã produziram um sectarismo feroz que muitas vezes envolvia derramamento de sangue, mas quase sempre no tocante a questões técnicas. A maior foi sobre quem deve suceder o Profeta como líder do *ummah*: os sunitas queriam selecionar um califa (literalmente, um suplente) com base no mérito, enquanto os xiitas insistiam em um imame que era parente do Profeta. Uma divisão menor foi provocada pela questão de saber se Alá falou ao ditar o Alcorão. (Uma escola do pensamento islâmico, Mu'tazilite, argumentava que Alá não tem laringe humana e que o Alcorão não é, portanto, "discurso" de Alá.)[5]

A ideia de "reforma" no islã tem, em grande parte, se concentrado na resolução de tais questões restritas. Na verdade, o termo "ijtihad", a coisa mais próxima de "reforma" em árabe, significa tentar definir a vontade de Deus em algum assunto novo, tal como: o muçulmano deve rezar dentro de um avião (nova invenção tecnológica) e, em caso afirmativo, como ele pode ter certeza de estar de frente para Meca? Mas a ideia ampla de "reforma", no sentido de questionar fundamentalmente os dogmas centrais da doutrina islâmica, é notável por sua ausência. O islã tem até seu próprio termo pejorativo para denominar encrenqueiros teológicos: "aqueles que se entregam a inovações e seguem suas paixões" (em árabe *ahl al-bida, wa-l-ahwa'*).[6]

TOLERAR A INTOLERÂNCIA

A maioria dos norte-americanos e também a maioria dos europeus preferem muito mais ignorar o conflito fundamental entre o islã e sua própria visão de mundo. Isso porque, em parte, eles geralmente supõem que "religião", qualquer que seja sua definição, é uma força do bem e que qualquer conjunto de crenças religiosas deve ser considerado aceitável em uma sociedade tolerante. Concordo com isso. Em muitos aspectos, apesar de seus elevados objetivos e ideais, os Estados Unidos acham difícil tornar realidade a tolerância religiosa e racial.

Mas isso não significa que devemos fechar os olhos para as possíveis consequências de nos adaptarmos a crenças que sejam abertamente hostis a leis, tradições e valores ocidentais. Pois não é simplesmente uma religião com que temos de lidar. É uma religião política, e muitos de seus princípios fundamentais são irreconciliavelmente hostis ao nosso modo de vida. Precisamos insistir que não somos nós, no Ocidente, que devemos nos adaptar às sensibilidades muçulmanas; são os muçulmanos que devem se adaptar aos ideais liberais ocidentais.

Infelizmente, nem todos entendem isso.

No segundo semestre de 2014, Bill Maher, apresentador do programa *Real Time with Bill Maher*, na HBO, apresentou um debate sobre o islã que contou com o autor de best-sellers Sam Harris, o ator Ben Affleck e o colunista do *New York Times* Nicholas Kristof. Harris e Maher levantaram a questão de os liberais ocidentais estarem ou não abandonando seus princípios por não combater o islã com relação a seu tratamento em relação às mulheres, a promoção da jihad e punições baseadas na sharia com apedrejamento e morte para os apóstatas. Para Affleck, isso cheirava a islamofobia e ele respondeu com uma explosão de indignação moralista. Sob aplausos da plateia, ele acusava com veemência Harris e Maher de serem "nojentos" e "racistas" e dizia coisas não distantes de "você é um judeu safado". Alinhando-se com Affleck, Kristof intervinha dizendo que muçulmanos corajosos estavam arriscando a vida para promover os direitos humanos no mundo islâmico.

Depois do programa, durante uma discussão no camarim, Sam Harris perguntou a Ben Affleck e a Nick Kristof: "O que vocês acham que aconteceria se tivéssemos queimado um exemplar do Alcorão no programa de hoje?". Sam, em seguida, respondeu à sua própria pergunta: "Haveria rebeliões em dezenas de países. Embaixadas cairiam. Em resposta por maltratarmos *um livro*, milhões de muçulmanos iriam às ruas, e nós passaríamos o resto da vida nos protegendo contra ameaças plausíveis de assassinato. Mas quando o EI crucifica pessoas, enterra crianças vivas, estupra e tortura mulheres aos milhares, *tudo em nome do islã* a resposta são algumas pequenas manifestações na Europa e uma hashtag (#NotInOurName [EmNossoNomeNão])".

Pouco depois da transmissão do programa, uma paquistanesa-canadense muçulmana (e ativista dos direitos dos homossexuais) chamada Einah escreveu uma carta aberta a Ben Affleck que resumiu com precisão o que eu penso:

> Por que os muçulmanos estão sendo "preservados" numa cápsula do tempo de séculos atrás? Por que não há problema em continuarmos a viver em um mundo onde as nossas mulheres são comparadas a mercadorias à espera de serem consumidas? Por que é bom para as mulheres do resto do mundo lutar por liberdade e igualdade, enquanto nos mandam cobrir nosso corpo vergonhoso? Não veem que estamos sendo impedidas de ingressar nesse clube de elite conhecido como século XXI?
>
> Liberais nobres como você sempre defendem os muçulmanos mal-representados e combatem os islamofóbicos, o que é ótimo, mas quem fica a meu lado pelos que se sentem oprimidos pela religião? Toda vez que erguemos a voz, uma de nós é assassinada ou ameaçada.
>
> [...] O que você fez ao gritar "racista!" foi encerrar uma conversa que muitos de nós aguardávamos ansiosas. Você ajudou aqueles que querem negar que há problemas a rejeitá-los.

O que há de tão errado em querer entrar no século atual? Não deve haver vergonha nenhuma. Não há como negar que a violência, a misoginia e a homofobia existem em todos os textos religiosos, mas o islã é a única religião a que se obedece tão literalmente, até hoje.

Na sua cultura você tem o luxo de chamar esses literalistas de "malucos" [...]. Na minha cultura, tais valores são defendidos por mais pessoas do que se imagina. Muitos vão tentar negá-lo, mas, por favor, me ouça quando digo que esses não são valores marginais. Está evidente na ausência de muçulmanos dispostos a se posicionar contra a arcaica lei sharia. A punição por blasfêmia e apostasia etc. é instrumento de repressão. Por que não tratam desse assunto, mesmo as pessoas pacíficas, que não são fanáticas, que só querem comer uns sanduíches e rezar cinco vezes por dia? Onde estão os manifestantes muçulmanos contra as leis de blasfêmia/apostasia? Onde estão os muçulmanos que assumem uma postura contra a interpretação rígida da sharia?[7]

ALGUÉM A FAVOR DO APARTHEID?

Uma das primeiras sufragistas, Alva Belmont, disse que as mulheres norte-americanas devem agir como um farol, contando não só a história do que realizaram, mas também representando uma determinação duradoura de que as mulheres de todo o mundo devem ser "cidadãs livres, reconhecidas como iguais aos homens". Muitas vezes, quando se trata dos direitos das mulheres (e dos direitos humanos em geral) no mundo muçulmano, os principais pensadores e formadores de opinião têm, na melhor das hipóteses, se calado.

Não posso deixar de comparar esse silêncio à campanha para acabar com o apartheid, que uniu brancos e negros em todo o mundo a partir dos anos 1960. Quando finalmente ergueu a voz contra os horrores do apartheid sul-africano, o Ocidente o fez numa frente ampla. A campanha contra o apartheid penetrou em salas de aula e até nos estádios de esportes; igrejas e sinagogas se uniram contra ele por todo o espectro de religiões. As equipes esportivas sul-africanas eram rejeitadas, foram impostas sanções econômicas e houve intensa pressão internacional sobre o país para mudar seu sistema social e político. Universitários americanos ergueram favelas em seus campi para simbolizar a sua solidariedade para com os negros sul-africanos confinados a uma vida de degradação e empobrecimento dentro das cidades.

Hoje, com o islamismo radical, temos um sistema de apartheid novo e ainda mais violento, em que as pessoas são visadas, não pela cor da pele, mas pelo sexo, pela orientação sexual, pela religião, ou, entre os muçulmanos, pela forma de sua fé.

Passei mais de uma década lutando pelos direitos fundamentais das mulheres e das meninas. Nunca tive medo de fazer perguntas difíceis sobre o papel da religião nessa luta. Como já disse várias vezes, a ligação entre a violência e o islã é muito clara para ser ignorada. Não fazemos nenhum favor aos muçulmanos quando fechamos os olhos a essa ligação, quando desculpamos, em vez de refletir. Precisamos perguntar: o conceito de guerra santa é compatível com o nosso ideal de tolerância religiosa? Será blasfêmia — punível com a morte — questionar a aplicabilidade de certas doutrinas do século VII à nossa própria era? Por que, quando defendo esses argumentos, recebo tão pouco apoio e tantas injúrias das próprias pessoas do Ocidente que se dizem feministas, que se dizem liberais?

Não espero que a nossa liderança política levante bandeiras para questionar diretamente as desigualdades do islã político. A confiança ideológica que caracterizava os líderes ocidentais durante a Guerra Fria cedeu a um relativismo frágil. Em vez disso, esta campanha pelos direitos das mulheres, dos gays e das minorias precisa vir de outros lugares: dos homens que construíram as redes sociais do Vale do Silício, cujos instintos são profundamente libertários; da nossa capital do entretenimento, Hollywood, onde pelo menos os mais antigos ainda se recordam da época das listas negras e da caça às bruxas; da nossa sociedade civil, dos ativistas de direitos humanos, das feministas e das comunidades lésbicas, bissexuais, homossexuais e transexuais; bem como de organizações como a União Americana pelas Liberdades Civis (American Civil Liberties Union, Aclu), que, se ainda defendem alguma coisa, dificilmente poderiam ignorar a forma como as liberdades civis estão sendo pisoteadas em todo o mundo muçulmano. Devem lembrar as palavras de Alva Belmont. Precisam acender seus faróis.

UM PAPEL EXCLUSIVO PARA O OCIDENTE

Sempre que defendo a reforma no mundo islâmico, alguém invariavelmente diz: "Isso não é projeto nosso — é só para os muçulmanos. Devemos ficar de fora". Mas não estou falando do tipo de intervenção militar que envolveu o Ocidente em tantos problemas ao longo dos anos.

Há anos gastamos, em guerras contra o "terror" e o "extremismo", os trilhões que poderíamos ter gastado muito melhor na proteção dos dissidentes muçulmanos, dando-lhes as plataformas e os recursos necessários para combater essa vasta rede de centros islâmicos, madraçais e mesquitas, que têm sido em grande parte responsáveis por espalhar as formas mais nocivas do fundamentalismo islâmico. Há anos temos tratado quem financia essa vasta rede — os sauditas, os cataris e os agora arrependidos emiradenses — como nossos aliados. Em meio a todo o nosso empenho de policiamento, vigilância e até mesmo de ação militar, nós do Ocidente não nos demos ao trabalho de elaborar uma contranarrativa eficaz, pois desde o início negamos que o extremismo islâmico tenha alguma relação com o islã. Insistimos em nos concentrar na violência, e não nas ideias que dão origem a ela.

Entretanto, eis outro conflito em que podemos nos inspirar ao embarcar nesse processo: a Guerra Fria.

O islã não é o comunismo, é claro, mas em certos aspectos é igualmente desdenhoso dos direitos humanos, e as repúblicas islâmicas têm se revelado quase tão brutais em relação a seus próprios cidadãos como eram as repúblicas soviéticas. Não obstante, temos recebido pregadores fundamentalistas nas nossas cidades e ficamos de braços cruzados enquanto milhares de jovens descontentes se radicalizam por causa de seus discursos retóricos. Pior, não fizemos quase nenhuma tentativa de combater o proselitismo dos muçulmanos de Medina. Se prosseguirmos nessa política de não intervenção na guerra cultural, nunca nos livraremos do campo de batalha real. Pois não podemos lutar contra uma ideologia exclusivamente com ataques aéreos e drones, ou mesmo com invasões de tropas de soldados. Precisamos combatê-la com ideias — com ideias melhores, com ideias positivas. Precisamos lutar contra isso com uma visão alternativa, como fizemos na Guerra Fria.

O Ocidente não venceu a Guerra Fria simplesmente com pressão econômica nem com a criação de novos armamentos. Desde o início, os Estados Unidos reconheceram que aquela seria também uma competição intelectual. Com exceção de alguns "idiotas úteis" nos campi de esquerda, nós não dissemos que o sistema soviético era moralmente equivalente ao nosso; nem proclamamos que o comunismo soviético tenha sido uma ideologia de paz.

Em vez disso, por meio de uma série de iniciativas culturais financiadas direta ou indiretamente pela CIA, os Estados Unidos incentivaram intelectuais anticomunistas a combater a influência dos marxistas e outros companheiros de viagem da esquerda. O Congresso pela Liberdade Cultural, dedicado a defender a esquerda não comunista na batalha de ideias pelo mundo, teve início em Berlim, em 26 de junho de 1950. Grandes intelectuais, como Bertrand Russell, Karl Jaspers e Jacques Maritain concordaram em fazer as vezes de presidentes honorários. Muitos dos membros eram ex-comunistas, como Arthur Koestler, que advertiu contra os perigos do totalitarismo por experiência própria.[8] Revistas como *Encounter* (RU), *Preuves* (França), *Der Monat* (Alemanha) e *Quadrant* (Austrália) tornaram-se beneficiárias do apoio americano.[9] A Free Europe Press enviou inúmeros livros para dissidentes na Europa Oriental, fazendo seu material entrar furtivamente e burlando os censores sempre que podiam. Perto do fim da Guerra Fria, "calculava-se que mais de 10 milhões de livros e revistas ocidentais tinham se infiltrado na metade comunista da Europa via programa de livros pelo correio".[10]

Quanto custou esse empenho? No caso do Congresso pela Liberdade Cultural, surpreendentemente pouco. Em 1951, o orçamento do Congresso pela Liberdade Cultural parece ter sido cerca de 200 mil dólares, ou aproximadamente 1,8 milhão em dólares de 2014.[11] Compare-se o reduzido orçamento do Congresso pela Liberdade Cultural com as enormes somas que os Estados Unidos gastaram a partir de 2001 contra o que os políticos chamam de "terror" ou "extremismo". Uma análise de 2013 do pretenso "orçamento negro" indicava que os Estados Unidos gastaram mais de 500 *bilhões de dólares* em várias agências de inteligência e empreendimentos de 2001 a 2013.[12] O economista Joseph Stiglitz calculou o custo da intervenção militar no Iraque entre 3 e 5 trilhões de dólares.[13]

Essa estratégia é insustentável. Por um lado, os Estados Unidos não podem se dar ao luxo de continuar a lutar uma guerra de ideias somente por meios militares. Em segundo lugar, ao ignorar as ideias que dão origem à violência islâmica, continuamos a ignorar a raiz do problema.

Em vez disso, com base no modelo das campanhas culturais da Guerra Fria, deve haver um esforço concertado para afastar as pessoas do fundamentalismo islâmico. Imagine uma plataforma para muçulmanos dissidentes que comunicasse sua mensagem via YouTube, Twitter, Facebook e Instagram. Imagine dez revistas reformistas para cada edição da *Dibuq*, do EI, ou da *Inspire*, da Al-Qaeda. Tal estratégia também nos daria uma oportunidade de alterar as nossas alianças com esses indivíduos e grupos muçulmanos que, na verdade, partilham dos nossos valores e costumes — aqueles que lutam por uma verdadeira reforma e que se veem caluniados e marginalizados por aquelas nações, seus líderes e imames, que atualmente abraçamos como aliados.

Durante a Guerra Fria, o Ocidente comemorava dissidentes como Aleksandr Solzhenitsyn, Andrei Sakharov e Václav Havel, que tiveram a coragem de desafiar o sistema soviético por dentro. Hoje existem muitos dissidentes que desafiam o islã — ex-muçulmanos e reformadores —, mas o Ocidente os ignora ou rejeita como "não representativos". Isso é um erro grave. Reformadores como Tawfiq Hamid, Irshad Manji, Asra Nomani, Maajid Nawaz, Zuhdi Jasser, Saleem Ahmed, Yunis Qandil, Seyran Ateş, Bassam Tibi e muitos outros devem receber apoio e proteção. Eles devem ser tão conhecidos como Solzhenitsyn, Sakharov e Havel eram na década de 1980, e também conhecidos como Locke e Voltaire em sua época, quando o Ocidente precisava de livres-pensadores próprios.

Conclusão
A reforma muçulmana

Hoje há uma guerra dentro do islã — uma guerra entre aqueles que querem reforma (os muçulmanos modificados ou dissidentes) e aqueles que desejam voltar ao tempo do Profeta (os muçulmanos de Medina). O prêmio pelo qual eles lutam está nos corações e mentes dos muçulmanos de Meca, majoritariamente passivos.

Por ora, se medirmos por quatro critérios, o grupo de Medina parece estar ganhando. Um desses critérios é o dos indivíduos que abandonam o grupo de Meca e se unem ao grupo de Medina (o que no Ocidente chamamos de "radicalização"). A segunda medida é a atenção: os muçulmanos de Medina atraem a atenção da mídia por meio de declarações e atos de violência que chocam o mundo. A terceira é a dos recursos: por intermédio de *zakat* (caridade), crime, a tomada violenta de territórios e propriedades, o apoio de Estados párias e dos petrodólares, os muçulmanos de Medina têm vastos recursos. Os muçulmanos modificados não têm praticamente nenhum. Forçados a escolher entre ganhar a vida e fazer campanha pela reforma religiosa, a maioria dos modificados logo optam pela primeira opção. A quarta é uma medida de coerência. Em muitos aspectos, esta é a vantagem mais importante que os muçulmanos de Medina têm sobre os muçulmanos modificados. Estes últimos são confrontados com a assustadora — e perigosa — tarefa de questionar os fundamentos de sua fé. O que os muçulmanos de Medina têm de fazer é se colocar como seus defensores.

Não obstante, creio que a reforma muçulmana está a caminho. Na verdade, pode já estar acontecendo. Acho plausível dizer que a internet será para o mundo islâmico no século XXI o que a imprensa foi para a cristandade no século XVI. Acho plausível que os muçulmanos violentos a quem chamo de muçulmanos de Medina sejam os equivalentes contemporâneos das seitas milenaristas da Europa pré-Reforma, e que esteja se formando um movimento reformista bem diferente nas cidades do Oriente Médio e do norte da África. Acredito, sobretudo, que o crescimento rápido do protesto popular que chamamos de Primavera Árabe contenha dentro de si as sementes de uma verdadeira reforma muçulmana, apesar do fracasso óbvio e previsível da revolução política de concretizar as esperanças ocidentais de uma 1989 no Oriente Médio.

Nesta fase inicial há muita incerteza. A única certeza acerca da reforma muçulmana é que ela não será muito parecida com a cristã. Existem diferenças tão fundamentais entre os ensinamentos de Jesus e de Maomé, para não falar das estruturas organizacionais radicalmente distintas das duas religiões — uma hierárquica e distinta do Estado, a outra descentralizada, embora aspirante ao poder político —, que qualquer analogia está fadada ao fracasso.

Quando pensei em escrever um livro sobre a reforma do islã, imaginei-o na forma de romance. Intitulado *O reformador*, contaria a história de um jovem carismático imã em Londres, que se revelaria um Lutero muçulmano contemporâneo. Abandonei a ideia porque tal livro estaria fadado a ser julgado fantasioso.

A reforma muçulmana não é ficção. É fato. Ao longo dos últimos anos, dezenas, se não centenas de acontecimentos me convenceram de que, embora os problemas do islã sejam deveras profundos e estruturais, os muçulmanos são como todas as outras pessoas em um aspecto importante: a maioria quer uma vida melhor para si e seus filhos. E cada vez mais têm bons motivos para duvidar que os muçulmanos de Medina possam lhes dar isso.

Não é por acaso que alguns dos maiores críticos do islã sejam hoje, assim como eu, mulheres. Pois não há incompatibilidade mais evidente entre o islã e a modernidade que o papel secundário atribuído às mulheres na sharia. Esse papel subordinado tem sido a justificativa de uma série de abusos de mulheres no mundo islâmico, tais como a tutela masculina, o casamento infantil e estupro conjugal. Assim como a onda de agressões sexuais foi um dos aspectos mais perturbadores da revolução egípcia, a reação de grupos como Tahrir Bodyguard e Operação Anti-Assédio Sexual foi uma das mais animadoras. Estamos vendo movimentos similares no Líbano e na Jordânia, notavelmente o protesto contra o artigo 308, a lei jordaniana que permite aos estupradores se casar com suas vítimas para evitar a prisão. O Irã é um caso especialmente interessante, pois lá trinta anos de regime islâmico parecem não ter conseguido impedir uma mudança significativa nas atitudes em relação à sexualidade feminina.

No entanto, seria um erro pensar nesse movimento em termos estritamente feministas. Embora sejam as mulheres que estejam liderando a mudança, há outras questões em jogo, além da situação delas como cidadãs de segunda classe. Em algumas partes da África, estamos vendo ondas de conversão do islamismo ao cristianismo. Outro pioneiro da mudança é Walid Husayin, o cético palestino preso por agitação antirreligiosa. Depois, há os muçulmanos que defendem a tolerância, como o colunista e comentarista de TV turco Aylin Kocaman, que defende Israel e rejeita apelos islâmicos à violência contra judeus, ou Nabil al-Hudair, um muçulmano iraquiano que tem defendido os direitos de seus compatriotas judeus.

Há de fato marés nos assuntos dos homens — e das mulheres também. Acredito que essa seja uma daquelas marés históricas.

POR QUE A MARÉ ESTÁ MUDANDO

Três fatores estão se combinando hoje para permitir uma real reforma religiosa:

- O impacto das novas tecnologias da informação na criação de uma rede de comunicações sem precedentes em todo o mundo muçulmano;
- A incapacidade fundamental dos islâmicos de realizar ações concretas quando chegam ao poder e o impacto das normas ocidentais sobre os imigrantes muçulmanos estão criando um novo eleitorado, cada vez maior, para uma reforma muçulmana;
- O surgimento de um eleitorado político a favor da reforma religiosa nos principais países do Oriente Médio.

Juntas, acredito que essas três coisas vão finalmente virar a maré contra os islâmicos, cujo objetivo é, afinal, um retorno aos tempos do Profeta — um empreendimento predestinado ao fracasso, como todas as tentativas de inverter a direção da flecha do tempo.

Como já vimos, a tecnologia não está capacitando somente jihadistas. Também está capacitando os que se opõem a eles em nome dos direitos humanos para todos, independentemente da religião. (Sem a ajuda do Google, por exemplo, escrever este livro teria sido muito mais difícil para mim.) Em novembro de 2014, um médico egípcio cunhou uma hashtag árabe que se traduz como "é por isso que rejeitamos a aplicação da sharia"; foi usada 5 mil vezes em um intervalo de 24 horas, principalmente por sauditas e egípcios. Em uma linguagem que teria sido impensável poucos anos atrás, um jovem marroquino chamado irmão Rachid desafiou o presidente Obama no YouTube no ano passado a declarar que o Estado Islâmico "não é islâmico":

> Senhor Presidente, preciso lhe dizer que o senhor está errado com relação ao EI. O senhor disse que o EI não fala por nenhuma religião. Eu sou ex-muçulmano. Meu pai é um imame. Passei mais de vinte anos estudando o islã. [...] Posso dizer com confiança que o EI fala pelo islã. [...] Os 10 mil membros do EI são todos muçulmanos. [...] Eles vêm de diversos países e têm um denominador comum: o islã. Seguem o profeta Maomé do islã minuciosamente. [...] Eles pedem um califado, o que é uma doutrina central no islã sunita.
>
> Peço-lhe, sr. Presidente, que deixe de ser politicamente correto — que chame as coisas pelos seus nomes. EI, Al-Qaeda, Boko Haram, Al-Shabaab na Somália, os talibãs e os nomes de seus coirmãos são todos criados no islã. Se o mundo muçulmano não lidar com o islã e separar a religião do Estado, este ciclo nunca terá fim. [...] Se o problema não é o islã, então por que será que existem milhões de cristãos no Oriente Médio e, não obstante, nenhum deles se explodiu para se tornar mártir, embora vivam nas mesmas circunstâncias econômicas e políticas, e até piores? [...] Sr. Presidente, caso queira realmente lutar contra o terrorismo, então ataque as raízes. Quantos xeques sauditas estão pregando o ódio? Quantos canais islâmicos estão doutrinando as pessoas e ensinando-lhes a violência do Alcorão e do *hadith*? [...] Quantas escolas islâmicas estão produzindo gerações de professores e alunos que acreditam na jihad, no martírio e na luta contra os infiéis?[1]

(Venho dizendo essas coisas há mais de treze anos e sinto uma onda de esperança quando leio palavras como essas no *New York Times*.)

O irmão Rachid é um marroquino convertido ao cristianismo, que transmite de uma estação de televisão, Al-Hayat, com sede no Egito. Sua história ilustra perfeitamente como as coisas estão mudando rapidamente no norte da África e no Oriente Médio. As minorias religiosas, bem como mulheres e gays, permanecem muitíssimo vulneráveis no Oriente Médio e no norte da África. Mas precisamente por causa de seus sofrimentos, acho que é cada vez mais provável que finalmente se unam contra o apartheid religioso do islã. Quando vejo milhões de mulheres no Afeganistão desacatando as ameaças do Talibã e fazendo fila para votar; quando vejo as mulheres na Arábia Saudita contestando a proibição absurda de dirigir automóveis; e quando vejo mulheres tunisianas que comemoram a condenação de um grupo de policiais por um estupro coletivo hediondo, sinto-me mais otimista do que alguns anos atrás.

Em suma, concordo com Malala Yousafzai, a estudante paquistanesa que recebeu o Nobel da Paz, que o Talibã tentou matar:

> Os extremistas têm medo de livros e canetas. O poder da educação os assusta. Eles temem as mulheres. O poder da voz das mulheres os assusta. É por isso que eles estão explodindo escolas todos os dias — porque tinham e têm medo da mudança, medo da igualdade que vamos trazer à nossa sociedade. Eles pensam que Deus é um pequenino ser conservador, que mandaria as meninas para o inferno só por terem ido à escola.[2]

Aqui, com certeza, está a autêntica voz de uma reforma muçulmana.

A mudança também está em curso nas comunidades muçulmanas do mundo ocidental. É verdade, o aumento da migração muçulmana para a Europa e a América do Norte vai muito provavelmente aumentar as tensões entre ocidentais e muçulmanos. No entanto, mesmo que a probabilidade desses conflitos aumente, também aumenta a exposição dos muçulmanos de segunda e terceira geração aos valores e às liberdades ocidentais. Sim, alguns vão se esconder num casulo de denegação, e outros se tornarão muçulmanos de Medina em reação contra as dissonâncias que vivenciam. A longo prazo, no entanto, essas opções são muito menos atraentes do que a terceira opção de reforma religiosa.

Por fim, há a reação horrorizada de muitos muçulmanos às atrocidades cometidas pela Al-Qaeda, pelo EI e pelo Boko Haram, o que tem levado alguns líderes políticos muçulmanos a falar sério sobre tomar o islã dos extremistas. O governo dos Emirados Árabes Unidos tem denominado a ameaça representada pelo "extremismo islâmico" de "câncer transnacional", exigindo um "empenho internacional urgente, coordenado e sustentável para enfrentá-lo".[3] A luta contra o islamismo radical, insistiu o embaixador dos Emirados Árabes Unidos nos Estados Unidos, "deve ser travada não só no campo de batalha, mas também contra todo o complexo militante *ideológico* e financeiro que é a alma do extremismo".[4] Diante de uma plateia do clero muçulmano, vimos o próprio presidente do Egito convocar uma "revolução religiosa". Esse é o tipo de apoio imprescindível para que a reforma tenha êxito.

O fato de o presidente Sisi ter escolhido Al-Azhar — a mais importante instituição de ensino religioso sunita do mundo — para fazer a sua convocação para a revolução religiosa foi muito significativo, pois Al-Azhar tem sido a cidadela do conservadorismo clerical, que resiste impiedosamente até mesmo a conversas sobre reformas significativas no islã.[5] Em junho de 1992, por exemplo, um acadêmico e ativista egípcio dos direitos humanos chamado Farag Foda foi morto a tiros quando saía do escritório.

Durante anos, Foda tinha defendido políticas seculares e criticado a lei da sharia, defendendo a separação entre religião e política. Duas semanas antes da morte de Farag Foda, o respeitadíssimo clérigo Muhammad al-Ghazali, veterano de Al-Azhar, havia declarado que ele era apóstata, sabendo muito bem que, sob a lei religiosa islâmica, a punição da apostasia é a morte.[6] Em seguida, ativistas do grupo islâmico Gama'a al Islamiyya mataram Farag Foda, ferindo gravemente os circunstantes (entre eles, o filho de Foda). "Al-Azhar decretou a sentença e nós realizamos a execução", afirmou o grupo.[7] Al-Ghazali, o clérigo que havia declarado Foda um apóstata, testemunhou posteriormente a favor dos assassinos, argumentando que a presença de um apóstata dentro da comunidade constituía uma ameaça à nação.[8] Embora já falecido, al-Ghazali permanece uma figura venerada entre os estudiosos islâmicos,[9] enquanto Al-Azhar, a instituição, nunca manifestou arrependimento por seu papel na morte de Farag Foda.

São precisamente instituições como Al-Azhar que se interpõem no caminho de uma reforma muçulmana. Se o governo egípcio está preparado para enfrentar Al-Azhar, os tempos estão mesmo mudando.

JE SUIS CHARLIE

Há uma última razão para meu otimismo. Começo a ter esperanças de que o Ocidente possa estar finalmente recobrando o juízo.

Nos últimos vinte anos, com pavor de parecer culturalmente insensíveis ou mesmo racistas, as nações ocidentais têm se empenhado ao máximo em atender as exigências de tratamento especial aos seus cidadãos muçulmanos. Atendemos os chefes de Estado muçulmanos que fizeram pressão para censurarmos a imprensa, as nossas universidades, os nossos livros de história, os nossos currículos escolares. Atendemos os líderes de organizações muçulmanas nas nossas sociedades que pediram às universidades que dispensassem palestrantes considerados "ofensivos" aos muçulmanos. Em vez de abraçar dissidentes muçulmanos, os governos ocidentais tratavam-nos como desordeiros e, ao contrário, faziam parceria com todas as pessoas erradas, como o Conselho de Relações Islâmico-Americanas (Council on American Islamic Relations, Cair).[10] E até subsidiamos os jihadistas. (Por exemplo, o homem que matou Theo van Gogh estava vivendo de benefícios sociais holandeses.)

Contudo, atrevo-me a esperar que o ocorrido em Paris em janeiro de 2015 possa vir a ser um ponto decisivo. Não que o massacre no *Charlie Hebdo* tenha sido especialmente sangrento. Muito mais pessoas tinham morrido no ataque talibã à Escola Pública do Exército em Peshawar, no Paquistão, em dezembro de 2014. Muito mais pessoas morreram no ataque do Boko Haram em Baga, na Nigéria, na mesma semana do ataque em Paris. Mas pelo fato de que mais de uma dezena de pessoas foram assassinadas por terem desenhado e publicado caricaturas do profeta Maomé.

Havia, é claro, os editoriais pusilânimes habituais e declarações à imprensa feitas por idiotas morais, argumentando que aos editores da revista faltava "senso comum" ao ofender os muçulmanos e que, no entanto, a violência não tinha nada a ver com o islã. Mas, para os milhões de pessoas que saíram às ruas com placas em que se lia "Je suis Charlie", esses argumentos não eram nada tranquilizadores.

No momento em que escrevo, 10 mil militares e funcionários de segurança foram distribuídos por toda a França, pois as autoridades se preparam para mais ataques. Mesmo para mim, há apenas uma semana, tal militarização do policiamento em uma das maiores e mais antigas democracias do Ocidente teria sido impensável. O primeiro-ministro da França, Manuel Valls, disse três dias após o ataque que a França estava em guerra contra o "islã radical".

Os franceses, que tanto criticaram os Estados Unidos depois do Onze de Setembro (não menos importante pela abrangência devastadora do Patriot Act), estão agora seguindo os passos de George W. Bush. Stephen Harper, primeiro-ministro da outra grande democracia francófona, o Canadá, ligou explicitamente o ataque ao *Charlie Hebdo* ao "movimento jihadista internacional". "Eles declararam guerra a qualquer um que não pense nem aja exatamente como gostariam que pensassem e agissem", disse Harper. "Eles declararam guerra e já a estão travando em grande escala, em toda uma série de países com os quais estão em contato, e declararam guerra a qualquer país como o nosso, que valorize a liberdade, a sinceridade e a tolerância. Podemos não gostar disso e desejar que desapareça, mas não vai desaparecer."

Num momento como este, as alegações de que os "extremistas" não têm nada a ver com a "religião da paz" simplesmente deixarão de ser críveis. O inimigo nesta guerra está dizendo exatamente o contrário. Veja, por exemplo, o livro escrito pelo agente da Al-Qaeda Abu Musab al-Suri, intitulado *A Call to Global Islamic Resistance* [Uma chamada para a resistência islâmica]. Os inimigos do islã enumerados por al-Suri: os judeus, os Estados Unidos, Israel, os maçons, os cristãos, os hindus, os apóstatas (incluindo líderes muçulmanos estabelecidos, seus funcionários e aparato de segurança), acadêmicos hipócritas, sistemas educacionais, canais de TV via satélite, esportes, todas as artes e locais de entretenimento.[11] Seria cômico se não fosse gravíssimo.

Os líderes ocidentais que insistem em ignorar tais ameaças explícitas correm dois riscos. Além de suas palavras ("O islã pertence à Alemanha") incentivarem os fanáticos, elas também abrem uma vaga na política. Mesmo antes de *Charlie Hebdo*, os alemães já estavam protestando sob a bandeira da Pegida (Patriotic Europeans Against the Islamization of the West [Europeus patriotas contra a islamização do Ocidente]) em Dresden, Berlim, Munique e Leipzig.

Por toda a Europa, os partidos populistas estão mobilizando eleitores em números cada vez maiores contra a imigração e o islã, da Frente Nacional na França aos Democratas da Suécia. Pode não ser do interesse de ninguém que a Europa deslize dessa maneira pelo caminho perigoso da polarização. Em vez disso, como aconteceu rapidamente em Paris nos dias após o massacre, nós, do Ocidente, precisamos nos unir. Mas precisamos ser claros sobre o motivo por que estamos nos unindo e contra o que estamos nos unindo.

Em todos os livros sagrados, na Bíblia, bem como no Alcorão, encontramos trechos que sancionam a intolerância e a desigualdade. Mas, no caso do cristianismo, houve mudanças. Nesse processo de mudança, as pessoas que queriam manter o status quo apresentaram os mesmos argumentos que hoje os muçulmanos apresentam: que se sentiram ofendidos, que a nova forma de pensar era uma blasfêmia. Com efeito, foi *por meio de* um processo de blasfêmias repetidas que cristãos e judeus evoluíram e cresceram para entrar na modernidade. Foi isso que a arte fez. Foi isso que a ciência fez. E, sim, foi isso que a sátira irreverente fez.

A reforma muçulmana não virá de Al-Azhar. É mais provável que venha de uma campanha implacável de blasfêmias. Assim, quando um muçulmano o vir lendo o livro dele e disser: "Sinto-me ofendido, meus sentimentos estão feridos", a sua resposta deve ser: "O que importa mais? Seu texto sagrado? Ou a vida do autor deste livro? Seu texto sagrado? Ou o estado de direito? A vida humana, a liberdade humana, a dignidade humana, tudo isso é mais importante que qualquer texto sagrado". Os cristãos passaram por isso, os judeus passaram por isso. Agora é o momento de os muçulmanos passarem por isso. Nesse sentido, no sentido em que eu acredito apaixonadamente no poder de mudar o mundo com a blasfêmia — *je suis Charlie*.

No entanto, precisamos fazer mais do que simplesmente blasfemar. Precisamos reformar.

AS CINCO ALTERAÇÕES ATUALIZADAS

O jurista islâmico dos séculos X e XI al-Mawardi diz, em *The Ordinances of Government* [As ordenanças do governo]: "Se aparece um inovador ou se um detentor de opiniões suspeitas se desencaminha, o imame deve explicar e esclarecer para ele a opinião correta e fazê-lo sofrer as penalidades a ele apropriadas, para que a religião seja preservada de falhas e a comunidade, preservada contra o erro".[12] Eu sei que quem defende a reforma do islã corre um risco. Então serei inequivocamente clara. Não estou defendendo uma guerra, muito pelo contrário. Estou defendendo explicitamente uma reforma pacífica: uma campanha cultural visando a uma mudança doutrinária.

Como afirmei, há cinco conceitos centrais no islã que são fundamentalmente incompatíveis com a modernidade:

1. O status do Alcorão como a palavra última e imutável de Deus e a infalibilidade de Maomé como o último mensageiro divinamente inspirado;
2. A ênfase do islã na vida após a morte com primazia sobre o aqui e agora;
3. As declarações da sharia de ser um sistema abrangente de leis que rege ambos os reinos, o espiritual e o secular;
4. A obrigação dos muçulmanos comuns de ordenar o certo e proibir o errado;
5. O conceito de jihad, ou guerra santa.

Minhas "cinco teses" são simplesmente que esses conceitos devem ser alterados de modo a fazer com que ser muçulmano se torne mais facilmente compatível com o mundo do século XXI. Os clérigos muçulmanos precisam reconhecer que o Alcorão não é o repositório definitivo da verdade revelada. Eles precisam tornar explícito que o que fazemos nesta vida é mais importante do que tudo o que poderia concebivelmente acontecer conosco depois da morte. É só um livro. Eles precisam deixar claro que a lei da sharia ocupa um papel circunscrito e é claramente subordinada às legislações dos países onde os muçulmanos vivem. Precisam dar fim à prática de coerção delegada que inflige a conformidade em detrimento da criatividade. E precisam repudiar completamente o conceito de jihad como chamada literal às armas contra os não muçulmanos e os muçulmanos que considerem apóstatas ou hereges.

Essa reforma não beneficiaria apenas mulheres, homossexuais e minorias religiosas. Acredito que também é do interesse do próprio islã. Para evitar o colapso, até a mais venerada estrutura requer renovação. Mera restauração já não é uma opção plausível para o islã, não importa quanto sangue derramem os islamitas. Na verdade, quanto mais sangue derramarem, mais se arriscam a fazer com que a estrutura inteira desabe sobre suas cabeças.

Por quanto tempo teremos de esperar, nós, os outros, para que essa reforma consiga transformar o islã tão profundamente quanto a Reforma original transformou o cristianismo? Na última década, muitos milhares de inocentes perderam a vida na escalada do conflito sectário que atravessa fronteiras. Dezenas de milhões de homens e mulheres decentes, e seus filhos, permanecem presos dentro de Estados fracassados, economias estagnadas e sociedades repressivas. A reforma muçulmana será generalizada ou localizada (afinal de contas, a Reforma protestante não teve êxito em toda a cristandade)? A reforma muçulmana produzirá guerras religiosas, assim como sua antecessora cristã, antes que seus efeitos mais benéficos se façam sentir? As respostas a essas perguntas dependem sobretudo dos muçulmanos e das escolhas que fizerem. Mas eles também dependem em certa medida das escolhas que fazemos no

Ocidente. Será que ajudamos a reforma? Ou será que a destruímos involuntariamente?

Não será fácil fazer essa mudança. Mas talvez as palavras de dois pensadores, um herege islâmico e um mestre do Iluminismo ocidental, possam nos servir de incentivo.

Em 1057, morreu o poeta e filósofo sírio Abul'Ala al-Ma'arri. Quando vivo, pelo ato de renunciar à carne e ser vegetariano, ele foi tachado de herege. Também foi tachado de herege por sua poesia e outros escritos ficcionais, incluindo *A epístola do perdão*, em que imaginou uma jornada para o céu e o inferno.[13]

Embora ele seja quase desconhecido no Ocidente, seu trabalho é considerado precursor da *Divina comédia*, de Dante, e no decorrer dos anos foram erigidas estátuas dele nos arredores de sua região de origem, ao sul de Alepo. Em 2013, os jihadistas, principalmente da Frente Al-Nusra, começaram a atacar e decapitar suas estátuas. Há várias teorias a respeito desses ataques, entre elas uma segundo a qual al-Ma'arri é parente do presidente Assad. Mas a explicação mais plausível é que nada — nem mesmo a passagem de mil anos — pode expurgar a culpa do herege. O estigma de heresia é eterno.[14]

E o que al-Ma'arri escreveu de tão herético? Aqui estão alguns de seus versos: "Devo ir adiante debaixo deste céu? Como escaparei? Para onde fugirei?". E: "Deus amaldiçoe quem me chama de infiel quando eu lhes digo a verdade!". E: "Ergo a voz sempre que falo em vão,/ Mas, falo a verdade, silenciados são meus lábios novamente".[15]

Acho esses versos quase insuportavelmente comoventes. E ainda, quase mil anos depois que foram escritos, tenho certeza de que a hora de os hereges falarem a verdade impunemente finalmente chegou. E para quem ainda não tem certeza a respeito de como deve reagir às palavras de um herege, recorro novamente a Voltaire, o mais livre dos livres-pensadores. "Não aprovo o que você diz", dizem que ele escreveu a Claude Helvétius, "mas defenderei até a morte o seu direito de dizê-lo."

O alvorecer de uma reforma muçulmana é o momento certo para nos lembrar de que o direito de pensar, falar e escrever em liberdade e sem medo é, essencialmente, mais sagrado que qualquer religião.

Apêndice
Reformadores e dissidentes muçulmanos

A melhor prova de que uma reforma muçulmana está realmente em curso é o número cada vez maior de reformadores e dissidentes ativos ao redor do mundo. Seria um grande erro meu publicar este livro sem reconhecer a eles e a suas contribuições muitas vezes corajosas. Em geral, podem ser agrupados em três categorias amplas: dissidentes no Ocidente, dissidentes no mundo islâmico e reformadores clericais.

DISSIDENTES NO OCIDENTE

Há um número cada vez maior de cidadãos muçulmanos no Ocidente que estão atualmente enfrentando ameaças de morte e até de castigo oficial por discordar da ortodoxia islâmica e convocar a reforma do islã. Esses indivíduos não são clérigos, mas muçulmanos "comuns", geralmente instruídos, ilustrados e preocupados com a crise do islã.

Entre eles estão Maajid Nawaz (RU), Samia Labidi (França),

Afshin Ellian (Holanda), Ehsan Jami (Holanda), Naser Khader (Dinamarca), Seyran Ateş (Alemanha), Yunis Qandil (Alemanha), Bassam Tibi (Alemanha), Raheel Raza (Canadá), Zuhdi Jasser (EUA), Saleem Ahmed (EUA), Nonie Darwish (EUA), Wafa Sultan (EUA), Saleem Ahmed (EUA), Ibn Warraq (EUA), Asra Nomani (EUA) e Irshad Manji (EUA).

Esses indivíduos não são clérigos, mas cidadãos informados, falando com base na razão e na consciência. Pedem uma reinterpretação fundamental do islã ou uma mudança em suas doutrinas centrais. Alguns deles deixaram a fé, buscando a reforma de fora para dentro, enquanto outros buscam reformar o islã por dentro.[1] Seus argumentos concentram-se na importância de enxergar o Alcorão e o *hadith* num contexto histórico e respeitando as leis civis humanas como legítimas, substituindo a lei religiosa da sharia.

Zuhdi Jasser, um médico muçulmano norte-americano, é o fundador do Fórum Islâmico Americano pela Democracia, com sede em Phoenix, Arizona. Jasser abraçou o "projeto Jefferson" para o islã. Ele é a favor da separação entre mesquita e Estado, que "incluirá a revogação de todas as leis de blasfêmia e apostasia" atualmente usadas para sufocar os reformadores muçulmanos. Seu objetivo é reformar o islã e colocar o direito civil acima da lei da sharia:

> Se o governo promulga as leis literais de Deus, em vez do direito natural ou direito humano, então o governo se torna Deus e suprime a religião e a natureza pessoal da relação com Deus. As leis governamentais devem se basear na razão e serem por meio dela debatidas, e não via exegese bíblica.[2]

Saleem Ahmed, um muçulmano agora morando no Havaí, nasceu na Índia e foi criado no Paquistão. Ahmed fundou em 2003 a All Believers Network, com sede em Honolulu, que promove o genuíno diálogo inter-religioso. Na direção há pessoas de numerosas religiões, incluindo budismo, taoísmo, cristianismo e islamismo. Ahmed argumenta que os versículos mais políticos e violentos do Alcorão são superados pelas passagens espirituais com aplicabilidade universal.³ Ele escreveu um livro que discorre sobre uma reforma fundamental da doutrina islâmica. Inúmeros colegas muçulmanos têm chamado Ahmed de *kafir* (incréu) e seu imame local o criticou por "diluir a nossa religião".⁴ Ahmed diz que seu modelo é Gandhi.

Yunis Qandil, que agora vive na Alemanha, nasceu em Amã, na Jordânia. É filho de refugiados palestinos. No fim da juventude envolveu-se intimamente com uma mesquita salafista durante cinco anos, até que se voltou para a Irmandade Muçulmana por mais quatro anos. Mudou-se para a Alemanha em 1995 e, cada vez mais, "procurou combinar sua espiritualidade com uma postura secular a respeito da política".⁵ Qandil critica grupos como a Irmandade Muçulmana, que procuram criar uma "sociedade paralela" de muçulmanos europeus, impedindo a plena integração dos indivíduos muçulmanos nas sociedades que os acolheram.⁶ Mesmo que os islamitas como a Irmandade Muçulmana se oponham ao uso da violência no curto prazo, eles não são verdadeiros parceiros para uma genuína integração e convivência pacífica numa democracia pluralista. Qandil continua seu trabalho pela separação entre mesquita e Estado.

Samia Labidi, que agora vive na França, nasceu na Tunísia em 1964. Frequentou uma escola islâmica e foi criada numa família tradicional, mas tolerante.⁷ Quando estava com onze anos, sua irmã se casou com um dos fundadores do grupo islâmico MTI, conhecido como El Nahda (o Renascimento). A família dela, em seguida, tornou-se muçulmana de Medina, e Labidi começou a usar o véu.⁸ A mãe de Labidi achou que a situação era isoladora demais e saiu da Tunísia para viver com o irmão na França. Labidi, também, achava que mal podia respirar:

> Aos poucos, a minha cabeça foi esterilizada, incapaz de ter acesso à liberdade de pensamento, a mim mesma. [...] As mulheres continuaram a ser tratadas como seres incapazes que precisam estar sistematicamente sob a tutela de um parente do sexo masculino, a fim de se mover, de existir ou até mesmo respirar.[9]

Quando tinha dezoito anos, Labidi deixou a Tunísia e foi para Paris, onde fez mestrado em filosofia pela Université de Paris x Nanterre. O irmão de Labidi, entretanto, radicalizou-se antes de renegar o terrorismo. Labidi tem escrito sobre a radicalização do irmão[10] e agora defende a reforma do islã: "Em última análise", escreve ela, "a solução está em separar a religião da política, principalmente naquelas partes do mundo que ainda estão sofrendo com esse amálgama entre [...] o poder secular [...] e o espiritual".[11] Labidi permanece ativa em grupos que procuram dar voz aos muçulmanos seculares franceses.[12]

Seyran Ateş é uma advogada alemã de ascendência turca. Ateş mudou-se com a família da Turquia para a Alemanha quando tinha seis anos de idade, em 1969. Pouco antes de completar dezoito anos, deixou a casa dos pais, foi morar com um alemão e estudou direito.[13] Na qualidade de advogada especializada em direito da família, Ateş representou inúmeras mulheres muçulmanas durante duas décadas em casos envolvendo casamentos abusivos, casamentos forçados e processos de divórcio.

Por intermédio de seu trabalho, Ateş viu o lado obscuro do multiculturalismo excessivamente tolerante. Segundo Ateş, os casamentos forçados estão isolando os muçulmanos nascidos na Alemanha em enclaves islâmicos separados, chegando ao ponto em que dezenas de milhares de mulheres estão tão isoladas da sociedade alemã que estão impossibilitadas até mesmo de chamar uma ambulância. Houve tolerância excessiva com o lado repressivo do islã, algo que Ateş chama de "engano multicultural", título de um dos vários livros que ela escreveu.

Antes de ser pressionada a interromper suas apresentações públicas em razão de ameaças à segurança, Ateş argumentava que o islã precisa de "uma revolução sexual" para emancipar as mulheres como iguais: "Parte do processo é que a sexualidade [no islã] tem de ser reconhecida como algo que cada indivíduo determina para si mesmo".[14] Ela propôs a criação de uma mesquita que recebesse sunitas e xiitas e tratasse homens e mulheres com igualdade, permitindo que rezassem juntos, e que as mulheres servissem como imames em congregações mistas.

Ateş argumenta que o islã deve ser completamente separado da política: "Se vamos interromper esse movimento e separar a política da religião", diz, "então teremos uma chance de que o islã seja compatível com a democracia".[15]

CIDADÃOS REFORMADORES NO MUNDO ISLÂMICO

No mundo islâmico, também, um número cada vez maior de cidadãos comuns está pedindo reforma. Entre essas vozes está o egípcio Kareem Amer, o palestino Walid Husayin, a turca Aylin Kocaman, o iraquiano Nabil al-Haidari, a paquistanesa Luavut Zahid, os sauditas Hamza Kashgari e Raif Badawi, e a bengali Taslima Nasrin.

Kareem Amer (nome verdadeiro, Abdel Suleiman) é egípcio e ex-aluno de Al-Azhar. Em 2005, depois que os muçulmanos atacaram uma igreja copta, Amer chamou Maomé e seus seguidores do século VII de *Sahaba* — "derramadores de sangue" — por seus ensinamentos de guerra.[16] Amer criticou Al-Azhar por ser uma força da ortodoxia islâmica e intolerante com as opiniões reformistas. No início de 2006, foi expulso por criticar o dogma radical de seus instrutores islâmicos, escrevendo em seu blog que "professores e xeques do al-Azhar que [...] são contra quem pensa livremente" acabariam "na lata de lixo da história".[17] Amer também criticou o regime autocrático do então presidente Hosni Mubarak. Foi condenado a quatro anos de prisão em 2007, até ser libertado em 2010, após ter sido espancado no confinamento. Ele exemplifica os jovens egípcios que questionam o autoritarismo, não só político, mas também religioso.

Walid Husayin, cerca de trinta anos de idade, é um cético palestino que descreveu o Deus islâmico como "um Deus primitivo, beduíno e antropomórfico".[18] No Facebook, também satirizava vários versículos do Alcorão. Husayin é, em todos os sentidos, um livre-pensador irreverente que, no Ocidente, talvez encontrasse trabalho como comediante ou satirista. Muitos palestinos, no entanto, reagiram com raiva às críticas de Husayin ao islã, acusando-o de trabalhar para a Mossad, a agência israelense de inteligência. Alguns moradores de sua cidade natal o condenaram à morte "como advertência para os outros".[19] Husayin respondeu que seus críticos, "na verdade, não entendem que somos todos livres para pensar e acreditar em tudo o que nos aprouver".[20] Depois de passar um mês na prisão, e sob forte pressão, Husayin pediu desculpas.[21]

Luavut Zahid, escritora paquistanesa e defensora dos direitos das mulheres, escreveu em abril de 2014 que os muçulmanos tinham de fazer algumas mudanças significativas em sua religião, e que a crise do islã não pode ser atribuída a pessoas de fora:

> As táticas de terror utilizadas por países islâmicos e por muçulmanos em geral garantem que as pessoas vão tolerá-los ou ficar caladas e ir embora. Não existe o conceito de liberdade de expressão, e não há, também, o conceito de crítica. [...] Uma questão mais perti-

nente, pelo contrário, seria por que ninguém nunca entra em ação quando alguém decreta uma *fatwa* permitindo e exigindo a mutilação genital feminina. Se não é costume genuinamente islâmico circuncidar meninas, então por que só perceberam isso depois que [Ayaan] Hirsi Ali falou disso? [...] Será que ela às vezes parece muito radical? Com toda certeza.

Mas pare um segundo e pergunte a si mesmo: quantos muçulmanos ela matou? Quantos muçulmanos tiveram de se esconder por causa dela? O ônus da mudança está somente com os muçulmanos. Se estiverem tão decididos a provar que essa interpretação extrema de sua fé está errada, então precisam começar a transformar as coisas por dentro. Hirsi Ali não pode e não deve ser rotulada de islamofóbica só por repetir em voz alta o que viveu e continua a ver acontecendo ao seu redor, e tudo em nome de Deus.[22]

Taslima Nasrin, apóstata nascida em Bangladesh que vive atualmente na Índia, disse que "o que é necessário é um código civil uniforme com leis que não se baseiem em dogmas religiosos e que se apliquem igualmente a homens e mulheres".[23] O estado de direito civil, e não a lei da sharia, vai garantir que todos os cidadãos sejam tratados como iguais, independentemente de sua filiação religiosa particular. Isso implicaria uma separação completa entre mesquita e Estado.

OS CLÉRIGOS DISSIDENTES

A minha intuição diz que a reforma muçulmana não virá de dentro das fileiras do clero islâmico. Na crise atual do islã, entretanto, há um coro de clérigos muçulmanos cada vez maior clamando pela reforma da doutrina islâmica atual. Tais reformadores se encontram entre os clérigos sunitas e xiitas, tanto no mundo islâmico quanto no Ocidente. Devemos distinguir esses clérigos daquilo que eu chamaria de reformadores "falsos", que podem condenar a violência da Al-Qaeda e do Estado Islâmico e, ao mesmo tempo, trabalhar fervorosamente pela imposição da sharia por meios não violentos. Os verdadeiros "reformadores" não são assim, porém os governos ocidentais — incluindo o governo dos Estados Unidos — muitas vezes cometeram o erro de fazer parceria com esses indivíduos.[24] O *verdadeiro* reformador é um clérigo que não só rejeita a violência a curto prazo, mas *também* é a favor de alterar certas doutrinas religiosas fundamentais do islã.

Esses reformadores clericais divergem na substância específica das reformas. Alguns (como al-Ansari) são favoráveis à reinterpretação da doutrina islâmica, respeitando, por exemplo, a integridade do texto do Alcorão. Outros (como al-Qabbanji) consideram o Alcorão um texto que recebeu influência humana sujeito a reinterpretação de longo alcance. Uma descrição de alguns reformadores clericais revelará que há empenho significativo atualmente para reformar o islã de dentro para fora, embora eu mesma acredite que os cidadãos reformistas acabarão por ser mais fortes que os clérigos na reforma.

O imame Yassin Elforkani, um sunita que prega na Holanda, argumenta que "deve surgir uma nova teologia num contexto holandês".[25] Embora considere o Alcorão um texto divino (nesse aspecto, aderindo à ortodoxia), Elforkani insiste que "todas as interpretações do Alcorão são obras de seres humanos" e sujeitas a alterações. Com relação aos jovens muçulmanos holandeses que deixam a Holanda para participar do EI, ele diz: "Nós [os muçulmanos] não podemos nos permitir desviar o olhar, temos de pensar criticamente a respeito de nós mesmos. [...] Esses jovens partiram com ideais que não caíram do céu. Esses ideais coincidem com teorias elaboradas, com conceitos da teologia islâmica que são ensinados há décadas".[26]

Elforkani manifestou-se de maneira crítica com relação à teoria do califado e às atividades do EI: "O conceito do califado, do governo global do islã — desculpe, mas isso não é desta época, certo? Mas, se não elaborarmos alternativas a isso, o EI só vai conquistar cada vez mais espaço". Elforkani recebeu inúmeras ameaças de morte na Holanda por propor, explicitamente, reformas teológicas dentro do islã.

No mundo islâmico, inúmeros clérigos estão publicamente clamando por reformas teológicas. O sunita 'Abd Al-Hamid al--Ansari é ex-decano de direito islâmico na Universidade do Qatar. Nascido em Doha em 1945, al-Ansari passou anos defendendo muçulmanos liberais. Rejeitando a convocação dos pregadores islâmicos aos jovens muçulmanos para que amem a morte, Ansari disse: "Eu gostaria que os estudiosos da religião, por intermédio de seu discurso religioso, fizessem os nossos jovens amarem a vida, e não a morte".[27] Al-Ansari pediu uma revisão fundamental dos sistemas educacionais do mundo islâmico para incentivar o pensamento crítico. Apelou aos livres-pensadores árabes para poder processar os pregadores islâmicos provocadores pelo mal que lhes acontece em consequência de seus sermões.[28]

Ahmad al-Qabbanji é um clérigo xiita que se propôs a alterar aspectos fundamentais das doutrinas do islã. Al-Qabbanji nasceu em Najaf, no Iraque, em 1958, e estudou ciências jurídicas islâmicas na Hawza xiita de sua cidade natal na década de 1970. Ele disse com franqueza:

> Eu me desviei desta religião, de que respeito cada detalhe. Deixe-os dizerem que sou apóstata e herege. É verdade. Sou apóstata da religião deles, que não faz nada além de provocar o ódio do outro, uma religião desprovida de beleza, desprovida de amor, desprovida de humanidade.[29]

Al-Qabbanji propõe "um decreto religioso modificável com base em *fiqh al-maqasid*, ou a Jurisprudência do Significado".[30] Segundo essa inovação, "a jurisprudência deve tratar do significado transmitido pela revelação, em vez de aderir cegamente ao seu enunciado literal, sem levar em conta a realidade nem a razão".[31] Ele se propôs a ver o Alcorão como divinamente inspirado, *mas não divinamente ditado*, uma ruptura com a ortodoxia atual. Al-Qabbanji acredita que "o Alcorão foi criado pelo profeta Maomé, mas foi orientado por Alá".[32] Argumenta que há necessidade de reformas estruturais dentro do islã para evitar a sua estagnação: "Se queremos que o islã seja eterno, mesmo que a realidade seja móvel, então o islã também deve ser móvel. Não pode ficar estagnado. Os estudiosos das instituições religiosas consideram o islã uma doutrina estagnada".[33]

Outro reformador digno de nota é Ayad Jamal al-Din, um clérigo iraquiano. Embora seja xiita, al-Din argumenta *contra* o domínio político de clérigos, como ocorre no Irã, e pela separação entre mesquita e Estado, e tem enfrentado inúmeras ameaças por assumir essas posturas. Al-Din rejeita a imposição da sharia e é favorável a leis civis em estado civil, a fim de garantir plena liberdade de consciência a cada cidadão:

> Eu digo que, ou seguimos o *fiqh* (direito religioso islâmico), caso em que o Isis está mais ou menos certo, ou então seguimos o direito civil humano esclarecido, segundo o qual os *yazidis* são tão cidadãos quanto os muçulmanos xiitas e sunitas. Temos de nos decidir entre seguir o direito civil humano, legislado pelo parlamento iraquiano, e seguir as *fatwas* emitidas pela jurisprudência islâmica. Não devemos dourar a pílula e dizer que o islã é uma religião de compaixão, paz e água de rosas, e que está tudo bem.[34]

Al Din defendeu a diversidade religiosa do Iraque e tem repreendido o EI em bases teológicas por impor seus pontos de vista religiosos sobre os descrentes. Descreveu como "uma catástrofe" o primeiro artigo da maioria das constituições islâmicas, que declara que o Estado é um Estado islâmico. Argumenta que "a religião é para os seres humanos, e não para o Estado".[35]

Ibrahim al-Buleihi, ex-membro do conselho da Shura saudita que já ocupou uma série de cargos no governo, declarou publicamente que o mundo árabe precisa de uma mudança cultural fundamental para capacitar *o indivíduo* e tornar possível o pensamento independente.[36] Al-Buleihi rejeita o pensamento de grupo e a tendência à conformidade pública, que tem reprimido o pensamento independente no mundo islâmico. O pensamento independente, fora dos grilhões da ortodoxia, é necessário para que a civilização floresça.

Da mesma forma, Dhiyaa al-Musawi, clérigo xiita do Bahrein, pensador e escritor, clama por "uma intifada cultural no mundo árabe, a fim de varrer as superstições que habitam a mente árabe e islâmica".[37]

OS REFORMADORES E O OCIDENTE

Assim como os críticos do comunismo durante a Guerra Fria tinham diversas origens e discordaram em muitas coisas, os atuais críticos do islã não reformado não estão de acordo em todas as questões. Al-Qabbanji, por exemplo, tem expressado fortes críticas à política diplomática dos Estados Unidos e de Israel. Outros reformistas, como al-Ansari, geralmente são de inclinação pró-Estados Unidos.

Esses reformadores muçulmanos que propõem romper com a ortodoxia islâmica para capacitar o indivíduo, que querem criar um Estado civil sob as leis civis, que veem o Alcorão como um documento criado por homens e que apoiam a análise crítica do Alcorão e do *hadith* — essas pessoas são, em última análise, aliadas da liberdade humana, embora possam divergir dos ocidentais em questões de políticas públicas. Esses homens correm o risco de serem presos e até mesmo risco de morte, a fim de reformar o islã de dentro para fora e alterar suas doutrinas fundamentais. Eles merecem o nosso apoio, embora não sejam suscetíveis de concordar com os ocidentais em todos os assuntos de política externa.

Não acredito, assim como algumas pessoas, no "atraso" inato dos árabes ou dos muçulmanos, ou, por falar nisso, dos africanos ou dos somalis. Não acredito que a ortodoxia islâmica esteja "enraizada" na natureza dos muçulmanos. Não acredito que o mundo islâmico esteja condenado a um ciclo perpétuo de violência, independentemente de quem conseguir alcançar as alavancas do poder. E não acredito que os clérigos — guardiães da ortodoxia islâmica — sejam poderosos o bastante para deter uma onda de insatisfação com a atual conjuntura.

Sou universalista. Acredito que cada ser humano tem o poder da razão, bem como uma consciência. Isso inclui todos os muçulmanos, individualmente. Hoje, alguns muçulmanos ignoram sua consciência e participam de grupos como o Boko Haram ou o EI, obedecendo a prescrições textuais e dogmas religiosos.

Mas seus crimes contra a razão humana e contra a consciência humana cometidos em nome do islã e da sharia já estão obrigando a um reexame das escrituras, da doutrina e do direito islâmico. Esse processo não pode ser interrompido, não importa quanta violência seja usada contra os supostos reformadores. Em última análise, acredito que é a razão humana e a consciência humana que vão prevalecer.

É dever do mundo ocidental prestar assistência e, sempre que necessário, oferecer segurança a esses dissidentes e reformadores que estão executando essa tarefa formidável. Os dissidentes têm muitas divergências entre si: o que os une é a preocupação de que o islã sem reformas não provê um quadro ético viável nem uma forte conexão com o divino, com o reino do além. Para repetir as palavras de al-Din: "Não devemos dourar a pílula e dizer que o islã é uma religião de compaixão, paz e água de rosas, e que está tudo bem". Não é, não está. Mas o fato de que essas palavras podem ao menos ser pronunciadas é um dos motivos pelos quais acredito que a reforma muçulmana já começou.

Notas

INTRODUÇÃO: UM ISLÃ, TRÊS GRUPOS DE MUÇULMANOS [pp. 9-36]

1. Sarah Fahmy, "Petition: Speak Out Against Honoring Ayaan Hirsi Ali at Brandeis' 2014 Commencement". Disponível em: <https://www.change.org/p/brandeis-university-administration-speak-out-against-honoring-ayaan-hirsi--ali-at-brandeis-2014-commencement>.

2. Ibid.

3. Carta da Universidade Brandeis para o president Lawrence sobre Hirsi Ali, 6 abr. 2014. Disponível em: <https://docs.google.com/ document/d/1M0 AvrWuc3V0nMFqRDRTkLGpAN7leSZfxo 3y1msEyEJM/edit?pli=1>.

4. Carta encontrada no corpo de Theo van Gogh, 2004. Disponível em: <http:// vorige.nrc.nl/krant/article1584015.ece>.

5. Asra Nomani, "The Honor Brigade", *Washington Post*, 16 jan. 2015. Disponível em: <http://www.washingtonpost.com/opinions/meet-the-honor--brigade-an-organized-campaign-to-silence-critics-of-islam/2015/01/16/0b002e5a-9aaf-11e4-a7ee-526210d665b4_story.html>.

6. Soren Seelow, "It's Charlie, Hurry, They're All Dead", *Le Monde*, 13 jan. 2015. Disponível em: <http://www.lemonde.fr/societe/article/2015/01/13/ c-est--charlie-venez-vite-ils-sont-tous-morts_4554839_3224.html>.

7. Norman Cohn, *The Pursuit of the Millennium: Revolutionary Millenarians and Mystical Anarchists of the Middle Ages*. Nova York: Oxford University Press, 1957.

8. Pew Research Center, "The World's Muslims: Religion, Politics and Society", 2013. Disponível em: <http://www.pewforum.org/2013/04/30/the-worlds-muslims-religion-politics-society-overview/>.

9. Kevin Sullivan, "Three American Teens, Recruited Online, Are Caught Trying to Join the Islamic State", *Washington Post*, 8 dez. 2014. Disponível em: <http://www.washingtonpost.com/world/national-security/three-american-teens-recruited-online-are-caught-trying-to-join-the-islamic-state/2014/12/08/8022e6c4-7afb-11e4-84d4-7c896b90abdc_story.html>.

10. Conselho de Segurança da ONU, 7316ª Reunião, 19 nov. 2014. Disponível em: <http://www.un.org/press/en/2014/sc11656.doc.htm>. Ver também Spencer Ackerman, "Foreign Jihadists Flocking to Syria on 'Unprecedented Scale' — UN", *Guardian*, 30 out. 2014. Disponível em: <http://www.theguardian.com/world/2014/oct/30/foreign-jihadist-iraq-syria-unprecedented-un-isis>.

11. *Economist*, "It Ain't Half Hot Here, Mum: Why and How Westerners Go to Fight in Syria and Iraq", 30 ago. 2014. Disponível em: <http://www.economist.com/news/middle-east-and-africa/21614226-why-and-how-westerners-go-fight-syria-and-iraq-it-aint-half-hot-here-mum>.

12. Pew Research Center, "The Future of the Global Muslim Population: Projections for 2010-2030", 2011.

13. Ibid., "The World's Muslims: Religion, Politics and Society", 2013.

14. Ibid., "Survey Topline Results": Apostasy (Q92b), Belief in God (Q16), Duty to convert (Q52), Sharia revealed word (Q66), Influence of religious leaders (Q15), Western entertainment (Q26), Polygamy (84b), Honor killings (Q54), Suicide bombings (Q89), Divorce (Q77), Daughter marrying a Christian (Q38). Disponível em: <http://www.pewforum.org/files/2013/04/worlds-muslims-religion-politics-society-topline1.pdf>.

1. A HISTÓRIA DE UMA HEREGE [pp. 37-59]

1. Sohrab Ahmari, "Inside the Mind of the Western Jihadist", *Wall Street Journal*, 30 ago. 2014. Disponível em: <http://www.wsj.com/articles/SB20001424052970203977504580115831289875638>.

2. Ibid.

3. Michele McPhee, "Image Shows Dzhokhar Tsarnaev's Last Message Before Arrest", ABC News, 17 abr. 2014. Disponível em: <http://abc news.go.com/Blotter/image-shows-dzhokhar-tsarnaevs-messagearrest/story?id=23335984 &page=2>.

4. S. Ahmari, op. cit.

2. POR QUE NÃO HOUVE UMA REFORMA MUÇULMANA? [pp. 60-82]

1. Nonie Darwish, "Qaradawi: If They [Muslims] Had Gotten Rid of the Punishment for Apostasy, There Would Be No Islam Today", 5 fev. 2013. Disponível em: <http://www.gatestoneinstitute.org/3572/islam-apostasy-death>. Filme original disponível em: <https://www.youtube.com/watch?v=tB9UdXAP82o>.

2. Pew Research Center, "In 30 Countries, Heads of State Must Belong to a Certain Religion", 2014. Disponível em: <http://www.pewresearch.org/fact-tank/2014/07/22/in-30-countries-heads-of-state-must-belong-to-a-certain-religion/>.

3. Daniel Philpott, *Revolutions in Sovereignty: How Ideas Shaped Modern International Relations*. Princeton: Princeton University Press, 2001, p. 81.

4. Albert Hourani, *Arabic Thought in the Liberal Age, 1798–1939*. Cambridge: Cambridge University Press, 1983, p. 247.

5. "Hassan al Banna" in Roxanne Euben e Muhammad Qasim Zaman (Org.), *Princeton Readings in Islamist Thought*. Princeton: Princeton University Press, 2009, pp. 49-55.

6. A. Hourani, op. cit., p. 8.

7. Sahih al-Bukhari, v. 8, livro 76, n. 437.

8. Ella Landau-Tasseron, "The 'Cyclical Reform': A Study of the Mujaddid Tradition", *Studia Islamica*, n. 70, pp. 79-117, 1989.

9. David Bonagura, "Faith and Emotion", *The Catholic Thing*, 6 fev. 2014. Disponível em: <http://thecatholicthing.org/2014/02/06/faith-and-emotion/>. Último acesso em: 18 dez. 2014.

10. Elizabeth Flock, "Saudi Blogger's Tweets about Prophet Muhammad Stir Islamists to Call for His Execution", *Washington Post*, 9 fev. 2012. Disponível em: <http://www.washingtonpost.com/blogs/worldviews/post/saudi-bloggers-tweets-about-prophet-muhammad-stir-islamists-to-call-for-his-execution/2012/02 /09/gIQATqbc1Q_blog.html>.

11. Ibid.

12. Pew Research Institute, "Concerns about Islamic Extremism on the Rise in Middle East", 2014. Disponível em: <http://www.pewglobal.org/2014/07/01/concerns-about-islamic-extremism-on-the-rise-in-middle-east/>.

13. Raymond Ibrahim, "Egypt's Sisi: Islamic 'Thinking' Is 'Antagonizing the Entire World'", 1 jan. 2015. Disponível em: http://www.raymondibrahim.com/from-the-arab-world/egypts-sisi-islamic-thinking-is-antagonizing-the-entire-world/>. Grifo meu.

14. Shmuel Sasoni, "Son's Suicide Is Rohani's Dark Secret", *Ynet Middle East*, 18 jun. 2013. Disponível em: <http://www.ynetnews.com/articles/0,7340, L-4393748,00.html>.

3. MAOMÉ E O ALCORÃO [pp. 83-111]

1. Ernest Gellner, *Muslim Society*. Cambridge: Cambridge University Press, 1981, p. 1.
2. Sahih Muslim, livro 19, n. 4464, 4465, 4466, 4467.
3. Gerhard Bowering, "Muhammad (570-632)", in Gerhard Bowering (Org.), *The Princeton Encyclopedia of Islamic Political Thought*. Princeton: Princeton University Press, 2013, pp. 367-75.
4. Qur'an, trad. de Yusufali. University of Southern California Center for Muslim-Jewish Engagement. Disponível em: <http://www.usc.edu/org/cmje/religious-texts/quran/verses/033-qmt.php>.
5. Philip Carl Salzman, "The Middle East's Tribal DNA". *Middle East Quarterly*, pp. 23-33, 2008.
6. Id., *Culture and Conflict in the Middle East*. Amherst: Humanity Books, 2008.
7. Gerhard Bowering, professor de estudos islâmicos em Yale, resume a transição das tribos árabes para a supertribo muçulmana da seguinte maneira: "Pela primeira vez na história, a energia tribal dos membros dos clãs árabes, despendida no passado em invasões de nômades ou em sangrentas brigas tribais, se dirigiu à meta em comum de construir uma sociedade coordenada. Essa sociedade organizada devia ser conduzida pela jihad". G. Bowering (Org.), op. cit.
8. Patricia Crone, "Traditional Political Thought", in G. Bowering (Org.), op. cit., p. 559.
9. Ver Sahih Bukhari, livro 53 (Khumus) e livro 59 (Al-Maghaazi). University of Southern California Center for Muslim-Jewish Engagement. Disponível em: <http://www.usc.edu/org/cmje/religious-texts/hadith/bukhari/>.
10. Antony Black, *The History of Islamic Political Thought*. Edinburgo: Edinburgh University Press, 2001.
11. Patricia Crone, *God's Rule: Government and Islam*. Nova York: Columbia University Press, 2004, p. 10.
12. Para uma análise do determinismo na história islâmica, ver Suleiman Ali Mourad, "Free Will and Predestination", in Andrew Rippin (Org.), *The Islamic World*. Nova York: Routledge, 2008, pp. 179-90.
13. Ibid.
14. Tawfik Hamid, "Does Moderate Islam Exist?", *Jerusalem Post*, 14 set.

2014. Disponível em: < http://www.jpost.com/Experts/Does-moderate-Islam-exist-375316>.

15. Ibid.

16. Ibid.

17. Yahya Michot, "Revelation", in Jane Dammen McAuliffe (Org.), *The Cambridge Companion to the Quran*. Cambridge: Cambridge University Press, 2006, pp. 180-96.

18. Harald Motzki, "Alternative Accounts of the Quran's Formation", in ibid., p. 60.

19. John Wansbrough, *Quranic Studies: Sources and Methods of Scriptural Interpretation*. Oxford: Oxford University Press, 1977; e *The Sectarian Milieu: Content and Composition of Islamic Salvation History*. Oxford: Oxford University Press, 1978.

20. Fred Donner, "The Historical Context", in McAuliffe (Org.), op. cit., pp. 23-40.

21. Claude Gilliot, "Creation of a Fixed Text", in ibid., pp. 41-58.

22. Arthur Jeffery, "Abu 'Ubaid on the Verses Missing from the Quran", in Ibn Warraq (Org.), *The Origins of the Quran: Classic Essays on Islam's Holy Book*. Amherst: Prometheus Books, 1998, pp. 150-4.

23. Toby Lester, "What Is the Quran?", *Atlantic*, 1 jan. 1999. Disponível em: <http://www.theatlantic.com/magazine/archive/1999/01/what-is-the-Quran/304024/>.

24. Motzki, op. cit., pp. 59-75.

25. Michael Cook, "The Collection of the Quran", in *The Quran: A Short Introduction*. Oxford: Oxford University Press, 2000, pp. 119-26.

26. Malise Ruthven, *Islam in the World*. Oxford: Oxford University Press, 2006, p. 81. Grifo meu.

27. Ibid.

28. Ibn Warraq, "Introduction", in _____ (Org.), *Which Quran? Variants, Manuscripts, Linguistics*. Amherst: Prometheus Books, 2011, p. 44. Warraq refere-se a Abul A'la Mawdudi, *Towards Understanding Islam* (Gary, IN: International Islamic Federation of Student Organizations, 1970).

29. Raymond Ibrahim, "How Taqiyya Alters Islam's Rules of War", *Middle East Quarterly*, pp. 3-13, 2010. Disponível em: <http://www.meforum.org/2538/taqiyya-islam-rules-of-war>.

30. David Bukay, "Peace or Jihad? Abrogation in Islam", *Middle East Quarterly*, pp. 3-11, 2007.

31. Raymond Ibrahim, "Ten Ways Islam and the Mafia Are Similar", 2014.

Disponível em: <http://www.raymondibrahim.com/islam/ten-ways-the-mafia-and-islam-are-similar/>.

32. D. Bukay, "Peace or Jihad? Abrogation in Islam".

33. Andrew Higgins, "The Lost Archive: Missing for a Half Century, a Cache of Photos Spurs Sensitive Research on Islam's Holy Text", *Wall Street Journal*, 12 jan. 2008. Disponível em: <http://online.wsj.com/articles/SB120008793352784631>.

34. Ibid.

35. Michael Cook, op. cit., pp. 77, 80, 95, 127.

36. Ibid., p. 79.

37. David Cook, *Understanding Jihad*. Los Angeles: University of California Press, 2005, p. 43.

38. Ibid., p. 32.

39. Ibid., p. 42.

40. Mariam Karouny, "Apocalyptic Prophecies Drive Both Sides to Syrian Battle for End of Time", Reuters, 1 jan. 2014. Disponível em: <http://www.reuters.com/article/2014/04/01/us-syria-crisis-prophecy-insight-idUSBREA3013420140401>.

41. Ibid.

42. Ali Khan e Hisham Ramadan, *Contemporary Ijtihad: Limits and Controversies*. Edimburgo: Edinburgh University Press, 2011, p. 36.

43. Christina Phelps Harris, *Nationalism and Revolution in Egypt*. Nova York: Hyperion Press, 1981 [1964], p. 111.

44. Jason Burke, "Taliban Prepare for Civilian Rule", *Independent*, 21 ago. 1998. Disponível em: <http://www.independent.co.uk/news/taliban-prepare-for-civilian-rule-1173015.html>.

45. Mahmoud Mohamed Taha, *The Second Message of Islam*. Syracuse: Syracuse University Press, 1987.

4. OS QUE AMAM A MORTE [pp. 112-32]

1. Kevin Sullivan, "Three American Teens, Recruited Online, Are Caught Trying to Join the Islamic State", *Washington Post*, 8 dez. 2014. Disponível em: <http://www.washingtonpost.com/world/national-security/three-american-teens-recruited-online-are-caught-trying-to-join-the-islamic-state/2014/12/08/8022e6c4-7afb-11e4-84d4-7c896b90abdc_story.html>.

2. Ibid.

3. Ibid.

4. Asma Afsaruddin, "Martyrdom", in Gerhard Bowering (Org.), *The Princeton Encyclopedia of Islamic Political Thought*. Princeton: Princeton University Press, 2013, p. 329.

5. Imam Al-Ghazzali, *Ihya Ulum-id-Din*. Karachi: Darul-Ishaat, v. 4, p. 428.

6. Jane Idleman Smith e Yvonne Yazbeck Haddad, "The Special Case of Women and Children in the Afterlife", in *The Islamic Understanding of Death and Resurrection*. Albany: SUNY Press, 1981, pp. 157-82.

7. Sermão do xeque Muhammad Hassan, 13'34". Disponível em: <https://www.youtube.com/watch?v=7i92a3oKkGk>.

8. Discussão baseada em Terence Penelhum, "Christianity", in Harold Coward (Org.), *Life After Death in World Religions*. Maryknoll: Orbis, 1997, pp. 31-47.

9. Thomas Hegghammer, "Suicide", in G. Bowering (Org.), op. cit., pp. 530-1.

10. K. Sullivan, op. cit.

11. John Estherbrook, "Salaries for Suicide Bombers", CBS News, 3 abr. 2002. Disponível em: <http://www.cbsnews.com/news/salaries-for-suicide-bombers/>.

12. MEMRI, "Gaza Lecturer Subhi Al-Yazji: Suicide Bombers Are Motivated by Islamic Faith, Not Financial Need or Brainwashing", 2014. Disponível em: <http://www.memri.org/clip_transcript/en/4318.htm>.

13. Itamar Marcus, "Islamic Law and Terror in Palestinian Authority Ideology", Palestinian Media Watch, 2002. Disponível em: <http://www.palwatch.org/main.aspx?fi=155&doc_id=2321>.

14. Raphael Israeli, *Islamikaze: Manifestations of Islamic Martyrology*. Nova York: Routledge, 2003, p. 216.

15. Al-Risala, 7 jul. 2001.

16. Palestinian Media Watch, 1 jan. 2006.

17. Palestinian Media Watch, "Success of Shada Promotion", 2006. Disponível em: <http://palwatch.org/main.aspx?fi=635&fld_id=635&doc_id=1109>.

18. Palestinian Media Watch, "Martyrs Rewarded with 72 Virgins", 2004. Disponível em: <http://palwatch.org/main.aspx?fi=565>.

19. MEMRI, "Ten-Year-Old Yemeni Recites Poetry about the Liberation of Jerusalem", 2010. Disponível em: <http://www.memritv.org/clip_transcript/en/2723.htm>.

20. Drew Hinshaw, "Children Enlist in African Religious Battles", *Wall Street Journal*, 1 jul. 2014.

21. <http://www.thedailybeast.com/articles/2014/08/06/the-isis-online-campaign-luring-western-girls-to-jihad.html>.

22. Shamim Siddiqi, *Methodology of Dawah Il Allah in American Perspective*. Brentwood: International Graphic, 1989, cap. 3, p. 33.

23. James Burke, *The Day the Universe Changed*. Nova York: Hachette, 1985, p. 38.

24. Albert Hourani, *Arabic Thought in the Liberal Age, 1798-1939*. Cambridge: Cambridge University Press, 1983, pp. 41-2.

25. Maribel Fierro, "Heresy and Innovation", in G. Bowering (Org.), op. cit., pp. 218-9.

26. Entrevista televisiva concedida por Zakir Naik a Shahid Masood em ARY Digital. Disponível em: <https://www.youtube.com/watch?v=6jYU L7eBdHg>.

27. "Open Letter to Al-Baghdadi and to the Fighters and Followers of the Self-Declared 'Islamic State'." 2014. Disponível em: <http://www.lettertobaghdadi.com/>.

28. Timur Kuran, *The Long Divergence: How Islamic Law Held Back the Middle East*. Princeton: Princeton University Press, 2011.

5. ALGEMADOS PELA SHARIA [pp. 133-56]

1. Harriet Alexander, "Meriam Ibrahim 'Should Be Executed,' Her Brother Says", *Telegraph*, 5 jun. 2014. Disponível em: < http://www.telegraph.co.uk/news/worldnews/africaandindianocean/sudan/10877279/Meriam-Ibrahim-should-be-executed-her-brother-says.html>.

2. Citado em Ernest Gellner, *Muslim Society*. Cambridge: Cambridge University Press, 1988, p. 1.

3. Patricia Crone, *God's Rule: Government and Islam*. Nova York: Columbia University Press, 2004, p. 287.

4. E. Gellner, op. cit., p. 1.

5. Dan Diner, *Lost in the Sacred: Why the Muslim World Stood Still*. Princeton: Princeton University Press, 2009.

6. Ibid.

7. <http://www.cnn.com/2015/01/21/middleeast/saudi-beheading-video/>.

8. BBC, "What Are Pakistan's Blasphemy Laws?", 6 nov. 2014. Disponível em: <http://www.bbc.com/news/world-south-asia-12621225>.

9. Nurdin Hasan, "Aceh Government Removes Stoning Sentence from Draft Bylaw", *Jakarta Post*, 12 mar. 2013. Disponível em: <http://thejakartaglobe.beritasatu.com/news/aceh-government-removes-stoning-sentence-from-draft-bylaw/>.

10. Richard Edwards, "Sharia Courts Operating in Britain", *Telegraph*, 14 set. 2008. Disponível em: <http://www.telegraph.co.uk/news/uknews/2957428/Sharia-law-courts-operating-in-Britain.html>.

11. Maryam Namazie, "What Isn't Wrong with Shariah Law?", *Guardian*, 5 jul. 2010. Disponível em: <http://www.theguardian.com/law/2010/jul/05/sharia-law-religious-courts>.

12. Ruud Koopmans, "Fundamentalism and Out-Group Hostility: Immigrants and Christian Natives in Western Europe", wzb Berlin, 2013. Disponível em: <http://www.wzb.eu/sites/default/files/u6/koopmans_englisch_ed.pdf>.

13. Alex Schmid, "Violent and Non-violent Extremism: Two Sides of the Same Coin?", icct Research Paper, The Hague, 2014, p. 8.

14. Ahmad ibn Nagil al-Misri, *Reliance of the Traveller: A Classical Manual of Islamic Sacred Law*. Beltsville: Amana, 1997, F 5.3.

15. Ibid., M 10.12, p. 541.

16. Ibid., M 3.13, M 3.15.

17. Richard Antoun, "On the Modesty of Women in Arab Muslim Villages: A Study in the Accommodation of Traditions", *American Anthropologist*, v. 70, n. 4, pp. 671-97.

18. Phyllis Chesler, "Are Honor Killings Simply Domestic Violence?", *Middle East Quarterly*, pp. 61-69, 2009.

19. Aymenn Jawad Al-Tamimi, "The Problem of Honor Killings", *Foreign Policy Journal*, set. 2010. Disponível em: <http://www.foreignpolicy journal.com/2010/09/13/the-problem-of-honor-killings/>.

20. Yotam Feldner, "'Honor' Murders — Why the Perps Get Off Easy", *Middle East Quarterly*, pp. 41-50, 2000. Disponível em: <http://www.meforum.org/50/honor-murders-why-the-perps-get-off-easy>. As ênfases são minhas.

21. Memri, "Egyptian Cleric Sa'd Arafat: Islam Permits Wife Beating Only When She Refuses to Have Sex with Her Husband, 2010". Disponível em: <http://www.memritv.org/clip_transcript/en/2600.htm>.

22. Brian Whitaker, "From Discrimination to Death: Being Gay in Iran", *Guardian*, 15 dez. 2010. Disponível em: <http://www.theguardian.com/commentisfree/2010/dec/15/gay-iran-mahmoud-ahmadinejad>.

23. irqo, *The Violations of the Economic, Social, and Cultural Rights of Lesbian, Gay, Bisexual, and Transgender (LGBT) Persons in the Islamic Republic of Iran*, 2012. Disponível em: <http://www2.ohchr.org/English/bodies/cescr/docs/ngos/JointHeartlandAlliance_IRQO_IHRC_Iran_CESCR50.pdf>. Ver também Vanessa Barford, "Iran's 'Diagnosed Transsexuals'", bbc, 25 fev. 2008. Disponível em: <http://news.bbc.co.uk/2/hi/7259057.stm>.

24. Pew Research Forum, "The World's Muslims: Religion, Politics and Society", 2013. Disponível em: <http://www.pewforum.org/2013/04/30/the-worlds-muslims-religion-politics-society-overview/>.

25. Daniel Howden, "'Don't Kill Me,' She Screamed. Then They Stoned Her

to Death", *Independent*, 9 nov. 2008. Disponível em: <http://www.independent.co.uk/news/world/africa/dont-kill-me-she-screamed-then-they-stoned-her-to-death-1003462.html>.

26. Betty Friedan, *The Feminine Mystique*. Nova York: Norton, 1997, p. 144.

6. O CONTROLE SOCIAL COMEÇA EM CASA [pp. 157-76]

1. Michael Cook, *Forbidding Wrong in Islam: A Short Introduction*. Cambridge: Cambridge University Press, 2003, p. 147.

2. Patricia Crone, *God's Rule: Government in Islam*. Nova York: Columbia University Press, 2004, pp. 300-1.

3. Ben Quinn, "'Muslim Patrol' Vigilante Pleads Guilty to Assaults and Threats", *Guardian*, 13 out. 2013. Disponível em: <http://www.theguardian.com/uk-news/2013/oct/18/muslim-patrol-vigilante-guilty-assault>.

4. "Locals Concerned as 'Sharia Police' Patrol Streets of German City", *Deutsche Welle*, 2014. Disponível em: <http://www.dw.de/locals-concerned-as-sharia-police-patrol-streets-of-german-city/a-17904887>.

5. Pakistan Human Rights Commission, *State of Human Rights in 2013*. Disponível em: <www.hrcp-web.org/hrcpweb/report14/AR2013.pdf>.

6. Terrence McCoy, "In Pakistan, 1,000 Women Die in 'Honor Killings' Annually. Why Is This Happening?", *Washington Post*, 28 maio 2014. Disponível em: <http://www.washingtonpost.com/news/morning-mix/wp/2014/05/28/in-pakistan-honor-killings-claim-1000-womens-lives-annually-why-is-this-still-happening/>.

7. Aymenn Jawad, Al-Tamimi, "The Problem of Honor Killings", *Foreign Policy Journal*, set. 2010. Disponível em: <http://www.foreignpolicy.com/2010/09/13/the-problem-of-honor-killings>.

8. Dawood Azami, "Controversy of Apostasy in Afghanistan", BBC, 14 jan. 2014. Disponível em: <http://www.bbc.com/news/world-asia-25732919>.

9. Jeffrey Goldberg, "The Modern King in the Arab Spring", *Atlantic*, abr. 2013. Disponível em: <http://www.theatlantic.com/magazine/archive/2013/04/monarch-in-the-middle/309270/?single_page=true>.

10. Ibid.

11. M. Cook, op. cit., pp. 114-5, 122.

12. P. Crone, "Traditional Political Thought", in Gerhard Bowering (Org.), *The Princeton Encyclopedia of Islamic Political Thought*. Princeton: Princeton University Press, 2013, pp. 554-60.

13. Kathy Gilsinan, "The ISIS Crackdown on Women, by Women", *Atlantic*,

25 jul. 2014. Disponível em: <http://www.theatlantic.com/international/archive/2014/07/the-women-of-isis/ 375047/>.

14. Nadya Labi, "An American Honor Killing: One Victim's Story", *Time*, 25 fev. 2011. Disponível em: <http://content.time.com/time/nation/article/0,8599,2055445,00.html>.

15. "Brother of Slain Girls Defends Father at Vigil", NBC News, 9 mar. 2008. Disponível em: <http://www.nbc5i.com/newsarchive/15546408/detail.html>.

16. Oren Yaniv, "Pakistani Man Gets 18 Years to Life for Beating Wife to Death After She Made Lentils for Dinner", 9 jul. 2014. Disponível em: <http://www.nydailynews.com/new-york/nyc-crime/pakistani-man-18-years-life-beating-wife-death-made-lentils-dinner-article-1.1860459>.

17. "Derby Gay Death Call Leaflet Was 'Muslim Duty'", BBC, 12 jan. 2012. Disponível em: <http://www.bbc.com/news/uk-england-derbyshire-16581758>.

18. Kunal Dutta, "ISIS Suicide Bomber from Derby Thought to Have Killed Eight in Iraq 'Could Have Been Brainwashed'", *Independent*, 9 nov. 2014. Disponível em: <http://www.independent.co.uk/news/world/middle-east/isis-suicide-bomber-from-derby-kills-eight-in-iraq-9849307.html>.

19. James Harkin, "Inside the Mind of a British Suicide Bomber", *Newsweek*, 21 nov. 2014. Disponível em: <http://www.newsweek.com/2014/11/21/inside-frenzied-mind-british-suicide-bomber-283634.html>.

20. "Muslim Radio Station Fined for Saying People Should Be Tortured", *Daily Telegraph*, 23 nov. 2012. Disponível em: <http://www.telegraph.co.uk/news/religion/9698967/Muslim-radio-station-fined-for-saying-gay-people-should-be-tortured.html>.

21. Ibid.

7. JIHAD [pp. 177-209]

1. Capital Bay News, "Lee Rigby Trial Updates", 2013. Disponível em: <http://www.capitalbay.com/news/432534-live-lee-rigby-trial-updates-as-michael-adebolajo-and-michael-adebowale-stand-accused-of-woolwich-soldier-murder.html>.

2. "Text from Dzokhar Tsarnaev's Note Written in Watertown Boat", *Boston Globe*, 22 maio 2014. Disponível em: <http://www.bostonglobe.com/metro/2014/05/22/text-from-dzhokhar-tsarnaev-note-left-watertown-boat/KnRIeqqr95rJQbAbfnj5EP/story.html>.

3. Ibid.

4. Sebastian L. v. Gorka, "The Enemy Threat Doctrine of Al-Qaeda: Taking

the War to the Heart of Our Foe", in Katherine C. Gorka e Patrick Sookhdeo (Orgs.), *Fighting the Ideological War: Winning Strategies from Communism to Islamism*. McLean: Isaac Publishing, 2012, pp. 198-201.

5. David Cook, *Understanding Jihad*. Los Angeles: University of California Press, 2005, pp. 32-3.

6. Rajia Aboulkeir, "Meet Islam Yaken, a Cosmopolitan Egyptian Who Turned into ISIS Fighter", *Al-Arabiya*, 3 ago. 2014. Disponível em: <http://english.alarabiya.net/en/variety/2014/08/03/Meet-Islam-Yaken-a-cosmopolitan--Egyptian-who-turned-into-ISIS-fighter-.html>.

7. Hamas, "Boy Vows to Join Father in Martyrs' Paradise", 2009. Disponível em: <http://palwatch.org/main.aspx?fi=585&fld_id=633&doc_id =2789>.

8. AIVD, *The Transformation of Jihadism in the Netherlands: Swarm Dynamics and New Strength*,The Hague, 2014. Disponível em: <https://www.aivd.nl/english/publications-press/@3139/transformation-0/>.

9. Bart Olmer, "Threat of Jihadists Greater Than Ever", *De Telegraaf*, 30 jun. 2014.

10. Ibid.

11. Ibid.

12. Pew Research Institute, "Muslim Americans: Middle Class and Mostly Mainstream", 2007, p. 6.

13. Pew Research Institute, "Muslim Americans: No Signs of Growth in Alienation or Support for Extremism", 2011, p. 4.

14. Dominic Evans, "Exiled Cleric Who Taught UK Knifeman Praises Courage", Reuters, 24 maio 2013. Disponível em: <http://www.reuters.com/article/2013/05/24/us-britain-killing-bakri-idUSBRE 94N0D920130524>.

15. Patricia Crone, "Traditional Islamic Political Thought", in Gerhard Bowering (Org.), *The Princeton Encyclopedia of Islamic Political Thought*. Princeton: Princeton University Press, 2013.

16. Human Rights Watch, "Nigeria: Boko Haram Kills 2,053 Civilians in 6 Months", 15 jul. 2014. Disponível em: <http://www.hrw.org/ news/2014/07/15/nigeria-boko-haram-kills-2053-civilians-6-months>.

17. UNHCR. 2015 UNHCR Country Operations Profile. Disponível em: <http://www.unhcr.org/pages/4e43cb466.html>.

18. Pew Research Center, "Global Christianity: A Report on the Size and Distribution of the World's Christian Population", 2011, p. 64.

19. André Aciman, "After Egypt's Revolution, Christians Are Living in Fear", *The New York Times*, 19 nov. 2011. Disponível em: <http://www.nytimes.com/2011/11/20/opinion/sunday/after-egypts-revolution-christians-are-living--in-fear.html>.

20. Richard Spencer, "Egypt's Coptic Christians Fleeing Country After Islamist Takeover", *Telegraph*, 13 jan. 2013. Disponível em: <http://www.telegraph.co.uk/news/worldnews/africaandindianocean/egypt/9798777/Egypts-Coptic-Christians-fleeing-country-after-Islamist-takeover.html>.

21. Nina Shea, Paul Marshall e Lela Gilbert, *Saudi Arabia's Curriculum of Intolerance, with Excerpts from Saudi Ministry of Education Textbooks for Islamic Studies*. Washington, D.C.: Hudson Institute Center for Religious Freedom and the Institute for Gulf Affairs, 2008, pp. 7, 43. Disponível em: <http://www.hudson.org/content/researchattachments/attachment/656/saudi_textbooks_final.pdf>.

22. "UK Jihad Fighter in Downing Street Flag Threat", *Scotsman*, 5 jul. 2014. Disponível em: <http://www.scotsman.com/mobile/news/uk/uk-jihad-fighter-in-downing-street-flag-threat-1-3467362>.

23. Mark Townsend, "British Muslims' Right to Fight in Syria Backed by an Ex-Adviser on Radicalization", *Guardian*, 28 jun. 2014. Disponível em: <http://www.theguardian.com/uk-news/2014/jun/28/british-jidahis-syria-defended>.

24. Nadim Roberts, "The Life of a Jihadi Wife: Why One Canadian Woman Joined ISIS's Islamic State", CBC, 7 jul. 2014. Disponível em: <http:// www.cbc.ca/news/world/the-life-of-a-jihadi-wife-why-one-canadian-woman-joined-isis-s-islamic-state-1.2696385>.

25. Press Association, "British Jihadist Warns of 'Black Flag of Islam' over Downing Street", *Guardian*, 4 jul. 2014. Disponível em: <http://www.theguardian.com/uk-news/2014/jul/04/british-jihadi-black-flag-islam-downing-street>.

26. Ibid.

27. Jessica Stern, "Mind over Martyr: How to Deradicalize Islamic Extremists", *Foreign Affairs*, jan./fev. 2010.

28. Elizabeth Dickinson, "Rise of IS Elicits Soul Searching in Arab Gulf, a Source of Funds and Fighters", *Christian Science Monitor*, 13 out. 2014. Disponível em: <http://www.csmonitor.com/World/Middle-East/2014/1013/Rise-of-IS-elicits-soul-searching-in-Arab-Gulf-a-source-of-funds-and-fighters>.

29. Staff, "British Jihadists Urge Their 'Brothers' to Join War", *Times of Israel*, 21 jun. 2014. Disponível em: <http://www.timesofisrael.com/british-citizens-urge-their-brothers-to-join-jihad/>.

30. Helen Davidson, "ISIS Instructs Followers to Kill Australians and Other 'Disbelievers'", *Guardian*, 23 set. 2014. Disponível em: <http://www.theguardian.com/world/2014/sep/23/islamic-state-followers-urged-to-launch-attacks-against-australians>.

31. Ver D. Cook, op. cit. e *Martyrdom in Islam* (Cambridge: Cambridge University Press, 2007).

8. O CREPÚSCULO DA TOLERÂNCIA [pp. 210-23]

1. Adam Wolfson, *Persecution or Toleration: An Explication of the Locke-Proast Quarrel, 1689-1704*. Lanham, MD: Lexington Books, 2010.
2. John Locke, *The Second Treatise of Government and a Letter Concerning Toleration*. Mineola, NY: Dover Publications, 2002.
3. Patrick Kingsley, "80 Sexual Assaults in One Day: The Other Story of Tahrir Square", *Guardian*, 5 jul. 2013. Disponível em: <http://www.theguardian.com/world/2013/jul/05/egypt-women-rape-sexual-assault-tahrir-square>.
4. Unicef, *Female Genital Mutilation/Cutting: A Statistical Overview and Exploration of the Dynamics of Change*, 2013. Disponível em: <http://www.unicef.org/publications/index_69875.html>.
5. Ali Khan e Hisham Ramadan, *Contemporary Ijtihad: Limits and Controversies*. Edimburgo: Edinburgh University Press, 2011, p. 59.
6. Maribel Fierro, "Heresy and Innovation", in Gerhard Bowering (Org.), *The Princeton Encyclopedia of Islamic Political Thought*. Princeton: Princeton University Press, 2013, pp. 218-9.
7. Einah, "An Open Letter to Ben Affleck", *Pakistan Today*, 25 out. 2014. Disponível em: <http://www.pakistantoday.com.pk/2014/10/25/comment/an-open-letter-to-ben-affleck/>.
8. Michael Warner, "Origins of the Congress for Cultural Freedom", *Studies in Intelligence*, v. 38, n. 5, 1995. Ver também Peter Coleman, *The Liberal Conspiracy: The Congress for Cultural Freedom and the Struggle for the Mind of Postwar Europe*. Nova York: Free Press, 1989.
9. Hilton Kramer, "What Was the Congress for Cultural Freedom?", *New Criterion*, 1990. Disponível em: <http://www.newcriterion.com/articles.cfm/What-was-the-Congress-for-Cultural-Freedom—5597>.
10. Angel Rabasa, Cheryl Bernard, Lowell Schwartz e Peter Sickle, *Building Moderate Muslim Networks*. Arlington: RAND Corporation, 2007, pp. 17-8. Disponível em: <http://www.rand.org/pubs/monographs/MG574.html>.
11. Frances Saunders, *The Cultural Cold War: The CIA and the World of Arts and Letters*. Nova York: Free Press, 1999, p. 89.
12. Barton Gellman e Greg Miller, "'Black Budget' Summary Details U.S. Spy Network's Successes, Failures and Objectives", *Washington Post*, 29 ago. 2013. Disponível em: <http://www.washingtonpost.com/world/national-security/black-budget-summary-details-us-spy-networks-successes-failures-and-objectives/2013/08/29/7e57bb78-10ab-11e3-8cdd-bcdc09410972_story.html>.
13. Joseph Stiglitz e Linda Bilmes, *The Three Trillion Dollar War: The True*

Cost of the Iraq Conflict. Nova York: W. W. Norton, 2008; Joseph Stiglitz, "The Price of 9/11", *Project Syndicate*, 2011. Disponível em: <http://www.project-syndicate.org/commentary/the-price-of-9-11>.

CONCLUSÃO: A REFORMA MUÇULMANA [pp. 224-38]

1. Citado em Thomas Friedman, "How ISIS Drives Muslims from Islam", *The New York Times*, 6 dez. 2014.

2. Malala Yousafzai, "Malala Yousafzai: 'Our Books and Our Pens Are the Most Powerful Weapons', Address to the United Nations", *Guardian*, 12 jul. 2013. Disponível em: <http://www.theguardian.com/commentisfree/2013/jul/12/malala-yousafzai-united-nations-education-speech-text>.

3. Yousef Al-Otaiba, "The Moderate Middle East Must Act", *Wall Street Journal*, 9 set. 2014. Disponível em: <http://www.wsj.com/articles/yousef-al-otaiba-the-moderate-middle-east-must-act-141 0304537>.

4. Ibid. Grifo meu.

5. Ver Muhammad Abu Samra, "Liberal Critics, 'Ulama' and the Debate on Islam in the Contemporary World", in Meir Hatina (Org.), *Guardians of Faith in Modern Times: 'Ulama in the Middle East*. Leiden: Brill, 2008, pp. 265-91.

6. Geneive Abdo, *No God but God: Egypt and the Triumph of Islam*. Oxford: Oxford University Press, 2000, p. 68.

7. Ibid.

8. S. S. Hasan, *Christians versus Muslims in Modern Egypt: The Century-Long Struggle for Coptic Equality*. Oxford: Oxford University Press, 2003, pp. 176-7.

9. G. Abdo, op. cit.

10. Yunis Qandil, "Euro-Islamists and the Struggle for Dominance within Islam", in Zeyno Baran (Org.), *The Other Muslims: Moderate and Secular*. Nova York: Palgrave Macmillan, 2010, pp. 33-55; Hedieh Mirahmadi, "Navigating Islam in America", in ibid., pp. 17-32.

11. "The Enemies of the Muslims According to the Global Islamic Resistance", in Stephen Ulph, "Islamism and Totalitarianism: The Challenge of Comparison", in Katherine C. Gorka e Patrick Sookhdeo (Orgs.), *Fighting the Ideological War: Winning Strategies from Communism to Islamism*. McLean: Isaac Publishing, 2012, p. 75.

12. Citado em Patricia Crone, *God's Rule: Government and Islam*. Nova York: Columbia University Press, 2004, p. 303.

13. Abul 'Ala' al-Ma'arri [século XI], *The Epistle of Forgiveness: A Vision of*

Heaven and Hell, trad. de Geert Jan van Gelder e Gregor Schoeler. Nova York: New York University Press, 2013.

14. France 24, "Jihadists Behead Statue of Syrian Poet Abul Ala al-Maari", 14 fev. 2013. Disponível em: <http://observers.france24.com/content/20130214-­-jihadists-behead-statue-syrian-poet-abul-ala-al-maari>.

15. Reynold Nicholson, *Studies in Islamic Poetry*. Cambridge: Cambridge University Press, 1969.

APÊNDICE: REFORMADORES E DISSIDENTES MUÇULMANOS
[pp. 239-51]

1. Ver Ida Lichter, *Muslim Women Reformers: Inspiring Voices Against Oppression*. Amherst: Prometheus Books, 2009; Zeyno Baran, *The Other Muslims: Moderate and Secular*. Nova York: Palgrave Macmillan, 2010.

2. Zuhdi Jasser, "Americanism vs. Islamism", in Z. Baran, op. cit., pp. 175-91.

3. Akbar Ahmed, *Journey into America: The Challenge of Islam*. Washington, D.C.: Brookings Institution Press, 2010, pp. 238-40.

4. Saleem Ahmed, *Islam: A Religion of Peace?*. Honolulu: Moving Pen Publishers, 2009.

5. Z. Baran, op. cit.

6. Yunis Qandil, "Euro-Islamists and the Struggle for Dominance within Islam", in ibid., pp. 33-55.

7. I. Lichter, op. cit., pp. 346-8.

8. Ibid.

9. Ibid.

10. Samia Labidi, *Karim, mon frère: Ex-intégriste et terroriste*. Paris: Flammarion, 1997.

11. I. Lichter, op. cit., pp. 346-8.

12. S. Labidi, "Faces of Janus: The Arab-Muslim Community in France and the Battle for Its Future", in Z. Baran, op. cit., pp. 107-22.

13. *Der Spiegel*, "German-Turkish Author Seyran Ateş: 'Islam Needs a Sexual Revolution'", 13 out. 2009. Disponível em: <http://www.spiegel.de/international/europe/german-turkish-author-seyran-Ateş-islam-needs-a-sexual-­-revolution-a-654704.html>.

14. Ibid.

15. Poggioli 2008.

16. Abou El-Magd, "Egyptian Blogger Gets 4 Years in Prison", *Washington*

Post, 22 fev. 2007. Disponível em: <http://www.washingtonpost.com/wp-dyn/content/article/2007/02/22/AR2007022200 269_pf.html>.

17. MEMRI, "Egyptian Blogger Abdelkareem Suleiman Arrested for Critizing Al-Azhar Sheikhs", 7 dez. 2006. Disponível em: <http://www.memri.org/report/en/0/0/0/0/0/0/1967.htm>.

18. Isabel Kershner, "Palestinian Blogger Angers West Bank Muslims", *The New York Times*, 16 dez. 2010. Disponível em: <http://www.nytimes.com/2010/11/16/world/europe/16blogger.html?_r=0>.

19. Diaa Hadid, Associated Press, 6 dez. 2010. Disponível em: <http://www.thestar.com/news/world/2010/12/06/palestinian_atheist_jailed_for_weeks_apologizes.html>.

20. I. Kershner, op. cit.

21. D. Hadid, op. cit.

22. Luavut Zahid, "Brandeis University: You've Made a Real Booboo", *Pakistan Today*, 14 abr. 2014. Disponível em: <http://www.pakistantoday.com.pk/2014/04/19/comment/brandeis-university-youve-made-a-real-booboo/>.

23. Taslima Nasrin, "They Wanted to Kill Me", *Middle East Quarterly*, 2000. Disponível em: <http://www.meforum.org/73/taslima-nasrin-they-wanted-to-kill-me>.

24. Ver Hedieh Mirahmadi, "Navigating Islam in America", in Z. Baran, op. cit., pp. 17-32; Yunis Qandil, "Euro-Islamists and the Struggle for Dominance within Islam", in ibid., pp. 33-55.

25. Hanne Obbink, "Muslims Are Not Allowed to Look Away Any Longer", *Trouw*, 30 dez. 2014. Disponível em: <http://www.trouw.nl/tr/nl/4492/Nederland/article/detail/3819986/2014/12/30/ Moslims-mogen-niet-langer-wegkijken.dhtml>.

26. Ibid.

27. Entrevista com al-Ansari, TV Al-Arabiya, 11 maio 2007. Disponível em: <http://www.memri.org/clip_transcript/en/1450.htm>.

28. MEMRI, "Qatari Liberal and Former Dean of Islamic Law at the University of Qatar: Arab Liberals, Secularists Are Facing Jihad", 17 mar. 2010. Disponível em: <http://www.memri.org/report/en/0/0/0/0/0/0/4041.htm>.

29. Yotam Feldner, "Liberal Iraqi Shi'ite Scholar Sayyed Ahmad Al-Qabbanji Calls for Reason in Islamic Discourse and Jurisprudence", MEMRI 937, 2013. Disponível em: <http://www.memri.org/report/ en/0/0/0/0/0/0/7015.htm>.

30. Ibid.

31. Ibid.

32. Ibid.

33. Ibid.

34. Ayad Jamal al-Din, "A Civil State in Which All Citizens Are Equal in the Eyes of the Law", Middle East Media Research Institute e TV Al-Iraqiya, 17 out. 2014. Disponível em: <http://www.memritv.org/clip/en/4556.htm>.

35. Nimrod Raphaeli, "Sayyed Ayad Jamal al-Din—Liberal Shi'ite Cleric and Foe of Iran", MEMRI, 2010. Disponível em: <http://www.memri.org/report/en/0/0/0/0/0/0/3920.htm>.

36. Entrevista com al-Buleihi na Al-Arabiyya, MEMRI, 30 mar. 2010. Disponível em: <http://www.memritv.org/clip_transcript/en/2414.htm>.

37. Entrevista com al-Musawi na Al-Jazeera, 4 maio 2010. Disponível em: <http://www.memri.org/clip_transcript/en/2471.htm>.

ESTA OBRA FOI COMPOSTA PELA SPRESS EM MINION E IMPRESSA EM OFSETE
PELA RR DONNELLEY SOBRE PAPEL PÓLEN SOFT DA SUZANO PAPEL E CELULOSE
PARA A EDITORA SCHWARCZ EM JUNHO DE 2015